Johannes-Gutenberg-Universität
Seminar
für
Rechts- und
Wirtschafts-
wissenschaft
Mainz
Ausgeschieden
Universitätsbibliothek
Mainz

D1701522

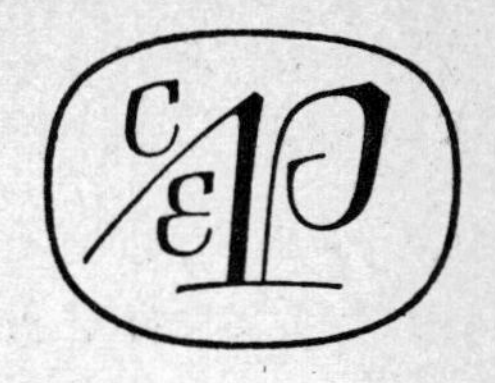

Kölner
Absatzwirtschaftliche
Dokumentation
Band 1

Kölner Absatzwirtschaftliche Dokumentation
Schriftenreihe des Seminars für Allgemeine Betriebswirtschaftslehre, Absatz- und Werbewirtschaftslehre der Universität zu Köln

Band 1
Bibliographie der Marktforschungsliteratur

Herausgegeben von Dr. Fritz Klein-Blenkers
o. Professor an der Universität zu Köln

Kölner Absatzwirtschaftliche Dokumentation
Band 1

# Bibliographie der Marktforschungsliteratur

## Verzeichnis deutschsprachiger Literatur ab 1945

Zusammengestellt von Rüdiger Schiller
unter Mitarbeit von Friederike Kästing



C. E. Poeschel Verlag 1976

CIP-Kurztitelaufnahme der Deutschen Bibliothek

**Schiller, Rüdiger**
Bibliographie der Marktforschungsliteratur :
Verz. deutschsprachiger Literatur ab 1945 / unter
Mitarb. von Friederike Kästing. – 1. Aufl. –
Stuttgart : Poeschel, 1976.
(Kölner absatzwirtschaftliche Dokumentation ;
Bd. 1)
ISBN 3-7910-0179-5



ISBN 3 7910 0179 5

Druck: Gulde-Druck, Tübingen
Printed in Germany

## Inhaltsverzeichnis

Vorwort . . . . . VII

Einführung über Inhalt und Anlage der Bibliographie . . . . . IX

I. Inhalt . . . . . X
II. Gliederung und Titelzuordnung . . . . . XII
III. Titelaufnahme und Quellen . . . . . XIV
IV. Hinweise zur Benutzung der Bibliographie . . . . . XVII

Teil 1
Monographien, Nachschlage- und Sammelwerke . . . . . 1

1. Abschnitt: Marktforschung, allgemein . . . . . 2

2. Abschnitt: Methoden und Techniken der Marktforschung . . . . . 8

I. Methoden und Techniken, allgemein (einschließlich empirische Sozialforschung) . . . . . 8
II. Spezielle Methoden und Techniken . . . . . 12
   1. Beobachtung . . . . . 12
   2. Befragung . . . . . 14
   3. Experiment . . . . . 18
   4. Auswahlverfahren . . . . . 19
   5. Mathematisch-statistische Methoden . . . . . 21
   6. Marktkennzahlen, Marktstatistik . . . . . 25
   7. Prognosemethoden . . . . . 28
   8. Sonstige Methoden und Techniken . . . . . 34

3. Abschnitt: Subjektbezogene Marktforschung . . . . . 37

I. Konsumtheorie . . . . . 37
II. Konsumforschung, allgemein . . . . . 42
   1. Bedürfnis . . . . . 42
   2. Bedarf und Konsum . . . . . 43
   3. Konsumgewohnheiten . . . . . 48
   4. Einkommen und Verbrauch . . . . . 49
   5. Privater Haushalt . . . . . 50
   6. Marktsubjekte . . . . . 52
III. Konsumsoziologie . . . . . 54
IV. Marktpsychologie . . . . . 57
V. Verhaltensforschung . . . . . 59
   1. Verhaltensforschung, allgemein . . . . . 59
   2. Kaufverhalten . . . . . 64
   3. Diffusionsforschung . . . . . 68
VI. Motivforschung . . . . . 70
VII. Meinungsforschung . . . . . 72
VIII. Imageforschung . . . . . 75

4. Abschnitt: Objekt- und betriebsbezogene Marktforschung . . . . . 76

I. Produktforschung . . . . . 76
   1. Produktforschung, allgemein . . . . . 76
   2. Warentest . . . . . 80

II. Marktforschung für einzelne Märkte . . . 81
1. Nahrungs- und Genußmittelmarkt . . . 81
2. Bekleidungsmarkt . . . 83
3. Buchmarkt . . . 84
4. Touristikmarkt . . . 87
5. Investitions- und Produktionsgütermarkt . . . 88
6. Automobilmarkt . . . 91
7. Baumarkt . . . 92
8. Verkehrsmarkt . . . 93
9. Versicherungsmarkt . . . 94
10. Arbeitsmarkt . . . 95
11. Agrarmarkt . . . 97
12. Sonstige Märkte . . . 99
III. Betriebliche Marktforschung . . . 101
1. Industrie . . . 101
2. Handel . . . 102
3. Sonstige Betriebe . . . 103

5. Abschnitt: Auslandsmarktforschung . . . 104

6. Abschnitt: Regionalmarktforschung . . . 106

7. Abschnitt: Marktforschungstätigkeit . . . 108

8. Abschnitt: Tagungsberichte . . . 110

9. Abschnitt: Marktforschung, Einzelfragen . . . 114

10. Abschnitt: Markttheorie (Literaturauswahl) . . . 115

11. Abschnitt: Absatzwirtschaft (Literaturauswahl) . . . 118

Teil 2
Beiträge in Nachschlage- und Sammelwerken, Vorträge, kleine Schriften . . . 127

Teil 3
Ergänzende Titel . . . 267

1. Abschnitt: Nachzutragende Titel . . . 268

2. Abschnitt: Titel mit ungeprüften Angaben . . . 270

Teil 4
Bibliographien und Zeitschriften . . . 281

1. Abschnitt: Bibliographien . . . 282

I. Marktforschungsbibliographien . . . 282
II. Bibliographien mit Marktforschungsliteratur . . . 284

2. Abschnitt: Zeitschriften . . . 287

Registerteil . . . 291

Vorbemerkungen . . . 292
Verzeichnis der ausgewerteten Nachschlage- und Sammelwerke . . . 293
Personenregister . . . 303
Institutionenregister . . . 332
Sachregister . . . 338
Produkt- und Marktregister . . . 356

# Vorwort

Mit der hier vorgelegten Bibliographie beginnt das Seminar für Allgemeine Betriebswirtschaftslehre, Absatz- und Werbewirtschaftslehre der Universität zu Köln eine Reihe, die der absatzwirtschaftlichen Dokumentation gewidmet ist.

Die Reihe "Kölner Absatzwirtschaftliche Dokumentation" will zunächst die Aufgabe der bibliographischen Erfassung der Literatur zur Absatzwirtschaft erfüllen. Mit einer solchen Dokumentation der Literatur kann ein wichtiger Beitrag zur Erschließung der Erkenntnisse eines Fachgebietes in der Praxis und zur Nutzung der Fachliteratur für die wissenschaftliche Weiterentwicklung dieses Gebietes geleistet werden. Für den Bereich der Absatzwirtschaft gibt es - von einigen Spezialgebieten abgesehen - bisher keine Bibliographien, welche die neuere Literatur in ihrem aktuellen Stand erfassen. Diese Lücke möchte die neue Reihe schließen. Wenn die personellen und finanziellen Mittel des Seminars es erlauben, so ist beabsichtigt, in die Reihe neben Bibliographien auch andere Beiträge zur absatzwirtschaftlichen Dokumentation aufzunehmen.

Der erste Band der Reihe ist eine Bibliographie der seit 1945 erschienenen deutschsprachigen Literatur zur Marktforschung. Über Inhalt, Gliederung und die methodischen Grundlagen der Bibliographie gibt die Einführung auf den Seiten IX bis XVII nähere Information.

Die Bearbeitung der Bibliographie zur Marktforschungsliteratur lag bei Herrn Dipl.-Kfm. Rüdiger Schiller und Frau Dr. Friederike Kästing. Ihnen sei für die mit viel Einsatz und Mühe geleistete Arbeit besonders gedankt. Bei ihrer Arbeit wurden sie von den studentischen Hilfskräften am Seminar, Frau Elisabeth Hoffmann, Herrn Peter van den Hoogen und Frau Evelyn Hutter, unterstützt. Die Seminarsekretärinnen, Frau Gisela Blankenburg und Frau Regina Müller, besorgten die Reinschrift der Unterlagen für die Vervielfältigung. Alle Mitarbeiter bei der Bibliographie sind in den Dank für ihre Hilfe ebenso einbezogen wie die Stellen, die Auskünfte gaben, sowie nicht zuletzt der C. E. Poeschel Verlag für die Übernahme der Reihe in sein Verlagsprogramm und für viele wichtige Anregungen.

Vorschläge für Ergänzungen und Verbesserungen der hier vorgelegten Bibliographie sowie für deren mögliche Weiterentwicklung werden unter der auf Seite XVII genannten Kurzanschrift des Seminars gerne entgegengenommen.

Professor Dr. Fritz Klein-Blenkers

## Einführung über Inhalt und Anlage der Bibliographie

Die letzte umfassende Dokumentation des literarischen Schaffens auf dem Gebiet der Marktforschung datiert aus dem Jahre 1964. (Wolfgang K.A. Disch: Bibliographie zur Marktforschung, 2. Auflage Hamburg 1964) Danach sind nur Teilbibliographien erschienen. Es fehlt aber eine aktuelle Dokumentation, die möglichst umfassend ist und die insbesondere berücksichtigt, daß die Marktforschung durch ihre sozialwissenschaftliche Ausrichtung auf eine viel breitere Literaturbasis zu stellen ist. Mit diesen Zielsetzungen wurden in der vorliegenden Bibliographie die seit 1945 erschienenen deutschsprachigen Publikationen zur Marktforschung systematisch zusammengestellt.

Bei der Quellensuche mußte die Aufsatzliteratur in Periodika ausgeschlossen werden. Die Erfassung dieser umfangreichen Literatur zur Marktforschung ist im Rahmen der personellen und materiellen Ausstattung eines Universitätsseminars nicht realisierbar. Die laufende und umfassende Erschließung dieser Publikationsart ist aber wünschenswert, da sich in der Regel gerade in der Aufsatzliteratur die jeweils aktuelle Entwicklung eines Fachgebietes widerspiegelt.

Die Bearbeiter konnten bei der Quellensuche und Titelaufnahme auf die Erfahrungen zurückgreifen, die sie bei der Erstellung der Werbebibliographie gewonnen haben. (Friederike Kästing unter Mitarbeit von Rüdiger Schiller: Bibliographie der Werbeliteratur, Stuttgart 1972)

## I. Inhalt

Die Bibliographie umfaßt folgende Quellen
- Monographien einschließlich Dissertationen
- Nachschlage- und Sammelwerke
- Beiträge in Nachschlage- und Sammelwerken
- Bibliographien
- Periodika

Aufgenommen wurden ausschließlich deutschsprachige Veröffentlichungen in der letzten Auflage (einschließlich deutschsprachige Übersetzungen ausländischer Titel).

Für die in die Systematik einbezogenen Grundlagen und Anwendungsgebiete der Marktforschung wurde für die Titelzahl Vollständigkeit, für die Titelaufnahme Genauigkeit angestrebt. Das letzte Prinzip führte zu einer Einschränkung bei der Titelzahl. So wurden nur jene Titel im systematischen Teil der Bibliographie erfaßt, die eingesehen werden konnten und damit zur inhaltlichen Autopsie vorlagen. Publikationen, die nicht zur Autopsie vorlagen, sind als "ergänzende Titel" aufgenommen.

Eine vollständige Erfassung war nicht möglich bei maschinengeschriebenen oder maschinenschriftlich vervielfältigten Veröffentlichungen. Dies gilt insbesondere für die Dissertationen des Zeitraums von 1945 bis 1956, in dem in der Bundesrepublik Deutschland kein Druckzwang vorlag.

Neben Monographien, Dissertationen, Nachschlage- und Sammelwerken wurden auch Beiträge in Nachschlage- und Sammelwerken erfaßt. Diese Literatur ist weit verstreut und wenig bekannt; eine vollständige Erfassung ist schwierig, da es an vorbereitenden Dokumentationen fehlt. Die Bearbeiter hoffen, daß die vorliegende Bibliographie für diesen Bereich nicht nur eine Lücke schließt, sondern auch zu weiterer Suche auffordert.

Inhaltlich umfaßt die Bibliographie das Gesamtgebiet der Marktforschung einschließlich der relevanten Methoden und Erkenntnisse der zuständigen Grund- und Hilfswissenschaften. Insbesondere wurden die neueren Forschungsschwerpunkte einbezogen, wie empirische Sozialforschung, Verhaltensforschung, Marktpsychologie, Prognose.

Nicht erfaßt wurde die Literatur für die Gebiete, die nur bei einer sehr weiten Fassung des Marktforschungsbegriffes der Marktforschung zuzuordnen wären und die zum Teil bereits bibliographisch erschlossen sind. Dies trifft zu für die makroökonomische Konjunkturforschung (M. Ziegler: Spezialliteratur über Konjunkturumfragen, München/Mannheim 1968) und die Werbeforschung (Friederike Kästing unter Mitarbeit von Rüdiger Schiller: Bibliographie der Werbeliteratur, Stuttgart 1972). Auch die Literatur zur Distributions- und Handelsforschung, Wahlforschung, Standortforschung und Verbraucherpolitik bleiben unberücksichtigt, ebenso die Literatur über den Markt als Gegenstand der Volkswirtschaftslehre und Wirtschaftspolitik.

Da Ergebnisse und Dokumentationen von Marktuntersuchungen nur in Einzelfällen allgemein zugänglich sind, wurden diese nicht aufgenommen. Dieses trifft insbesondere für Forschungsergebnisse der privatwirtschaftlichen Marktforschungsinstitute zu, die in der Regel nur für die Auftraggeber bestimmt sind.

Soweit Nachschlagewerke über Quellen und Ergebnisse von Marktuntersuchungen vorliegen, wurden sie einbezogen. Die umfangreichste Quelle ist die "Liste der archivierten Umfragen" des Zentralarchivs für empirische Sozialforschung der Universität zu Köln, die zuletzt in der Schrift von Jürgen Kriz (Datenverarbeitung für Sozialwissenschaftler, Einführung in Grundlagen, Programmierung und Anwendung, Reinbek bei Hamburg) im Dezember 1975 veröffentlicht wurde.

Ausgeklammert wurde im Bereich der objektbezogenen Marktforschung jene Literatur, die vorwiegend zur gesamtwirtschaftlich orientierten Markterkundung beiträgt. Dies gilt insbesondere für die landwirtschaftliche Marktforschung, die sich durch eine eigenständige Entwicklung auszeichnet mit einer entsprechend umfassenden Dokumentation (Dokumentationsstelle für Agrarpolitik, landwirtschaftliches Marktwesen und ländliche Soziologie, Bonn). Tendenziell trifft dieses auch für die Arbeitsmarkt- sowie für die Verkehrsmarktforschung zu.

## II. Gliederung und Titelzuordnung

Die vorliegende Bibliographie gliedert sich in vier systematische Teile.

Im ersten Teil sind die Monographien, Nachschlage- und Sammelwerke erfaßt, gegliedert in 49 Sachgruppen. Teildisziplinen, die sich weitgehend als eigenständige Gebiete der Marktforschung entwickelt haben, wurden als separate Sachgruppen berücksichtigt. Für die Unterteilung der Hauptabschnitte waren nicht nur systematische Gesichtspunkte leitend, sondern auch die Anzahl der vorliegenden Titel. Einzelfragen, die von der Systematik her nicht erfaßt sind, können durch das Sachregister erschlossen werden. Soweit Schlagworte identisch mit Sachgruppen der Systematik sind, ist dies im Sachregister durch Unterstreichung gekennzeichnet.

Die Titelzuordnung im ersten Teil erfolgte nach den der Bibliographie zugrundegelegten Sachgruppen. Für die Zuordnung des einzelnen Titels in eine Sachgruppe war der inhaltliche Schwerpunkt der Veröffentlichung ausschlaggebend. Die Einordnung in eine Sachgruppe nach nur einem Sachaspekt mag in manchen Fällen umstritten sein. Titel, die in einer Sachgruppe vermißt werden, sind durch das Sachregister erschließbar, das gerade der Mehrdimensionalität der Publikationen Rechnung trägt. Innerhalb der einzelnen Sachgruppen ist das bibliographische Material alphabetisch nach Verfassern (bzw. nach Titeln) geordnet und fortlaufend numeriert.

Jeder Titelnummer des ersten Teiles der Bibliographie ist der Buchstabe "A" vorangestellt. Publikationen ohne Verfasser sind alphabetisch nach dem ersten Hauptwort des Titels einsortiert ohne Berücksichtigung vorangehender Artikel oder Präpositionen. Für die in diesem Teil der Bibliographie erfaßten Nachschlage- und Sammelwerke wurden auch die einzelnen Beiträge zur Marktforschung ausgewertet. Diese Beiträge sind in den zweiten Teil der Bibliographie eingeordnet.

Der zweite Teil beinhaltet eine Auflistung der Beiträge in Nachschlage- und Sammelwerken alphabetisch nach Verfassern bzw. nach Titeln. Jeder Titelnummer des zweiten Teils der Bibliographie ist der Buchstabe "B" vorangestellt, um diese von den Titelnummern des ersten Teiles abzuheben (entsprechend wurde beim dritten und vierten Teil verfahren).

Neben den Beiträgen sind hier außerdem Schriften unter zwei Druckbogen Umfang, bzw. unter 33 Seiten, sowie veröffentlichte Vorträge erfaßt. Die sachliche Erschließung der im zweiten Teil aufgenommenen Literatur ist über das Sachregister möglich.

Der dritte Teil der Bibliographie (Code "C") umfaßt nachzutragende Titel, die nach Fertigstellung der Bibliographie erschienen sind bzw. bekannt wurden.

In diesem Teil sind auch jene Titel aufgeführt, die zwar in Sekundärquellen ermittelt, jedoch nicht durch Autopsie geprüft werden konnten.

Im vierten Teil (Code "D") sind Marktforschungsbibliographien sowie Zeitschriften aus dem Gebiet der Marktforschung erfaßt.

Es wurden auch jene Bibliographien berücksichtigt, deren Schwerpunkte außerhalb der engeren Marktforschungsliteratur liegen, in die aber Literatur zur Marktforschung einbezogen wurde.

Der abschließende Registerteil umfaßt das Sachregister, Personenregister, Institutionenregister, Produkt- und Marktregister, Verzeichnis der ausgewerteten Nachschlage- und Sammelwerke. Das Sachregister erleichtert den Zugang zur Literatur, die im ersten Teil der Bibliographie nur nach einem Sachaspekt eingeordnet ist, und zu den alphabetisch geordneten Publikationen des zweiten, dritten und vierten Teils. Das Personenregister erfaßt die Autoren, die Herausgeber, Bearbeiter, Redakteure usw., nicht jedoch die Namen von Übersetzern.

## III. Titelaufnahme und Quellen

Für jede Publikation werden möglichst umfassende Angaben gegeben, die vorrangig der Titelei der Publikation entnommen sind. Die ordnungsgemäße Bibliographierung war verständlicherweise in den Fällen erschwert, in denen die Titelei nur unvollständige Angaben enthält. Die Herausgeber, Mitarbeiter, Bearbeiter usw. von Veröffentlichungen werden im Personenregister zwar aufgeführt, sind bei der Titelangabe aber den Autoren nicht gleichgestellt. Die betreffenden Veröffentlichungen sind unter dem Sachtitel in die Sachgruppen eingeordnet. Für jede Publikation wurden aufgenommen, falls angegeben, bzw. zutreffend:

Autor
Titel, Untertitel
Herausgeber, Mitarbeiter, Bearbeiter usw.
Auflage
Verlagsort und Verlag
Verlagsjahr
Seitenanzahl
Originaltitel und Übersetzer
Schriftenreihe
Sonstige Informationen

Bei Hochschulschriften sind der Hochschulort und das Jahr der Promotion, Habilitation bzw. Verteidigung angegeben. Soweit Hochschulschriften als Verlagsobjekte erschienen sind, wurden auch die Verlagsangaben aufgenommen.

Bei den Beiträgen in Nachschlage- und Sammelwerken sind neben dem Verfasser und Titel des Beitrags auch alle oben angeführten Titelbestandteile aufgenommen. Soweit ein Nachschlage- und Sammelwerk bereits im ersten Teil der Bibliographie erfaßt oder schon einmal im zweiten Teil angeführt ist, erfolgt lediglich ein Nummernverweis.

Fehlende Titelbestandteile sind angeführt für Verlagsort (o. O.), Verlag (o. Verl.), Erscheinungsjahr (o. J.) und Seitenzahl (o. Pag.). Ersatzangaben für fehlende Titelbestandteile aus Vorwort oder sonstigen Hinweisen sind angeführt; die Quelle der Ersatzangabe ist in Klammern beigefügt, z. B.: 1960 (Vorwort). Soweit in anderen Quellen nicht überprüfbare Hinweise über fehlende Titelbestandteile gefunden wurden, erfolgte ebenfalls eine Ersatzangabe, jedoch mit dem Zusatz "um" für die Jahresangabe, bzw. "vermutlich" für den Verlagsort oder Verlag. Die einzelnen Titelangaben sind durch neue Zeile oder Punkt abgetrennt. Verlage, Schriftenreihen und Übersetzer sind durch Einklammerung abgesetzt, ebenso die sonstigen Informationen.

Um einen möglichst hohen Grad von Exaktheit bei der Titelaufnahme zu realisieren, ist die Bibliographie durch Einsichtnahme in die angeführten Publikationen (Autopsie) entstanden (bis auf die wenigen Titel in Teil 3, die nicht eingesehen werden konnten).

Das Ausgangsmaterial zur Literaturerschließung lieferte der Bestand der Bibliothek des Seminars für Allgemeine Betriebswirtschaftslehre, Absatz- und Werbewirtschaftslehre der Universität zu Köln. Die in dieser Bibliothek vorliegenden Titel sind mit einem *) versehen.

Eine erhebliche Erweiterung dieser Literaturbasis ermöglichte die Universitäts- und Stadtbibliothek Köln als "Sondersammelgebietsbibliothek Wirtschafts- und Sozialwissenschaften, Schwerpunktbibliothek Betriebswirtschaftslehre". Dieser Bibliothek ist für die umfangreiche Unterstützung besonders zu danken.

Ferner ist folgenden Bibliotheken und Institutionen für ihre Unterstützung zu danken:
- Deutsche Bibliothek, Frankfurt am Main
- Forschungsstelle für Allgemeine und Textile Marktwirtschaft an der Universität Münster
- GfK Gesellschaft für Konsum-, Markt- und Absatzforschung, Nürnberg
- HWWA-Institut für Wirtschaftsforschung-Hamburg
- Infratest Marktforschung und Sozialforschung, München
- Zentralarchiv für empirische Sozialforschung der Universität zu Köln

Für die Hilfe der mühsamen Anfertigung des Sachregisters danken wir Frau Helga Schmitt-Pottkämper.

Köln / Essen-Werden im Mai 1976

Rüdiger Schiller   Friederike Kästing

## IV. Hinweise zur Benutzung der Bibliographie

KENNZEICHNUNG DER ERFASSTEN TITEL

| Teil | Code[1] | Inhalt | Erschließung | Anordnung |
|---|---|---|---|---|
| 1 | A | Monographien, Nachschlage- und Sammelwerke | Autopsie | nach Sachgruppen; innerhalb der Sachgruppen alphabetisch nach Verfassern bzw. Titeln |
| 2 | B | Beiträge in Nachschlage- und Sammelwerken; Schriften, die maximal 2 Druckbogen umfassen; gedruckte Vorträge | Autopsie | alphabetisch nach Verfassern bzw. Titeln |
| 3 | C | nachzutragende selbständige Schriften und Beiträge | Autopsie | alphabetisch nach Verfassern bzw. Titeln |
| | | selbständige Schriften und Beiträge mit ungeprüften Titelangaben | Titelangaben aus Sekundärquellen | |
| 4 | D | Bibliographien und Zeitschriften | Autopsie | alphabetisch nach Verfassern bzw. Titeln |

[1]) Der Code-Buchstabe ist der Titelnumerierung in der Bibliographie vorangestellt

ABKÜRZUNGSVERZEICHNIS

| | |
|---|---|
| Anh. | Anhang |
| Buchh. | Buchhandlung |
| Diss. | Dissertation |
| getr. Pag. | getrennte Paginierung |
| Habilschr. | Habilitationsschrift |
| Hrsg. | Herausgeber |
| Masch.-Schr. | Maschinenschrift |
| Masch. vervielf. | Maschinenschrift vervielfältigt |
| N. F. | Neue Folge |
| o. O. | ohne Ort |
| o. J. | ohne Jahr |
| o. Verl. | ohne Verlagsangabe |
| o. Pag. | ohne Paginierung |
| s. | siehe |
| Tab. | Tabelle(n) |
| u. d. T. | unter dem Titel |
| Univ. | Universität |
| Verl. | Verlag |

Die mit einem *) gekennzeichneten Publikationen befinden sich im Bestand der Bibliothek des Seminars für Allgemeine Betriebswirtschaftslehre, Absatz- und Werbewirtschaftslehre der Universität zu Köln; Postanschrift:

Absatz- und Werbeseminar
Universität zu Köln
Albertus-Magnus-Platz
5ooo Köln 41

# Teil 1
# Monographien, Nachschlage- und Sammelwerke

## 1. Abschnitt: Marktforschung, allgemein

A1 Kleiner Almanach der Marktforschung 196o.
EMNID-Institute (Hrsg.).
Bielefeld/München (EMNID) 1959. 93 Seiten

A2 Kleiner Almanach der Marktforschung 1961.
EMNID-Institute (Hrsg.).
Bielefeld/München (EMNID) 196o. 11o Seiten

A3 Kleiner Almanach der Marktforschung 1962. 3. Jahrgang.
EMNID-Institute (Hrsg.).
Bielefeld/München (EMNID) 1961. 115 Seiten

A4* Kleiner Almanach der Marktforschung 1963. 4. Jahrgang.
EMNID-Institute (Hrsg.).
Bielefeld (EMNID) 1963. 1o4 Seiten

A5* Kleiner Almanach der Marktforschung 1964. 5. Jahrgang.
EMNID-Institute (Hrsg.).
Bielefeld (EMNID) 1964. 141 Seiten

A6 Kleiner Almanach der Marktforschung 1965. 6. Jahrgang.
EMNID-Institute (Hrsg.).
Bielefeld/Berlin/Hamburg (EMNID) 1965. 121 Seiten

A7* Kleiner Almanach der Marktforschung 1966. 7. Jahrgang.
EMNID-Institute (Hrsg.).
Bielefeld/Berlin/Hamburg (EMNID) 1966. 131 Seiten

A8* Kleiner Almanach der Marktforschung 1968/69. 9. Jahrgang.
EMNID-Institut (Hrsg.).
Bielefeld (EMNID) 1968. 135 Seiten

A9* Kleiner Almanach der Marktforschung 197o. 1o. Jahrgang.
EMNID-Institut (Hrsg.).
Bielefeld (EMNID) 1969. 1o3 Seiten

A1o* Kleiner Almanach der Marktforschung 1971. 11. Jahrgang.
EMNID-Institut (Hrsg.).
Bielefeld (EMNID) 197o. 87 Seiten

A11* Kleiner Almanach der Marktforschung 1972. 12. Jahrgang.
EMNID-Institut (Hrsg.).
Bielefeld (EMNID) 1971. 84 Seiten

A12 Kleiner Almanach der Marktforschung 1973. 13. Jahrgang.
EMNID-Institut (Hrsg.).
Bielefeld (EMNID) 1972. 76 Seiten

A13* A d l e r , Max K.
Moderne Marktforschung. Die Voraussetzung fortschrittlicher Unternehmens-Führung. Stuttgart (Forkel-Verl.) 1955. 16o Seiten
(Ein Praxis-Buch des Geschäfts-Erfolgs)

A14* A n g e h r n , Otto
Unternehmer und betriebliche Marktforschung. Zürich/St. Gallen (Polygraphischer Verl.) 1954. 193 Seiten
(Betriebswirtschaftliche Studien. Heft 33)

A15* B e h r e n s , Karl Christian
Demoskopische Marktforschung. 2. Auflage Wiesbaden (Betriebswirtschaftl. Verl. Gabler) 1966. 199 Seiten
(Betrieb und Markt -Studienreihe-. Band I)
(zugleich erschienen u. d. T.: Marktforschung.
2. Auflage Wiesbaden 1966. [Die Wirtschaftswissenschaften])

A16* B e i k e , Peter / C h r i s t m a n n , Gerhard
Marktforschungspraxis von A - Z. Methoden, Techniken und Verfahren. Gernsbach (Deutscher Betriebswirte-Verl.) 1974. 24o Seiten

A17 Beiträge zur Absatz- und Verbrauchsforschung.
Bergler, Georg (Hrsg.).
Nürnberg (o. Verl.) 1957. 267 Seiten
(Marktwirtschaft und Verbrauch. Schriftenreihe der Gesellschaft für Konsumforschung. Band I)

A18* Aktuelle Beiträge zur Marktforschung.
Schimmelpfeng (Hrsg.).
2. Auflage Frankfurt/Main (Schimmelpfeng) 1975.
84 Seiten
(Schimmelpfeng Schriftenreihe. Band 6)

A19* B e r g l e r , Georg
Verbrauchsforschung zwischen Mensch und Wirtschaft.
München (Verl. Moderne Industrie)1961. 286 Seiten
(Marktwirtschaft und Verbrauch. Schriftenreihe der GfK-Gesellschaft für Konsumforschung. Band 17)

A2o* B e r t h , Rolf
Marktforschung zwischen Zahl und Psyche. Eine Analyse der befragenden Marktbeobachtung in Westdeutschland. Stuttgart (G. Fischer Verl.) 1959. 259 Seiten
(Beiträge zur Erforschung der wirtschaftlichen Entwicklung. Heft 3)

A21* B o r s c h b e r g , Edwin
Produktive Marktforschung. Ein Leitfaden für den Unternehmer. Zürich (Verl. Organisator)/Stuttgart (Forkel-Verl.) 1963. 35o Seiten
(Schriftenreihe für Marketing, Werbung, Verkauf. Nr. 6o1)
(zugleich erschienen u. d. T.: Produktive Marktforschung. Ein Handbuch für die Unternehmer-Praxis. Stuttgart/Zürich 1963)

A22* C r i s p , Richard D.
Absatzforschung. Marketing Research. Essen (Verl. W. Girardet) 1959. 793 Seiten
(Marketing Research. New York 1957. Die deutsche Übertragung besorgte Wilm W. Elwenspoek)

A23* G e i g e r , Siegfried / H e y n , Wolfgang
Lexikon Marketing und Marktforschung. 2. Auflage Düsseldorf/Wien (Econ-Verl.) 1968. 316 Seiten

A24* G e r t h , Ernst
Betriebswirtschaftliche Absatz- und Marktforschung. Wiesbaden (Betriebswirtschaftl. Verl. Gabler) 197o. 335 Seiten

A25* G r ü n w a l d , Rolf
Absatzforschung im Dienste der Unternehmung. Wien (Industrieverl. Spaeth & Linde) 1949. 1oo Seiten

A26* G r ü n w a l d , Rolf
Beiträge zur Absatzforschung. Wien (Institut für Industrieforschung) 1961. 71 Seiten
(Beiträge zur Markt- und Verbrauchsforschung. Heft 2)
(Sonderabdruck aus 'Mensch und Arbeit'. Bd. 13/1961. Hrsg. von der Arbeitsgemeinschaft für Psychotechnik in Österreich)

A27* H ä r t l e , Traudl
Markttransparenz und Marktstruktur. Ein Beitrag zur betrieblichen Marktforschung. Diss. Tübingen 1958. 127 Seiten (Masch.-Schr.)

A28* Handbuch der Marktforschung (1. Halbband).
Behrens, Karl Christian (Hrsg.).
Wiesbaden (Betriebswirtschaftl. Verl. Gabler) 1974. 784 Seiten

A29* Handbuch der praktischen Marktforschung.
Ott, Werner (Hrsg.).
München (Verl. Moderne Industrie) 1972. 992 Seiten

A3o H e n z e l , F(riedrich)
Beschaffung, Absatz, Marktbeobachtung. Wiesbaden (Betriebswirtschaftl. Verl. Gabler) um 1949. 97 Seiten
(Die Handelshochschule. Die Wirtschaftshochschule. Band 6. Betriebswirtschaft. 8. Lieferung [Abtlg. 17])

A31* H ü t t n e r , Manfred
Grundzüge der Marktforschung. Ein Leitfaden für Studium und Praxis mit 1o7 Beispielen. 2. Auflage Wiesbaden (Betriebswirtschaftl. Verl. Gabler) 1974. 372 Seiten

A32* K i c k e r , Hildburg
Marktforschung ein Erfordernis unserer Zeit. Berlin/Bielefeld/München (E. Schmidt Verl.) 1961. 41 Seiten
(Rationalisierungs-Kuratorium der Deutschen Wirtschaft)

A33 K i l g u s , Ernst
Grundlagen und Methoden der betriebswirtschaftlichen Marktforschung. Zürich (Schweizerische handelstechnische Sammelstelle) 196o. 36 Seiten (Masch. vervielf.)
(Schweizerische handelstechnische Sammelstelle. Nr. 283)

A34* L a d n e r , Max F.
Methoden der Marktanalyse. Zürich (Schulthess Verl.) 195o. 158 Seiten
(Mitteilungen aus dem Handelswissenschaftlichen Seminar der Universität Zürich. Heft 88)
(zugleich Zürcher Diss.)

A35 L a n g , Kurt
Praxis der betrieblichen Marktforschung. Diss. Nürnberg 1956. 121 Seiten (Masch.-Schr.)

A36* L a t t m a n n , Ernst
Forschen. Marktforschung und Betriebsforschung. Erforschen von Produkt, Betrieb, Markt, Leistung, Werbung, Verkauf und Mitbewerber. Ersetzen des bloßen Meinens durch das Wissen. 2. Auflage Zürich (Bildungsverl. Gropengießer) 1946. 88 Seiten
(Beruf und Leben organisieren. Nr. 15)

A37 L ö s s l , Eberhard
Markterkundung und Marktforschung, ein kritischer Beitrag zu Gegenstand und Methoden. Diss. Mannheim 1958. 18o Seiten

A38* Der Markt als Erkenntnisobjekt der empirischen Wirtschafts- und Sozialforschung. Beiträge zu ihrer Interdependenz.
Rembeck, Max/ Eichholz, Günther P. (Hrsg.).
Bern/Stuttgart (Verl. P. Haupt) 1968. 238 Seiten
(herausgegeben zum zehnjährigen Bestehen der Marktforschungsgemeinschaft beim Betriebswirtschaftlichen Institut der Technischen Hochschule Stuttgart)

A39* Betriebliche Marktforschung. Praktische Erfahrungen des VVW Centrum.
Merker, Joachim (Leiter des Autorenkollektivs).
Berlin (Verl. Die Wirtschaft) 1967. 16o Seiten

A4o Marktforschungs-Atlas 1956.
Philips-Marktforschung (Hrsg.).
Hamburg (Vorwort) o. Verl. 1956 (Vorwort). Loseblattsammlung

A41* M e r k , Gerhard
Wissenschaftliche Marktforschung. Berlin (Verl. Duncker & Humblot) 1962. 155 Seiten

A42* M e y e r , Carl W.
Marktforschung und Absatzplanung. Eine Beratungsschrift für Unternehmer und Vertriebspraktiker. 3. Auflage
Herne/Berlin (Verl. Neue Wirtschafts-Briefe) 1974.
2o3 Seiten

A43* M e y e r , Paul W.
Marktforschung. Ihre Möglichkeiten und Grenzen. Düsseldorf (Econ-Verl.) 1957. 356 Seiten

A44* M ü n s t e r , Hans A.
Fibel der Marktforschung. Darmstadt (Leske Verl.) 1957. 123 Seiten
(Leskes Betriebsfibeln. Führer durch die Wirtschaft für Schule und Beruf. Band 75)

A45* Praxis der Marktforschung.
Hobart, Donald M. (Hrsg.).
Essen (Verl. W. Girardet) 1952. 511 Seiten
(Marketing Research Practice. New York. Die deutsche Ausgabe besorgte Carl Hundhausen)

A46* R e m b e c k , Max / E i c h h o l z , Günther P.
Markterkundung für Klein- und Mittelbetriebe. Teil I.
Heidelberg (Industrie-Verl. Gehlsen) 1972. getr. Pag.
(Handbuch der Rationalisierung. Band 27)

A47* Teil II. getr. Pag.
(Handbuch der Rationalisierung. Band 28)

A48* R o t s c h , Lothar
Marketing Dictionary. Kleines Fachwörterbuch der Markt- und Meinungsforschung und der Werbung. Englisch-Deutsch. 6. Auflage Tübingen (Demokrit Verl.) 1969. 168 Seiten (Internationale Beiträge zur Markt- und Meinungsforschung. Band 2)
(1. Auflage erschien u. d. T.: Kleines Fachwörterbuch der Markt- und Meinungsforschung und der Werbung)

A49* S a l c h e r , Ernst F.
Durch Marktforschung zur Markterschließung. Neue Hilfen zur erfolgreichen Unternehmensführung. Bonn (Industrie-Verl. Gehlsen) 1975. 1o9 Seiten
(Handbuch der Rationalisierung. Band 33)

A5o* S c h a d , Hans
Marktabenteuer oder Marktforschung? Betriebswirtschaftliche Marktforschung als Mittel der Umsatzsteigerung. Wiesbaden (Betriebswirtschaftl. Verl. Gabler) 1957. 54 Seiten

A51* S c h ä f e r , Erich
Betriebswirtschaftliche Marktforschung. Essen (Verl. W. Girardet) 1955. 156 Seiten
(Betriebswirtschaftliche Bibliothek. Reihe A/VIII)

A52* S c h ä f e r , Erich
Grundlagen der Marktforschung. Marktuntersuchung und Marktbeobachtung. 4. Auflage Köln/Opladen (Westdeutscher Verl.) 1966. 542 Seiten

A53* S c h r e i b e r , Klaus
Marktforschung. Berlin/Frankfurt a. M. (Verl. F. Vahlen) 1966. 17o Seiten
(Vahlens Handbücher der Wirtschafts- und Sozialwissenschaften)

A54* V e r s h o f e n , Wilhelm
Die Marktentnahme als Kernstück der Wirtschaftsforschung. Neuausgabe des ersten Bandes des Handbuchs der Verbrauchsforschung. Berlin/Köln (C. Heymanns Verl.) 1959. 196 Seiten

A55* V i e l i , Georg Anton
Risikoverminderung durch Marktforschung. Aarau (Keller Verl.) 1956. 79 Seiten

A56* W i r z , Adolf
Durch Marktforschung besser verkaufen. Handbuch mit Ergebnissen und Lehren aus der schweizerischen Praxis. Zürich (Verl. d. Schweiz. Kaufmänn. Vereins) 1953. 247 Seiten

## I. METHODEN UND TECHNIKEN, ALLGEMEIN (EINSCHLIESSLICH EMPIRISCHE SOZIALFORSCHUNG)

A57* A t t e s l a n d e r , Peter
unter Mitarbeit von Baumgartner, Klaus/ Haag, Franz/ Oetterli, Jörg/ Steiner, Rudolf
Methoden der empirischen Sozialforschung. 4. Auflage Berlin/New York (Verl. W. de Gruyter) 1975. 32o Seiten
(Sammlung Göschen. 21oo)

A58* B e r g e r , Hartwig
Untersuchungsmethode und soziale Wirklichkeit. Eine Kritik an Interview und Einstellungsmessung in der Sozialforschung. Frankfurt a.M. (Suhrkamp-Verl.) 1974. 2o6 Seiten
(edition suhrkamp. 712)

A59* B u n g a r d , Walter / L ü c k , Helmut E.
Forschungsartefakte und nicht-reaktive Meßverfahren. Stuttgart (Verl. B. G. Teubner) 1974. 179 Seiten
(Studienskripten zur Soziologie. 27)

A6o C i c o u r e l , Aaron V.
Methode und Messung in der Soziologie. Frankfurt a. M. (Suhrkamp-Verl.) 197o. 316 Seiten
(Method and Measurement in Sociology 1964. Deutsch von Frigga Haug)
(Theorie)

A61 Einführung in die soziologische Forschung.
Jetzschmann, Horst/ Kallabis, Heinz/ Schulz, Robert/ Taubert, Horst (Hrsg.).
Berlin (Dietz Verl.) 1966. 265 Seiten

A62* Der sozialwissenschaftliche Forschungsprozeß. Zur Methodologie, Methodik und Organisation der marxistisch-leninistischen Sozialforschung.
Friedrich, Walter/ Hennig, Werner (Hrsg.).
Berlin (Deutscher Verl. der Wissenschaften) 1975.
837 Seiten

A63* F r i e d r i c h s , Jürgen
Methoden empirischer Sozialforschung. 3. Auflage Reinbek b. Hamburg (Rowohlt-Taschenbuch Verl.) 1975. 429 Seiten
(rororo Studium. 28)

A64* Geiger, Siegfried / Heyn, Wolfgang
Prüfen und Planen von Marktuntersuchungen. Ein Leitfaden für die Praxis. Konstanz (Delta Marketingforschung) 1961. 52 Seiten

A65* Handbuch der empirischen Sozialforschung.
König, René (Hrsg.).
3. Auflage Stuttgart (F. Enke Verl.)
Band 1. Geschichte und Grundprobleme der empirischen Sozialforschung. 1973. 251 Seiten
A66* Band 2. Grundlegende Methoden und Techniken der empirischen Sozialforschung. Erster Teil. 1973. 316 Seiten
A67* Band 3 a. Grundlegende Methoden und Techniken der empirischen Sozialforschung. Zweiter Teil. 1974. 356 Seiten
A68* Band 3 b. Grundlegende Methoden und Techniken der empirischen Sozialforschung. Dritter Teil. 1974. 268 Seiten
A69* Band 4. Komplexe Forschungsansätze. 1974. 492 Seiten

A7o* Harder, Theodor
Dynamische Modelle in der empirischen Sozialforschung. Stuttgart (Verl. B.G. Teubner) 1973. 12o Seiten
(Teubner Studienskript. 41)

A71* Harder, Theodor
Werkzeug der Sozialforschung. München (W. Fink Verl.) 1974. 259 Seiten
(Uni-Taschenbücher. 3o4)

A72* Hartmann, Heinz
Empirische Sozialforschung. Probleme und Entwicklungen. 2. Auflage München (Juventa Verl.) 1972. 24o Seiten
(Grundfragen der Soziologie. Band 2)

A73* Heller, Kurt / Rosemann, Bernhard
unter Mitarbeit von Gaedike, Anne-Katrin
Planung und Auswertung empirischer Untersuchungen. Eine Einführung für Pädagogen, Psychologen und Soziologen. Stuttgart (E. Klett Verl.) 1974. 3o9 Seiten

A74* Kopp, Michael
Hypothesenformulierung in der Absatzforschung. Wie werden Annahmen über das Käuferverhalten erarbeitet ? Berlin (Verl. Duncker & Humblot) 1972. 24o Seiten
(Betriebswirtschaftliche Schriften. Heft 6o)

A75 Mangold, Werner
Empirische Sozialforschung. Grundlagen und Methoden. Heidelberg (Verl. Quelle & Meyer) 1967. 93 Seiten
(Gesellschaft für Erziehung. Teil II)
(Pädagogische Forschungen. Veröffentlichungen des Comenius-Instituts. Reihe Erziehungswissenschaftliche Studien. 4o)

A76* M a y n t z , Renate / H o l m , Kurt /
H ü b n e r , Peter
Einführung in die Methoden der empirischen Soziologie.
3. Auflage Opladen (Westdeutscher Verl.) 1972.
239 Seiten

A77 Methoden der marxistisch-leninistischen Sozialforschung.
Friedrich, Walter (Hrsg.).
Berlin (Deutscher Verl. d. Wissenschaften) 197o.
365 Seiten

A78* M e y , Harald
Studien zur Anwendung des Feldbegriffs in den Sozialwissenschaften. München (Verl. R. Piper) 1965. 259 Seiten
(Studien zur Soziologie. Band 5)

A79 M ü n c h , Werner
Datensammlung in den Sozialwissenschaften. Eine Einführung in ihre Methoden. Stuttgart/Berlin/Köln/Mainz
(Verl. W. Kohlhammer) 1971. 1o2 Seiten

A8o* P h i l l i p s , Bernard S.
Empirische Sozialforschung. Strategie und Taktik.
Bodzenta, Erich (Hrsg.).
Wien/New York (Springer-Verl.) 197o. 4o5 Seiten
(Social Research. Strategy and Tactics. 4. Auflage
New York/London 1968. Aus dem Englischen übersetzt
von Leonhard Walentik. Fachlich bearbeitet von Irmfried
Speiser)

A81* S c h r a d e r , Achim
unter Mitarbeit von Malwitz-Schütte, Magdalene/
Sell, Jürgen
Einführung in die empirische Sozialforschung. Ein Leitfaden für die Planung, Durchführung und Bewertung von
nicht-experimentellen Forschungsobjekten. 2. Auflage
Stuttgart/Berlin/Köln/Mainz (Verl. W. Kohlhammer) 1973.
252 Seiten

A82* S e l l t i z , Claire / J a h o d a , Marie /
D e u t s c h , Morton / C o o k , Stuart W.
Untersuchungsmethoden der Sozialforschung. Teil I.
Maus, Heinz/ Fürstenberg, Friedrich (Hrsg.).
Neuwied/Darmstadt (H. Luchterhand Verl.) 1972.
281 Seiten
(Research Methods in Social Relations. 3. Auflage New
York 1963. Übersetzung von Hannelore Herkommer)
(Soziologische Texte. Band 76)

A83* Teil II. 444 Seiten
(Soziologische Texte. Band 77)

A84* T i e t z , Bruno
Die Grundlagen des Marketing. Erster Band: Die Marketing-Methoden. 2. Auflage (von: Grundlagen der Handelsforschung - Marketing-Theorie. Erster Band: Die Methoden) München (Verl. Moderne Industrie) 1975.
1o16 Seiten

A85 W e b b , Eugene J. / C a m p b e l l , Donald T. / S c h w a r t z , Richard D. / S e c h r e s t , Lee
Nichtreaktive Meßverfahren. Weinheim/Basel (J. Beltz Verl.) 1975. 267 Seiten
(Unobtrusive Measures. Nonreactive Research in the Social Sciences. Aus dem Amerikanischen übertragen von Hans-Theo Ohlenforst. Bearbeitet von Helmut E. Lück)

A86* W i c k e r t , Günther
Deutsche Praxis der Markt- und Meinungsforschung. Ein Leitfaden für den Praktiker mit 1o Abbildungen und Tafeln im Text. Tübingen am Neckar (Demokrit Verl.) 1953. 192 Seiten
(Internationale Beiträge zur Markt- und Meinungsforschung. Band 11)

A87* W i c k e r t , Günther
Möglichkeiten moderner Markt- und Meinungsforschung in Werbung und Wirtschaft. Eine übersichtliche Einführung für den vielbeschäftigten Praktiker. 18. Auflage Tübingen (Demokrit Verl.) 1973. 37 Seiten
(Internationale Beiträge zur Markt- und Meinungsforschung. Band 1)

# II. SPEZIELLE METHODEN UND TECHNIKEN

## 1. Beobachtung

A88* B e c k e r , Wilfried
Beobachtungsverfahren in der demoskopischen Marktforschung. Ein Beitrag zur Methodendiskussion und praktischen Anwendung auf Lebensmittelmärkten. Stuttgart (Verl. E. Ulmer) 1973. 257 Seiten
(Bonner Hefte für Marktforschung. Heft 9)

A89* Beobachtung und Experiment in der Sozialforschung.
König, René (Hrsg.) unter Mitarbeit von Heintz, Peter R. / Scheuch, Erwin K.
8. Auflage Köln (Verl. Kiepenheuer & Witsch) 1972. 36o Seiten
(Praktische Sozialforschung. 2)

A9o D w o r a k , Karl
Beobachtung und Experiment als Verfahren der Erhebung in der Absatzforschung. Diss. Erlangen-Nürnberg 1969. 246 Seiten

A91* F r i e d r i c h s , Jürgen / L ü d t k e , Hartmut
Teilnehmende Beobachtung. Zur Grundlegung einer sozialwissenschaftlichen Methode empirischer Feldforschung. Weinheim/Berlin/Basel (J. Beltz Verl.) 1971. 223 Seiten
(Pädagogisches Zentrum - Veröffentlichungen. Reihe E: Untersuchungen. Band 11)

A92* G r ü m e r , Karl-Wilhelm
Beobachtung. Techniken der Datensammlung 2. Stuttgart (Verl. B. G. Teubner) 1974. 29o Seiten
(Studienskripten zur Soziologie. Band 32)

A93 H a l l w a c h s , Henning
Urlaub auf Mallorca. Bericht über eine teilnehmende Beobachtung. Starnberg (Studienkreis für Tourismus) 1967. 46 Seiten (Masch. vervielf.)
(Materialien für Tourismusforschung)

A94 S t r e c k e r , Ivo A.
Methodische Probleme der ethno-soziologischen Beobachtung und Beschreibung (Versuch einer Vorbereitung zur Feldforschung). Diss. Göttingen 1969. 98 Seiten
(Arbeiten aus dem Institut für Völkerkunde der Universität zu Göttingen. Band 3)

A95* Techniken der empirischen Sozialforschung. 3. Band. Erhebungsmethoden: Beobachtung und Analyse von Kommunikation.
Koolwijk, Jürgen van/ Wieken-Mayser, Maria (Hrsg.). München/Wien (R. Oldenbourg Verl.) 1974. 2o8 Seiten

## 2. Befragung

A96* Die Befragung 1. Der Fragebogen - Die Stichprobe.
Holm, Kurt (Hrsg.).
München (Francke Verl.) 1975. 2o9 Seiten
(Uni-Taschenbücher. 372)

A97* Die Befragung 2. Datenaufbereitung. Tabellenanalyse. Korrelationsmatrix.
Holm, Kurt (Hrsg.).
München (Francke Verl.) 1975. 257 Seiten
(Uni-Taschenbücher. 373)

A98* Berekoven, (Ludwig) / Specht, (Karl Gustav) / Walthelm, (Veit) / Wimmer, (Frank)
Zur Genauigkeit mündlicher Befragungen in der Sozialforschung. Eine empirische Studie. Bern/Frankfurt a. M. (Verl. H. und P. Lang) 1975. 158 Seiten mit Anh.
(Gesellschaftsforschung und Gesellschaftspolitik. Band 1)

A99* Bonhoeffer, F. O. / Strigel, W. H.
Amerikanische Unternehmer- und Verbraucherbefragungen. Ergebnisse einer Studienreise. Berlin/München (Verl. Duncker & Humblot) 1966. 119 Seiten
(Schriftenreihe des IFO-Instituts für Wirtschaftsforschung. Nr. 63)

A1oo Brekenfeld, Henning
Der Kommunikationsprozeß beim demoskopischen Interview in der Marktforschung und seine Beeinflussung durch situative Faktoren. Diss. Berlin 1965. 282 Seiten

A1o1 Clerici, Enrico
Konjunkturdiagnose und Konjunkturprognose mit Hilfe von Unternehmerbefragungen. Zürich (Schulthess Polygraphischer Verl.) 197o. 152 Seiten

A1o2* Eckardt, Heinz
Die Technik der schriftlichen Umfrage. Dargestellt an Beispielen aus der Marktforschung für das Buch und die Fachzeitschrift. 2. Auflage Hamburg (Verl. für Buchmarktforschung) 197o. 8o Seiten
(Berichte des Instituts für Buchmarkt-Forschung. Sondernummer)

A1o3* Erbslöh, Eberhard
Interview. Techniken der Datensammlung 1. Stuttgart (Verl. B. G. Teubner) 1972. 119 Seiten
(Studienskripten zur Soziologie. Band 31)

A1o4* E r b s l ö h , Eberhard
Theoretische Ansätze zur Deutung des Interaktionsprozesses im Forschungsinterview unter besonderer Berücksichtigung des Interviewerverhaltens. Diss. Köln 1973. 2o7 Seiten

A1o5* E s s e r , Helmut
Soziale Regelmäßigkeiten des Befragtenverhaltens. Meisenheim am Glan (Verl. A. Hain) 1975. 4o9 Seiten
(Kölner Beiträge zur Sozialforschung und angewandten Soziologie. Band 19)
(zugleich Diss. Köln 1974)

A1o6 F i s c h e r , Herbert
Die Konsumentenbefragung und ihre Anwendung in der sozialistischen Konsumgütermarktforschung. Diss. Leipzig 1966. 219 Seiten (Masch.-Schr.)

A1o7 F i s c h e r , Herbert / K ö p p e r t , Willi
Konsumentenbefragung in der sozialistischen Marktforschung. Berlin (Verl. Die Wirtschaft) 1967. 2oo Seiten

A1o8 F r i e d e b u r g , Ludwig von
Die Umfrage in der Intimsphäre. Stuttgart (F. Enke Verl.) 1953. 95 Seiten
(Beiträge zur Sexualforschung. 4. Heft)

A1o9* H a e d r i c h , Günther
Der Interviewer-Einfluß in der Marktforschung. Wiesbaden (Betriebswirtschaftl. Verl. Gabler) 1964. 124 Seiten
(Betrieb und Markt -Studienreihe-. Band III)

A11o* Handbuch der Konsumentenbefragung.
Fabiunke, H(annelore)/ Fischer, H(erbert)/ Jäger, J(oachim)/ Köppert, W(illi) (Autorenkollektiv). Berlin (Verl. Die Wirtschaft) 1972. 311 Seiten

A111* Das Interview. Formen, Technik, Auswertung.
König, René (Hrsg.) unter Mitarbeit von Rüschemeyer, Dietrich/ Scheuch, Erwin K.
7. Auflage Köln (Verl. Kiepenheuer & Witsch) 1972. 42o Seiten.
(Praktische Sozialforschung. 1)

A112 K r e u t z , Henrik
Soziologie der empirischen Sozialforschung. Theoretische Analyse von Befragungstechniken und Ansätze zur Entwicklung neuer Verfahren.
Stuttgart (F. Enke Verl.) 1972. 2o9 Seiten
(Soziologische Gegenwartsfragen. Neue Folge Nr. 38)

A113* L e v e r k u s - B r ü n i n g , Iris
Die Meinungslosen. Die Bedeutung der Restkategorie in der empirischen Sozialforschung. Berlin (Verl. Duncker & Humblot) 1966. 2oo Seiten
(Beiträge zur Verhaltensforschung. Heft 6)

A114* Mitarbeiterbefragungen.
Utecht, Annerose (Redaktion).
o. O. (Bundesverband deutscher Marktforscher BVM)
o. J. 5o Seiten
(Beiträge zur Marktforschung. 3)

A115* M ö b i u s , Georg
Zur Genauigkeit standardisierter Verbraucherbefragungen. Wiesbaden (Betriebswirtschaftl. Verl. Gabler) 1966. 11o Seiten
(Betrieb und Markt -Studienreihe-. Band IX)

A116* M o l i n a r i , Gianfranco F.
Das Tiefeninterview in der Absatzforschung. Winterthur (Verl. H. Schellenberg) 1971. 137 Seiten
(zugleich Diss. St. Gallen 197o)

A117* M u c c h i e l l i , Roger
Das Gruppeninterview.
Revers, Wilhelm J./ Perrez, Meinrad (Hrsg. der deutschen Ausgabe).
Salzburg (Verl. O. Müller) 1973. I: Theoretische Einführung. 69 Seiten. II: Praktische Übungen. 59 Seiten
(La formation permanente en sciences humaines. Roger Mucchielli "L'interview de groupe". Übertragung aus dem Französischen von Enikö Orban)
(Arbeitsbücher zur psychologischen Schulung. Kurse von Roger Mucchielli)

A118 N o e l l e , Elisabeth
Über den methodischen Fortschritt in der Umfrageforschung. Allensbach/Bonn (Verl. f. Demoskopie) 1962. 69 Seiten
(Allensbacher Schriften. 7)

A119* N o e l l e , Elisabeth
Umfragen in der Massengesellschaft. Einführung in die Methoden der Demoskopie. Reinbek bei Hamburg (Rowohlt Taschenbuch Verl.) 1963. 331 Seiten
(Rowohlts Deutsche Enzyklopädie 177/178)

A12o N o e l l e - N e u m a n n , Elisabeth / S c h r a m m , Carl
Umfrageforschung in der Rechtspraxis. Weinheim/Bergstr. (Verl. Chemie) 1961. 98 Seiten

A121* R i c h t e r , Hans-Jürgen
Die Strategie schriftlicher Massenbefragungen. Ein verhaltenstheoretischer Beitrag zur Methodenforschung. Bad Harzburg (Verl. f. Wissenschaft, Wirtschaft und Technik) 197o. 287 Seiten
(zugleich Diss. München 1969)

A122 R o e d e , Hans
Befrager und Befragte. Probleme der Durchführung des soziologischen Interviews. Berlin (Deutscher Verl. d. Wissenschaften) 1968. 25o Seiten

A123 R ü m e l i n , Heinz
Die schriftliche Befragung in der Marktforschung. Kritische Betrachtung ihrer Möglichkeiten und Grenzen anhand der Marktforschungsliteratur und eines Experiments in Gegenüberstellung zur mündlichen Befragung. Diss. Erlangen-Nürnberg 1968. 157 Seiten

A124 S c h n e i d e r , Johann
Versuchsleitereinfluß in Abhängigkeit von Merkmalen der Versuchsperson und dem Aussehen des Versuchsleiters. Versuch einer sozialpsychologischen Analyse. Diss. Saarbrücken 1972. 118 Seiten mit Anh.

A125 S c h w e i g e r , Karl
Über die Grenzen der Befragungsmethoden in der Meinungs- und Verbrauchsforschung. Diss. Nürnberg 1953. 1o4 Seiten (Masch. vervielf.)

A126 S p i e l b e r g e r , Karlheinz
Über die Möglichkeiten und Grenzen des standardisierten Interviews in der Marktforschung. Diss. Erlangen-Nürnberg 1967. 175 Seiten

A127* S t r o s c h e i n , Fritz-Reinhard
Die Befragungstaktik in der Marktforschung. Wiesbaden (Betriebswirtschaftl. Verl. Gabler) 1965. 164 Seiten
(Betrieb und Markt -Studienreihe-. Band II)

A128* Studien zum Interview.
Mit Beiträgen von Erbslöh, Eberhard/ Esser, Hartmut/ Reschka, Willibald/ Schöne, Dino.
Meisenheim am Glan (Verl. A. Hain) 1973. 279 Seiten
(Kölner Beiträge zur Sozialforschung und angewandten Soziologie. Band 16)

A129* Techniken der empirischen Sozialforschung.
4. Band. Erhebungsmethoden: Die Befragung.
Koolwijk, Jürgen van/ Wieken-Mayser, Maria (Hrsg.).
München/Wien (R. Oldenbourg Verl.) 1974. 188 Seiten

## 3. Experiment

A13o P a r t h e y , Heinrich / W a h l , Dietrich
Die experimentelle Methode in Natur- und Gesellschaftswissenschaften. Berlin (Deutscher Verl. der Wissenschaften) 1966. 262 Seiten

A131* S c h u l z , Winfried
Kausalität und Experiment in den Sozialwissenschaften. Methodologie und Forschungstechnik. Mainz (Verl. v. Hase & Koehler) 197o. 167 Seiten
(Sozialwissenschaftliche Bibliothek. 4)

A132* S i e b e l , Wigand
Die Logik des Experiments in den Sozialwissenschaften. Berlin (Verl. Duncker & Humblot) 1965. 253 Seiten
(Soziologische Schriften. Band 2)
(zugleich Habilschr. Münster)

A133 W e i ß , Hartmut
Planung, Durchführung und Auswertung balancierter Beobachtungsexperimente unter besonderer Berücksichtigung von "Change-over"-Experimenten mit einigen Beispielen aus der experimentellen Absatzforschung. Würzburg (Physica-Verl.) 1969. 2o7 Seiten
(Berichte aus dem Institut für Statistik und Versicherungsmathematik und aus dem Institut für Angewandte Statistik der Freien Universität Berlin. Heft 7)
(zugleich Diss. Berlin 1969)

A134* Z i m m e r m a n n , Ekkart
Das Experiment in den Sozialwissenschaften. Stuttgart (Verl. B. G. Teubner) 1972. 3o8 Seiten
(Studienskripten zur Soziologie. Band 37)

## 4. Auswahlverfahren

A135* B i l l e t e r , Ernst P.
Grundlagen der repräsentativen Statistik. Stichprobentheorie und Versuchsplanung. Wien/New York (Springer-Verl.) 197o. 16o Seiten

A136 B ü s c h g e s , Günter
Die Gebietsauswahl als Auswahlmethode in der empirischen Sozialforschung. Charakteristika, Grundlagen, Probleme und Bedeutung. Diss. Köln 1961. 5o7 Seiten

A137 D a l e n i u s , Tore
Technik und Methode der Stichprobenerhebungen. München (Bayer. Statistisches Landesamt) 195o. 1o1 Seiten
(Schriftenreihe des Fachausschusses für Stichprobenverfahren der Deutschen Statistischen Gesellschaft. Heft Nr. 2)
(Om Stickprovsundersökningens Teknik och Metodik. Stockholm 1949. Übersetzung aus dem Schwedischen)

A138 H e y n , Wolfgang
Stichprobenverfahren in der Marktforschung. Würzburg (Physica-Verl.) 196o. 1o8 Seiten mit Anh.

A139* K e l l e r e r , Hans
Theorie und Technik des Stichprobenverfahrens. Eine Einführung unter besonderer Berücksichtigung der Anwendung auf soziale und wirtschaftliche Massenerscheinungen. 2. Auflage München (Deutsche Statistische Gesellschaft) 1953. 217 Seiten (Masch. vervielf.)
(Einzelschriften der Deutschen Statistischen Gesellschaft. Nr. 5)

A14o* K i l g u s , Ernst
Teilerhebungen im Dienste der betriebswirtschaftlichen Marktforschung. Zürich (Verl. d. Schweizer. Kaufmänn. Vereins) 1964. 263 Seiten
(zugleich Diss. Zürich 1962)

A141* N i s s e l s o n , Harold
Anwendung von Stichprobenverfahren bei Zählungen. München (Deutsche Statistische Gesellschaft) 195o. 122 Seiten (Masch. vervielf.)
(Schriftenreihe des Fachausschusses für Stichprobenverfahren der Deutschen Statistischen Gesellschaft. Heft Nr. 3)
(Übersetzung aus dem Amerikanischen)

A142 S c h e e l e , Walter
Quoten-Sampling. Grundprobleme und Ergebnisse einer Parallelerhebung in der Stadt Köln. Diss. Köln 1956. 176 Seiten mit Anh. (Masch.-Schr.)

A143 S c h e u c h , Erwin K.
Die Anwendung von Auswahlverfahren bei Repräsentativ-Befragungen. Unter besonderer Berücksichtigung der Sozialforschung durch akademische Institute. Diss. Köln 1956. 568 Seiten

A144 S l o n i m , Morris James
Stichprobentheorie leicht verständlich dargestellt. München (Verl. Moderne Industrie) 1969. 181 Seiten (Sampling. Aus dem Amerikanischen übertragen von Edgar W. Uherek unter Mitwirkung von Werner Löber)

A145 Stichproben in der amtlichen Statistik.
Statistisches Bundesamt (Hrsg.).
Stuttgart/Mainz (Verl. W. Kohlhammer) 196o.
626 Seiten

## 5. Mathematisch-statistische Methoden

A146 A n d e r s o n , Oskar
Über die repräsentative Methode und deren Anwendung auf die Aufarbeitung der Ergebnisse der bulgarischen landwirtschaftlichen Betriebszählung vom 31.Dez.1926. Fachausschuß für Stichprobenverfahren der Deutschen Statistischen Gesellschaft (Hrsg.).
München (Bayer. Statist. Landesamt) 1949. 73 Seiten (Masch.-Schr.)
(Aus: Vierteljahreshefte der Generaldirektion der Statistik 1. Jg. Heft II und III. Sofia 1929)

A147 B ä c h t o l d , Rolf Viktor
Quantitative Nachfrageanalyse. Diss. Bern 1956. 82 Seiten

A148 B i l l e t e r , Ernst P.
Grundlagen der erforschenden Statistik. Statistische Testtheorie. Wien/New York (Springer-Verl.) 1972. 217 Seiten

A149 C l a u ß , G(ünter) / E b n e r , H(einz)
Grundlagen der Statistik für Psychologen, Pädagogen und Soziologen. Frankfurt a.M./Zürich (Verl. H. Deutsch) 1971. 367 Seiten

A15o D i e t r i c h , Hans / S c h m u t z l e r , Olaf
Statistische Methoden in der Marktforschung. Berlin (Verl. Die Wirtschaft) 1968. 16o Seiten

A151* F u c h s , Reimar
Marktvolumen und Marktanteil. Möglichkeiten und Grenzen der Bestimmung der Marktposition einer Unternehmung durch sekundärstatistische Verfahren. Stuttgart (C. E. Poeschel Verl.) 1963. 218 Seiten

A152 F r ö h l i c h , Werner D. / B e c k e r , Johannes
Forschungsstatistik. Grundmethoden der Verarbeitung empirischer Daten für Psychologen, Biologen, Pädagogen und Soziologen. 5. Auflage Bonn (Bouvier Verl. H. Grundmann) 1971. 579 Seiten

A153 G o l l n i c k , Heinz
Die Nachfrage nach Nahrungsmitteln und ihre Abhängigkeit von Preis- und Einkommensänderungen. Eine ökonometrische Untersuchung von Wirtschaftsrechnungen Hamburger Angestellten- und Arbeiterhaushaltungen. Hamburg/Berlin (P. Parey Verl.) 1954. 11o Seiten
(Hefte für landwirtschaftliche Marktforschung. Heft 6)

A154* H a r d e r , Theodor
Elementare mathematische Modelle in der Markt- und Meinungsforschung. Praktische Anwendung, Rechengang, Rechenaufwand. Wien/München (R. Oldenbourg Verl.) 1966. 189 Seiten

A155 H e n r y s s o n , Sten / H a s e l o f f , O. W./ H o f f m a n n , H. J.
Kleines Lehrbuch der Statistik. Für Naturwissenschaftler, Mediziner, Psychologen, Sozialwissenschaftler und Pädagogen. Berlin (Verl. W. de Gruyter) 196o. 173 Seiten (Elemtär statistik. Stockholm 1957)

A156* H e y n , Wolfgang
Der Chi-Quadrat-Test in der Marktforschung. Konstanz (Delta Marketingforschung) 1962. 55 Seiten

A157* H ü t t n e r , Manfred
Grundzüge der Wirtschafts- und Sozialstatistik. Systematische Darstellung mit zahlreichen Beispielen und einer Aufgabensammlung. Wiesbaden (Betriebswirtschaftl. Verl. Gabler) 1973. 396 Seiten

A158* J a c o b s , Alfred / J a c o b s , Margret
Die Berechnung der Marktnachfrage. Amtliche Statistik im Dienste der Nachfrageanalyse. Köln/Opladen (Westdeutscher Verl.) 1968. 82 Seiten (Absatzwirtschaft. Band 5)

A159 J a h n , Walter / V a h l e , Hans
Die Faktoranalyse und ihre Anwendung. Berlin (Verl. Die Wirtschaft) 197o. 228 Seiten

A16o* K e l l e r e r , Hans
Statistik im modernen Wirtschafts- und Sozialleben. 16. Auflage Reinbek bei Hamburg (Rowohlt Taschenbuch Verl.) 1974. 3o2 Seiten (Rowohlts Deutsche Enzyklopädie 1o3)

A161 K l e z l - N o r b e r g , Felix
Wirtschaftsstatistik in Theorie und Praxis. Wien (Springer-Verl.) 1947. 34o Seiten

A162 K u n i s , Eva-Maria
Möglichkeiten zur statistischen Darstellung der Veränderung des Preisniveaus und der Preisrelationen und ihrer Auswirkungen auf den Bedarf nach Nahrungsmitteln. Diss. Leipzig 1966. 174 Seiten

A163* L e i ß l e r , Joachim
Statistik für den Marketing- und Verkaufsleiter. München (Verl. Moderne Industrie) 1971. 2o7 Seiten

A164 L i p p e , Peter Michael
Statistische Methoden zur Messung der sozialen Schichtung. Göppingen (Kümmerle Verl.) 1972. 254 Seiten
(Göppinger Akademische Beiträge. Nr. 47)
(zugleich Diss. Marburg)

A165 L o r e n z , Charlotte
Forschungslehre der Sozialstatistik. Berlin (Verl. Duncker & Humblot)
Erster Band: Allgemeine Grundlegung und Anleitung. 1951. 4oo Seiten

A166 Zweiter Band: Angewandte Sozialstatistik. Bevölkerungsstatistik und Spezielle Sozialstatistik. 1963. 4o3 Seiten

A167 Dritter Band: Angewandte Sozialstatistik. Volkswirtschaftsstatistik. 1964. 664 Seiten

A168 M o r g e n s t e r n , Oskar
Über die Genauigkeit wirtschaftlicher Beobachtungen. 2. Auflage Wien/Würzburg (Physica-Verl.) 1965. 32o Seiten
(On the Accuracy of Economic Observations. Princeton 1963. Übersetzt aus dem Amerikanischen von E. Schlecht)

A169* N e u r a t h , Paul
Statistik für Sozialwissenschaftler. Eine Einführung in das statistische Denken. Stuttgart (F. Enke Verl.) 1966. 487 Seiten

A17o O t t o , Carl
Über die statistischen Methoden in der Bedarfsforschung. Diss. Berlin 1959. 267 Seiten (Masch.-Schr.)

A171 O t t o , Carl
Zur Untersuchung von Beziehungen zwischen dem Bedarf und den bedarfsbestimmenden Faktoren mit Hilfe mathematischer und statistischer Methoden. Habilschr. Berlin 1962. 245 Seiten (Masch.-Schr.)

A172* P f a n z a g l , Johann
Allgemeine Methodenlehre der Statistik I. Elementare Methoden unter besonderer Berücksichtigung der Anwendungen in den Wirtschafts- und Sozialwissenschaften. 5. Auflage Berlin/New York (Verl. W. de Gruyter) 1972. 265 Seiten
(Sammlung Göschen. Band 5746)

A173 Q u a n t e , Peter
Lehrbuch der praktischen Statistik. Bevölkerungs-, Wirtschafts-, Sozialstatistik. Berlin (Verl. W. de Gruyter) 1961. 443 Seiten

A174 S c h m i d t , Werner
Anlage und statistische Auswertung von Untersuchungen für Biologen, Mediziner, Psychologen und Volkswirte. Hannover (Verl. M. & H. Schaper) 1961. 268 Seiten

A175 S t e i n e r , Dietrich Wolfgang
Selektive Betriebsstatistik. Diss. Mannheim 1953.
87 Seiten

A176* Techniken der empirischen Sozialforschung. 6. Band.
Statistische Forschungsstrategien.
Koolwijk, Jürgen van/ Wieken-Mayser, Maria (Hrsg.).
München/Wien (R. Oldenbourg Verl.) 1974. 183 Seiten

A177* T s c h o p p , Hubertus G.
Entwicklungstendenzen der Inlandsnachfrage nach Industriegütern in der Schweiz. Winterthur (Verl. H. Schellenberg) 1973. 17o Seiten
(zugleich Diss. St. Gallen)

A178 Ü b e r l a , Karl
Faktorenanalyse. Eine systematische Einführung für Psychologen, Mediziner, Wirtschafts- und Sozialwissenschaftler. 2. Auflage Berlin/Heidelberg/New York (Springer-Verl.) 1971. 399 Seiten

A179 W a l k e r , Helen M.
Statistische Methoden für Psychologen und Pädagogen.
Eine Einführung.
Hochschule für Internationale Pädagogische Forschung (Hrsg.).
7. Auflage Weinheim/Bergstr. (J. Beltz Verl.) 1964.
391 Seiten
(Elementary statistical methods. 1952. Ins Deutsche übersetzt von Hans Anger und Friedrich Tenbuck)

A18o* W a l k e r , Helen M. / L e v , Joseph
Statistische Methoden für Psychologen, Soziologen und Pädagogen. Eine Einführung.
Institut für Sozialpsychologie der Universität zu Köln (Hrsg.).
Weinheim/Basel (J. Beltz Verl.) 1975. 473 Seiten
(Elementary Statistical Methods. 3. Auflage New York 1969. Aus dem Amerikanischen übersetzt von Hans Börger)

A181* W e b e r , Pierre
Elementare Statistik für Marktforscher. 2. Auflage (Vorwort) Zürich (Kriterion Verl.) 1969. 92 Seiten

A182 W e h o w s k i , Dieter P.
Ein allgemeines Modell für die Skalierung von Meinungen und Einstellungen. Diss. Münster 1961.
147 Seiten

## 6. Marktkennzahlen, Marktstatistik

A183 B ä c h t o l d , Rolf Viktor
Der Schweizer Markt. Analyse und Prognose. Bern (o. Verl. [vermutl. Verl. P. Haupt]) 1973.
Teil I: Analyse der demographischen Grundlagen der Regionen. Textband. 89 Seiten (Masch. vervielf.)

A184 Teil II: Demographische Grundlagen der Regionen. Tabellenband. o. Pag. (Masch. vervielf.)

A185 Teil III: Bevölkerungsprognose für die Regionen (198o-1985). 27 Seiten mit Anh.-Tab. (Masch. vervielf.)

A186 Teil IV: Regionales Volkseinkommen 1973. 29 Seiten mit Anh. (Masch. vervielf.)

A187 B a t z e r , Erich / L a u m e r , Helmut
Die deutsche Handelsstatistik. Quellen, Vergleichbarkeit und Aussagewert. Berlin/München (Verl. Duncker & Humblot) 196o. 1o3 Seiten
(Schriftenreihe des IFO-Instituts für Wirtschaftsforschung. Nr. 39)

A188 B a u e r s c h m i d t , Herbert
Die Problematik in Aufbau und Aussagewert von Indexziffern der Lebenshaltung. Diss. Erlangen 1957. 164 Seiten

A189 C h r i s t m a n n , Gerhard
Grenzen und Möglichkeiten der Analyse von betrieblichen Regionalmärkten mit Hilfe von Kennzahlen. Diss. Mannheim 1968. 238 Seiten

A19o H u r n i , Josef
Ausbeute der Bevölkerungsstatistik im Dienste der Marktforschung. Diss. Freiburg/Schweiz 1951. 118 Seiten

A191 J a c o b s , Alfred
Internationaler Vergleich der Kaufkraft. Bremen (Bremer Ausschuß für Wirtschaftsforschung) 1955. 56 Seiten (Masch. vervielf.)

A192 J a c o b s , Alfred
Der internationale Vergleich der Lebenshaltungskosten. Eine methodologische Untersuchung dargestellt an Deutschland-Frankreich.
Bremer Ausschuß für Wirtschaftsforschung (Hrsg.). Berlin (Verl. Duncker & Humblot) 1957. 117 Seiten

A193* K a p f e r e r , Clodwig
Quellen für statistische Marktdaten. Führer durch die amtliche Statistik der Bundesrepublik Deutschland. Hamburg (Verl. Weltarchiv) 1964. 139 Seiten

A194* Kennzahlen der Kaufkraft als Mittel regionaler Absatzplanung in Österreich. Neuberechnung für 1976.
Institut für Industrieforschung (Hrsg.).
Wien (Inst. f. Industrieforschung) 1975 (Vorwort).
18 Seiten mit Tab.-Anh.

A195 M a l k e , Edelgard
Die Anwendung der Korrelationsrechnung für die Untersuchung der Abhängigkeit zwischen dem Bedarf nach konfektionierter Oberbekleidung und seinen Einflußfaktoren.
Diss. Leipzig 1966. 99 Seiten mit Anh. (Masch.-Schr.)

A196* Der westdeutsche Markt in Zahlen. Ein Handbuch für Forschung, Werbung und Verkauf.
DIVO-Institut für Wirtschaftsforschung, Sozialforschung und angewandte Mathematik (Hrsg.).
Frankfurt a. M. (DIVO) 1958. 19o Seiten
A197 Neubearbeitung 1962. 236 Seiten
A198 Neubearbeitung 1965. 3. Auflage 1965. 461 Seiten

A199 Der westdeutsche Markt in Zahlen. Ein Handbuch für Forschung, Werbung und Verkauf. Neubearbeitung 1969.
DIVO-INMAR (Hrsg.).
4. Auflage Frankfurt a. M. (DIVO-INMAR) 197o (Vorwort).
536 Seiten
A2oo Neubearbeitung 1974. 5. Auflage 1974. 463 Seiten

A2o1 M a t t e r n e , Esther
Die Auswertung der Statistik der Wirtschaftsrechnungen für die Erforschung des Bedarfs nach Industriewaren und Leistungen. Diss. Leipzig 1964. 247 Seiten (Masch.-Schr.)

A2o2* Der "statistische" Mitmensch.
Nach einer Idee von Hubert Troost. Fotografiert von Siegfried Kühl.
Düsseldorf/Wien (Econ-Verl.) 1964. o. Pag.

A2o3* O e s t e r l e , Beat
Regionale Kaufkraft und Kaufkraftströme. Ihr Einfluß auf die Orts-, Regional- und Landesplanung. Bern (Verl. H. Lang) 197o. 2o9 Seiten
(Europäische Hochschulschriften. Reihe V. Volks- und Betriebswirtschaft. Band 21)

A2o4 Quellennachweis regionalstatistischer Ergebnisse. Stand Mitte 1965.
Statistisches Bundesamt (Hrsg.).
Stuttgart/Mainz (Verl. W. Kohlhammer) 1966. 117 Seiten

A2o5 R a u , Rainer
Der private Verbrauch in der Bundesrepublik Deutschland. Verflechtungstabellen nach Ausgabearten und Branchen 195o-1967. Berlin (Verl. Duncker & Humblot) 1971.
214 Seiten
(Schriftenreihe des Rheinisch-Westfälischen Instituts für Wirtschaftsforschung Essen. N. F. Heft 31)

A2o6 R i e k e r , Karlheinrich
Er ward geboren, nahm ein Weib, und starb. Der gezählte Mensch. Köln (Deutsche Industrieverl.) 1965. 125 Seiten

A2o7* S c h e e l e r , Hans-Erdmann
Kaufkraftkennziffern in Vertrieb und Werbung. München (Verl. Moderne Industrie) 1963. 11o Seiten (Marktwirtschaft und Verbrauch. Schriftenreihe der GfK-Gesellschaft für Konsumforschung. Band 19)

A2o8 S c h e t t l e r , Joachim
Probleme der Absatzkennziffern für Investitionsgüter. Dargestellt an einem Beispiel aus der Kabelindustrie. Diss. Braunschweig 1966. 142 Seiten

A2o9 S c h w e i n i t z , Hildur von
Die Berechnung der privaten und staatlichen Konsumnachfrage bei den einzelnen Wirtschaftssektoren der Bundesrepublik Deutschland von 195o-196o. Köln/Opladen (Westdeutscher Verl.) 1967. 59 Seiten (Forschungsberichte des Landes Nordrhein-Westfalen. Nr. 1693)

A21o S c h w e i t z e r , Eckhardt
Die jahreszeitlichen Schwankungen der Nachfrage nach Kernobst in der Bundesrepublik Deutschland in der Zeit von 195o/51 bis 1968/69. Eine Analyse der Bestimmungsgründe und daraus gezogenen Folgerungen. Diss. Hohenheim 1973. 197 Seiten

A211 Sozialtaschenbuch 1952. Deutsche Sozialstatistik für die Praxis.
Institut zur Förderung öffentlicher Angelegenheiten (Bearbeiter).
Frankfurt a. M. (A. Metzner Verl.) 1952. 87 Seiten

A212 Die regionale Verteilung der Textilnachfrage in der Bundesrepublik - Kennziffern des Textilabsatzes an Einzelhandel, Großhandel und Konfektionsindustrie.
Henneke, B./ Sonneborn, W. Chr. (Bearbeiter).
Münster (Forschungsstelle für Allg. u. Textile Marktwirtschaft an der Univ. Münster) 1962. 48 Seiten (Schriften zur Textilwirtschaft. Band 6)

A213* W a g e n f ü h r , Rolf
Wirtschafts- und Sozialstatistik gezeigt am Beispiel der BRD. Band 1: Produktionsweise und güterwirtschaftliche Reproduktion. Freiburg i. Br. (Haufe Verl.) 197o. 584 Seiten

A214 W i l l i a m - O l s s o n , W.
Kaufkraft im Gemeinsamen Markt.
Export Bureau Stockholm (Hrsg.).
Düsseldorf (Econ-Verl.) 196o. o. fortl. Pag.

## 7. Prognosemethoden

A215 A f h e l d t , Heik
unter Mitarbeit von Boos, Rudolf/ Kauz, Dieter/ Bucher, Rolf
Infrastrukturbedarf bis 198o. Eine Bedarfs- und Kostenschätzung notwendiger Verkehrs-, Bildungs- und Versorgungseinrichtungen für die Bundesrepublik Deutschland. Stuttgart/Berlin/Köln/Mainz (Verl. W. Kohlhammer) 1967. 129 Seiten
(Prognos Studien. Beiträge zur angewandten Wirtschaftsforschung. 2)

A216* A n g e l i n i , Terenzio
Grundlagen langfristiger Partialprognosen. Dargestellt am Beispiel der Märkte für Personenwagen. Zürich/ St. Gallen (Polygraphischer Verl.) 1971. 388 Seiten
(Export- und marktwirtschaftliche Studien. Band 11)
(zugleich Diss. St. Gallen 1968)

A217* B e c h t e l , Wilfried
Theoretische Grundlagen zur Prognose der Absatzmöglichkeiten in den einzelnen Branchen. Frankfurt a. M./ Zürich (Verl. H. Deutsch) 1974. 21o Seiten

A218 B e c k e r , Michel
Zur Methodik und Zuverlässigkeit langfristiger Holzbedarfsprognosen. Hamburg (Kommis.-Verl. Max Wiedebusch) 1971. 163 Seiten
(Mitteilungen der Bundesforschungsanstalt für Forst- und Holzwirtschaft Reinbek bei Hamburg. Nr. 8o: Forst- und Holzwirtschaftspolitik)
(zugleich Diss. Hamburg 197o)

A219* B e r n e r , Giorgio
Anwendungsmöglichkeiten der elektronischen Datenverarbeitung bei kurzfristigen Absatzprognosen mit besonderer Berücksichtigung der Textilgewebe-Industrie. Zürich (Verl. P. G. Keller) 1967. 186 Seiten
(zugleich Diss. St. Gallen)

A22o B i e n i e k , Georg
Musterprognose der perspektivischen Auslands-Marktforschung der DDR - dargestellt am Beispiel des Anlagenexports nach Nigeria bis 198o.
Kammer für Außenhandel der Deutschen Demokratischen Republik (Hrsg.).
Berlin (Kammer für Außenhandel der Deutschen Demokratischen Republik) 1969. 47 Seiten
(Auszug aus d. Diss. u. d. T.: Zum Inhalt und zur Problematik einer industriezweigbezogenen Methodik der perspektivischen Marktforschung, dargestellt am Beispiel einer Prognose für Anlagen, Maschinen und Ausrüstungen zur Erzeugung von pflanzlichen Ölen und Fetten für drei ausgewählte Entwicklungsländer bis 198o und einer Globalprognose bis zum Jahre 2ooo. Diss. Berlin-Karlshorst)

A221* B r ö c k e r , Richard
Marktprognosen für Eier und Schlachtgeflügel. Stuttgart (Verl. E. Ulmer) 1973. 127 Seiten
(Bonner Hefte für Marktforschung. Heft 7)

A222 D a e v e s , Karl
Vorausbestimmungen im Wirtschaftsleben. Essen (Verl. W. Girardet) 1951. 88 Seiten

A223 D o b r o w , G. M.
Prognostik in Wissenschaft und Technik. Berlin (Dietz Verl.) 1971. 255 Seiten
(Prognozirovanie nauki i techniki. Moskau 1969. Übersetzung von Rainer Schwarz)

A224* E n r i c k , N(orbert) L(loyd) / S c h ä f e r , W(ilhelm)
Quantitative Marktprognose. Heidelberg (I.H. Sauer Verl.) 1972. 184 Seiten
(Market & Sales Forecasting. San Franzisco 1969)

A225 F a l t z , Ernst
Absatzprognose in der Investitionsgüterindustrie. Diss. Berlin 1973. 174 Seiten

A226 F i s c h e r , Bernd
Die zukünftige Entwicklung des Strombedarfs in der Bundesrepublik Deutschland mit Darstellung der Prognosen und Prognosemethoden und die technisch-wirtschaftlichen Bestrebungen zur Anpassung der Stromerzeugung. Diss. Nürnberg 196o. 152 Seiten

A227* G e h m a c h e r , Ernst
Methoden der Prognostik. Eine Einführung in die Probleme der Zukunftsforschung und Langfristplanung. Freiburg (Verl. Rombach) 1971. 126 Seiten
(Rombach Hochschul Paperback. Band 29)

A228 G e r f i n , Harald
Über Aufgaben und Methoden langfristiger Wirtschaftsprognosen. Tübingen (Verl. Mohr Siebeck) 1964. 176 Seiten
(zugleich Teil der von der Fakultät angenommenen Diss. Basel 1961)

A229* G e r f i n , Harald
Langfristige Wirtschaftsprognose. Tübingen (Verl. Mohr Siebeck)/Zürich (Polygraphischer Verl.) 1964. 2o4 Seiten

A23o G e r f i n , Harald / K i r n e r , Wolfgang / W u l f , Jürgen
Entwürfe für disaggregierte Modelle zur Arbeitsmarktprognose für die Bundesrepublik Deutschland. Berlin (Verl. Duncker & Humblot) 1972. 12o Seiten
(Deutsches Institut für Wirtschaftsforschung. Sonderheft 9o. 1972)

A231* G r a f , Heinz
Die kurzfristige Absatzprognose als Bestandteil der Planung in der Konsumgüterindustrie. Zürich (Verl. Schulthess) 1969. 2o7 Seiten
(Mitteilungen aus dem Handelswissenschaftlichen Seminar der Universität Zürich. Heft 129)
(zugleich Diss. Zürich 1968)

A232 H a a s e , Wolfgang
Ein stochastisches Modell zur Prognose des Konsumentenverhaltens. Köln/Bonn (Verl. P. Hanstein) 1973. 87 Seiten
(zugleich Diss. Köln 1972)

A233 H a b e r l a n d , Fritz / H a u s t e i n , Heinz-Dieter
Die Prognostik als neues Element der Führungstätigkeit zur Meisterung der wissenschaftlich-technischen Revolution. Berlin (Dietz Verl.) 1968. 176 Seiten
(Schriftenreihe zur sozialistischen Wirtschaftsführung)

A234 H a r d e r , Theodor
Wirtschaftsprognose. Ein Beitrag zur gegenwärtigen Diskussion. Diss. Köln 196o. 173 Seiten

A235* H a u s t e i n , Heinz-Dieter
Wirtschaftsprognose. Grundlagen - Elemente - Modelle. Berlin (Verl. Die Wirtschaft) 1969. 215 Seiten

A236* H a u s t e i n , Heinz-Dieter
unter Mitarbeit von Kempf, Herbert
Prognoseverfahren in der sozialistischen Wirtschaft.
Berlin (Verl. Die Wirtschaft) 197o. 384 Seiten

A237* H e l b e r g , Heinrich
Nachfrageprognosen auf der Grundlage von Befragungen.
Aufgezeigt am Mähdreschermarkt. Stuttgart (Verl. E.
Ulmer) 1973. 224 Seiten.
(Bonner Hefte für Marktforschung. Heft 6)

A238* K a p f e r e r , Clodwig / D i s c h , Wolfgang K.A.
Absatzprognose. Köln/Opladen (Westdeutscher Verl.)
1966. 2o5 Seiten
(Kompendium der Absatzwirtschaft. Band 8)

A239 K a s p e r , Egon F.
Stochastische, evolutive Absatzprognosen (Lebenszyklus-
prognosen). Düren (Datalogic) 1973. 1o5 Seiten

A24o K l e i n , Wolfgang
Prognosen nach dem Prinzip der exponentiellen Ausglei-
chung für nichtsaisonale Zeitreihen der Absatzwirtschaft
bei konstantem und linearem Trend. Diss. Münster 1969.
156 Seiten

A241 L a n g e , Heinz
Die Vorausbestimmung des Absatzes als Grundlage der
unternehmerischen Planung. Dargestellt am Beispiel
einer Handelsauskunftei. Diss. Erlangen-Nürnberg 1968.
297 Seiten

A242* L e w a n d o w s k i , Rudolf
Prognose- und Informationssysteme und ihre Anwendungen.
Band 1. Berlin/New York (Verl W. de Gruyter) 1974.
529 Seiten

A243 M e y e r , Hans
Die Prognose der langfristigen Nachfrage nach Leistungen
von Unternehmen - Grundlagen, Instrumente, Erstellung -
Diss. Münster 197o. 319 Seiten

A244* M o n t a n d o n - L a - L o n g e , Camille
Die Absatzprognose als Grundlage der integrierten
Produktionsplanung. Dargestellt am Beispiel einer
schweizerischen Schokoladenindustrieunternehmung.
Winterthur (Verl. H. Schellenberg) 1971. 178 Seiten
(zugleich Diss. St. Gallen)

A245 O l l m a n n , Peter
Die Entwicklung der Transportnachfrage im Güterverkehr
Kontinentaleuropas mit Großbritannien und Skandinavien
bis 198o. Diss. Hamburg 1975. 356 Seiten

A246* O p i t z , Lieselotte
Prognosen in der Marktforschung. Die Eignung der demoskopischen Marktforschung zur Formulierung von Prognosen. Wiesbaden (Betriebswirtschaftl. Verl. Gabler) 1969. 95 Seiten
(Betrieb und Markt - Studienreihe - . Band XII)

A247 O t t o , Michael
Die Absatzprognose im Versandhandel. Diss. München 1971. 235 Seiten

A248* Prognosen.
Utecht, Annerose (Redaktion).
o. O. (Bundesverband deutscher Marktforscher BVM) o. J. 83 Seiten
(Beiträge zur Marktforschung. 4)

A249* Prognoserechnung.
Mertens, Peter (Hrsg.).
2. Auflage Würzburg/Wien (Physica-Verl.) 1975. 3o4 Seiten

A25o R ö h r i c h t , Kurt
Mittelfristige Bedarfsprognose in der Versorgungswirtschaft. Dargestellt am Beispiel der kommunalen Stromversorgung. Stuttgart/Köln (Verl. W. Kohlhammer) 1966. 127 Seiten
(Fachschriften zur Gemeindeprüfung und Gemeindeberatung)

A251* R o g g e , Hans-Jürgen
Methoden und Modelle der Prognose aus absatzwirtschaftlicher Sicht. Ein Beitrag zur Prognoseforschung im Unternehmensbereich. Berlin (Verl. Duncker & Humblot) 1972. 2oo Seiten
(Betriebswirtschaftliche Schriften. Heft 62)
(zugleich Diss. Mannheim 1971)

A252* R o t h s c h i l d , Kurt W.
Wirtschaftsprognose. Methoden und Probleme. Berlin/ Heidelberg/New York (Springer-Verl.) 1969. 2o5 Seiten

A253 S c h m i d , Otto
Über quantitative Prognosen in der Unternehmung mit ökonometrischen Modellen. Diss. Zürich um 1969. 124 Seiten

A254 S c h ü t z , Waldemar
Die zukünftige Nachfrage nach neuen Ackerschleppern in der Bundesrepublik Deutschland unter dem Einfluß agrarwirtschaftlicher Entwicklungstendenzen. Eine Projektion bis 198o auf der Basis einer regressionsanalytischen Untersuchung. Diss. München 1971. 255 Seiten

A255* Schütz, Waldemar
Methoden der mittel- und langfristigen Prognose. Eine Einführung. München (W. Goldmann Verl.) 1975. 2o7 Seiten
(Goldmann Studienreihe Wirtschaft. 132o2)

A256* Steiner, Jost J.
Erstellung und betriebswirtschaftliche Relevanz von Nachfrageprognosen für dauerhafte Konsumgüter. Wien (Verl. Inst. für Welthandelslehre an der Hochschule für Welthandel) 1969. 94 Seiten
(Absatzwirtschaftliche Schriftenreihe. Band 2)

A257 Stumpf, Herbert
Die langfristige Absatzprognose als Problem der Markterkundung in der Automobilindustrie. Diss. Frankfurt a. M. 1957. 157 Seiten

A258* Die Vorausberechnung des Absatzes. Eine verkaufsweisende Untersuchung für den Verkaufsleiter. Düsseldorf (Econ-Verl.) 1959. 242 Seiten
(Sales Forecasting: uses, techniques, and trends. 1957. Aus dem Amerikanischen übersetzt von Wilm W. Elwenspoek)
(AMA-Schriftenreihe. Band III)

A259 Voss, Gerd
Langfristige Absatzprognosen in der westdeutschen Holzwerkstoffindustrie. Diss. Münster 1961. 215 Seiten

A26o Weiskam, Jürgen
Methoden der Voraussage als Grundlage betrieblicher Planung. Freiburg i. Br. (Verl. R. Haufe) 1963. 118 Seiten
(zugleich Diss. Berlin 1962)

A261 Witthaus, Bernd
Probleme der Absatzprognose für heizungstechnische Materialien. Diss. Bonn 1969. 146 Seiten

## 8. Sonstige Methoden und Techniken

A262* A d a m , A.
Systematische Datenverarbeitung bei der Auswertung von Versuchs- und Beobachtungsergebnissen. Würzburg (Physica-Verl.) 1963. 2o4 Seiten
(Unternehmensforschung für die Wirtschaftspraxis. Einzelschrift Nr. 3)

A263* A l l e r b e c k , Klaus
Datenverarbeitung in der empirischen Sozialforschung. Eine Einführung für Nichtprogrammierer. Stuttgart (Verl. B. G. Teubner) 1972. 187 Seiten
(Studienskripten zur Soziologie. Band 26)

A264 A m s t a d , Peter
Die galvanische Hautreaktion in der Werbe- und Marktdiagnostik. Grundlagen. Konstruktion eines Meßgerätes. Durchführung eines Versuches. Diss. Freiburg/Schweiz 1971. 142 Seiten

A265 B e r n e t , Hugo
Methode und Aussagewert des Einzelhandel- und Haushalt-Panels. Diss. Freiburg/Schweiz 1966. 155 Seiten

A266* B l a n k e n s h i p , Albert B.
Markt- und Meinungsforschung in den USA. Eine Darstellung der Technik. Tübingen (Demokrit-Verl.) 1961. 266 Seiten
(Consumer and Opinion Research. New York/London. In deutscher Übertragung von G. Wickert)

A267 D a e v e s , Karl / B e c k e l , August
Großzahl-Methodik und Häufigkeits-Analyse. 2. Auflage (von "Großzahl-Forschung und Häufigkeits-Analyse") Weinheim/Bergstr. (Verl. Chemie) 1958. 143 Seiten

A268 G u t j a h r , Gert
Die Methode der Blickregistrierung. Diss. Göttingen 1965. 1o2 Seiten

A269 G u t j a h r , Walter
Die Messung psychischer Eigenschaften. Berlin (Deutscher Verl. d. Wissenschaften) 1971. 296 Seiten

A27o H e s s , Eva-Maria
Methoden der Leserschaftsforschung. Diss. München 1962. 247 Seiten

A271* H ö f n e r , Klaus
Der Markttest für Konsumgüter in Deutschland. Stuttgart (C. E. Poeschel Verl.) 1966. 16o Seiten
(Betriebswirtschaftliche Abhandlungen. Neue Folge. Band 11)

A272 H o r s t , Paul
Messung und Vorhersage. Eine Einführung in die psychologische Testtheorie. Weinheim/Berlin/Basel (Verl. J. Beltz) 1971. 539 Seiten
(Psychological Measurement and Prediction. Belmont 1966. Aus dem Amerikanischen übertragen von U. Raatz)

A273 H ü m m e l c h e n , Rolf
Mittel und Wege der Leseranalysen. Diss. Nürnberg 1959. 114 Seiten

A274* I r n i g e r , Jacques
Pretesting und Testmarkt. Instrumente der Marketing-Forschung für die Prognose des Absatzvolumens neuer Produkte des Massenkonsums. Bern (Verl. H. Lang)/ Frankfurt a. M.(Verl. P. Lang) 1972. 95 Seiten
(Europäische Hochschulschriften. Reihe V. Volks- und Betriebswirtschaft. Band 37)

A275* K a p f e r e r , Clodwig
Marktforschung in Europa. Methoden einzelner Länder. Hamburg/Berlin/Düsseldorf (B. Behr's Verl.) 1963. 258 Seiten
(Schriftenreihe der Rationalisierungs-Gemeinschaft "Industrieller Vertrieb und Einkauf". Heft 6)
(RKW Rationalisierungs-Kuratorium der Deutschen Wirtschaft)

A276* K o b e r s t e i n , Herbert
Statistik in Bildern. Eine graphisch-statistische Darstellungslehre. Stuttgart (C. E. Poeschel-Verl.) 1973. 146 Seiten
(Sammlung Poeschel. P 76)

A277* L i e n e r t , Gustav A.
Testaufbau und Testanalyse. 3. Auflage Weinheim/Berlin/ Basel (Verl. J. Beltz) 1969. 599 Seiten

A278* M a g n u s s o n , David
Testtheorie. Wien (Verl. F. Deuticke) 1969. 279 Seiten
(Testteori. Stockholm 1961. Aus dem Schwedischen übersetzt von Oswald Bratfisch)

A279 M a n g o l d , Werner
Gegenstand und Methode des Gruppendiskussionsverfahrens. Aus der Arbeit des Instituts für Sozialforschung. Frankfurt a. M. (Europ. Verlagsanst.) 196o. 173 Seiten
(Frankfurter Beiträge zur Soziologie. Band 9)
(zugleich Diss. Frankfurt a. M. 1959)

A28o M a n z , Wolfgang
Zur Operationalisierung des Steoreotypbegriffs. Eine methodenkritische Untersuchung am Beispiel zweier Umfragen. Diss. Köln 1967. 412 Seiten
(Erschienen auch u. d. T.: Das Stereotyp. Zur Operationalisierung eines sozialwissenschaftlichen Begriffs. [Kölner Beiträge zur Sozialforschung und angewandter Soziologie. Band 8])

A281 O p f e r , Gunda / L a n d g r e b e , Klaus Peter / K o e p p l e r , Karlfritz / B r a u n s c h w e i g , Ernst
'Typologien' und ihre Aspekte. o. O. (H. Bauer Stiftung) 1975. 245 Seiten
(Band 2 der Schriften der Heinrich Bauer Stiftung)

A282 R e h o r n , Jörg
Das Consumer Panel als Instrument der Absatzforschung. Diss. Mainz 1965. 339 Seiten

A283 S a d e r , Manfred
Möglichkeiten und Grenzen psychologischer Testverfahren. Überlegungen zu Theorie und Praxis der psychologischen Diagnostik. Bern/Stuttgart (Verl. H. Huber) 1961. 1o7 Seiten

A284* S c h m i d t - B r ä k l i n g , Ralf
Zielgruppenbestimmung mit Hilfe von Einstellungsskalen. Ein Beitrag zur Marktsegmentierung. Diss. Münster 1972. 24o Seiten

A285 S c h ö n , W.
Das Schaubild. Möglichkeiten und Methoden der praktischen Anwendung. Stuttgart (Forkel-Verl.) 1957. 125 Seiten

A286* S i t t e n f e l d , Hans
Der Testmarkt - Instrument des Marketing. München (Verl. Moderne Industrie) 1966. 121 Seiten
(Verkaufsleiter-Serie. 11)

A287 S o d e u r , W(olfgang)
Empirische Verfahren zur Klassifikation. Stuttgart (Verl. B. G. Teubner) 1974. 183 Seiten
(Studienskripten zur Soziologie)

A288* S t e p h a n , Erhard
Die Strohabstimmungen in den Vereinigten Staaten von Amerika. Historischer Abriß und Kritik. Nürnberg (o. Verl.) 1957. 117 Seiten
(Marktwirtschaft und Verbrauch. Schriftenreihe der Gesellschaft für Konsumforschung. Band 5)

A289* Techniken der empirischen Sozialforschung. 2. Band. Untersuchungsformen.
Koolwijk, Jürgen van/ Wieken-Mayser, Maria (Hrsg.). München/Wien (R. Oldenbourg Verl.) 1975. 239 Seiten

3. Abschnitt: Subjektbezogene Marktforschung

I. KONSUMTHEORIE

A29o B a c h m a n n , Verena
Der Haushaltsplan des Konsumenten und seine theoretische Erfassung durch die Grenznutzenlehre. Eine dogmengeschichtliche Untersuchung. Zürich (Polygraphischer Verl.) 1963. 19o Seiten
(Züricher Volkswirtschaftliche Forschungen. N. F. 7)
(zugleich Diss. Zürich 1959)

A291 B e i e r , Udo
Zur Erfassung der Kaufentscheidungen eines sich beschränkt rational verhaltenden Konsumenten mit Hilfe der linearen Programmierung. Diss. Berlin 1971.
173 Seiten

A292 B e i e r , Udo
Kaufentscheidungen beschränkt rational handelnder Konsumenten. Ein Ansatz zur Ableitung des Wahlhandlungsbereichs. Meisenheim am Glan (Verl. A. Hain) 1974.
188 Seiten
(Schriften zur wirtschaftswissenschaftlichen Forschung. Band 73)

A293 B ö s s m a n n , Eva
Probleme einer dynamischen Theorie der Konsumfunktion. Frankfurt a. M. (Verl. Duncker & Humblot) 1957.
11o Seiten
(Frankfurter Wirtschafts- und Sozialwissenschaftliche Studien. Heft 1)

A294 F u c h s , Werner
Ansätze zu einer Konsumtheorie in der angelsächsischen Literatur - Ein Beitrag zur betrieblichen Marktlehre. Diss. Hannover 197o. 276 Seiten

A295 G a e r t n e r , Wulf
Interdependenz der Konsumentenentscheidungen: Ein Modell dynamischer Nachfragefunktionen. Diss. Bonn 1973. 117 Seiten

A296 G a l m , Ulla
Beiträge der Institutionalisten zur Bildung einer Theorie des Konsumentenverhaltens. Diss. Frankfurt a.M. 1957. 151 Seiten

A297 G e h r i g , Gerhard
Bestimmungsfaktoren des Konsums in der Bundesrepublik. Berlin/München (Verl. Duncker & Humblot) 1958. 1o5 Seiten
(Schriftenreihe des IFO-Instituts für Wirtschaftsforschung. Nr. 31)

A298 G h a u s s y , Ghanie A.
Verbrauchen und Sparen. Versuch einer kritischen Überprüfung der Keynes'schen Konsumfunktion an Hand der langfristigen Sparentwicklung in den USA. Berlin (Verl. Duncker & Humblot) 1964. 236 Seiten
(Untersuchungen über das Spar-, Giro- und Kreditwesen. Band 16)

A299* H e n n , R. / O p i t z , O.
Konsum- und Produktionstheorie I. Berlin/Heidelberg/New York (Springer-Verl.) 197o. 124 Seiten
(Lecture Notes in Operations Research and Mathematical Systems.25)

A3oo H e s s e , Klaus
Das diskretionäre Einkommen, seine Bestimmung und Verwendung dargestellt an Hand von Daten der Bundesrepublik Deutschland. Berlin (Verl. Duncker & Humblot) 1974. 15o Seiten
(Beiträge zur Ökonomie von Haushalt und Verbrauch. Heft 8)
(zugleich Diss. Göttingen 1972)

A3o1 H ö c k n e r , Friedrich
Die Beziehungen zwischen Konsumhöhe, Konsumstruktur und Einkommensverteilung in der modernen Nachfragetheorie. Diss. Heidelberg 1959. 146 Seiten (Masch.-Schr.)

A3o2 I l l y , Leo
Das Gesetz des Grenznutzens. Untersuchung über die Wirtschaftsrechnung des Konsumenten. Wien (Springer-Verl.) 1948. 344 Seiten

A3o3 K n o r r i n g , Ekkehard von
Die Berechnung makroökonomischer Konsumfunktionen für Deutschland 1851 - 1913. Tübingen (Verl. Mohr Siebeck) 197o. 154 Seiten
(Schriften zur angewandten Wirtschaftsforschung.29)
(zugleich Diss. Münster 1971)

A3o4* Konsum und Nachfrage.
Streissler, Erich/ Streissler, Monika (Hrsg.).
Köln/Berlin (Verl. Kiepenheuer & Witsch) 1966.
591 Seiten
(Neue Wissenschaftliche Bibliothek 13. Wirtschaftswissenschaften)

A3o5 L e h m a n n , Marianne
Zum Problem der Konsumtionstheorie (unter besonderer Berücksichtigung ihrer Bedeutung für die Wirtschaftspolitik und Konsumentenerziehung). Diss. Köln 1956.
18o Seiten (Masch.-Schr.)

A3o6* L u c k e n b a c h , Helga
Theorie des Haushalts. Göttingen (Verl. Vandenhoeck & Ruprecht) 1975. 275 Seiten
(Grundriss der Sozialwissenschaft. Band 27)

A3o7* P o r s t m a n n , Reiner
Zur Theorie der Nachfrage unter besonderer Berücksichtigung des Konsumentenüberschusses. Berlin (Verl. Duncker & Humblot) 1971. 312 Seiten
(Volkswirtschaftliche Schriften. Heft 168)

A3o8* R a f f é e , Hans / S a u t e r , Bernhard / S i l b e r e r , Günter
Theorie der kognitiven Dissonanz und Konsumgüter-Marketing. Der Beitrag der Theorie der kognitiven Dissonanz zur Erklärung und Gestaltung von Kaufentscheidungen bei Konsumgütern. Wiesbaden (Betriebswirtschaftl. Verl. Gabler) 1973. 96 Seiten

A3o9* R a u , Rainer
Ökonometrische Analyse der Ausgabearten des Privaten Verbrauchs. Eine ökonometrische Analyse des Privaten Verbrauchs nach Ausgabearten für die Bundesrepublik Deutschland 195o-1967. Berlin (Verl. Duncker & Humblot) 1975. 153 Seiten
(Schriftenreihe des Rheinisch-Westfälischen Instituts für Wirtschaftsforschung. Neue Folge. Heft 35)

A31o R e e b , Hansruedi
Die Konsumneigung als individuelle und als aggregative Funktion. Winterthur (Verl. P. G. Keller) 1959.
96 Seiten

A311 S c h a e f e r , Heinz
Die Probleme einer theoretischen Grundlegung der ökonometrischen Analyse der Konsumnachfrage. Diss. Köln 1968. 279 Seiten

A312 S c h a i c h , Eberhard
Eine Nachfragetheorie ohne Nachfragefunktion. Diss. München 1967. 21o Seiten

A313 S c h i m m e l b u s c h , Heinz
Elemente einer Theorie irreversiblen Konsumentenverhaltens. Göppingen (Kümmerle Verl.) 1971. 2o3 Seiten
(Göppinger Akademische Beiträge. Nr. 22)
(zugleich Diss. Tübingen 197o)

A314 S c h m i d t , Erich
Dynamische Analyse und kurzfristige Prognose der Nachfrage nach einzelnen Verbrauchsgütern - Dargestellt am Beispiel der Nachfrage nach Fleisch.
Meisenheim am Glan (Verl. A. Hain) 1972. 188 Seiten mit Anh.
(Schriften zur wirtschaftswissenschaftlichen Forschung. Band 56)

A315* S c h m i t t - R i n k , Gerhard
Konsum-Dynamik. Die qualitative Expansion des privaten Verbrauchs. Göttingen (Verl. Vandenhoeck & Ruprecht) 1967. 172 Seiten
(zugleich Habilschr. Mainz)

A316 S c h u l z , Roland
Prozessmodelle komplexer Kaufentscheidungen des Konsumenten und ihr Aussagewert für das Marketing.
Diss. Münster 1971. 223 Seiten

A317* S c h u l z , Roland
Kaufentscheidungsprozesse des Konsumenten. Wiesbaden (Betriebswirtschaftl. Verl. Gabler) 1972. 151 Seiten
(Unternehmensführung und Marketing. Band 2)

A318 S i e b k e , Jürgen
Die Nachfrage nach dauerhaften Konsumgütern und ihr Einfluß auf den Wirtschaftsablauf. Diss. Bonn 1965. 126 Seiten

A319 S t ü b e r , Peter Rolf
Die Entwicklung der Theorie der Nachfrage seit der Grenznutzenschule. Diss. Zürich 1966. 14o Seiten

A32o* T o p r i t z h o f e r , Edgar
Absatzwirtschaftliche Modelle des Kaufentscheidungsprozesses unter besonderer Berücksichtigung des Markenwahlaspektes. Wien (Verl. der Österr. Akademie der Wissenschaften) 1974. 25o Seiten
(Veröffentlichungen der Kommission für Sozial- und Wirtschaftswissenschaften. Nr. 3)
(Österreichische Akademie der Wissenschaften. Philosophisch-historische Klasse. Sitzungsberichte. 294. Band, 1. Abhandlung)

A321 V a t e r , Hans-Georg
Die wechselseitigen Beziehungen zwischen Konsumtheorie und betrieblicher Absatzpolitik unter besonderer Berücksichtigung des Verbraucherverhaltens. Diss. Freiburg i.Br. 1969. 263 Seiten

A322 W a s c h k a u , Hans
Die Entwicklung eines ökonomisch-mathematischen Modells zur Abschätzung einkommensbedingter Änderungen der Ausgaben (bzw. des Verbrauchs) der Bevölkerung. Habilschr. Berlin 1965. 191 Seiten (Masch. vervielf.)

A323 Z w e i f e l , Peter
Empirische Untersuchungen zur Konsumnachfrage in der Schweiz. Zürich (Schulthess Polygraphischer Verl.) 1974. 185 Seiten
(zugleich Diss. Zürich 1973)

## II. KONSUMFORSCHUNG, ALLGEMEIN

### 1. Bedürfnis

A324 D ö b l e r , Martin
Triebkraft Bedürfnis. Zur Entwicklung der Bedürfnisse der sozialistischen Persönlichkeit. Berlin (Dietz Verl.) 1969. 242 Seiten

A325 J o s w i g , Rosemarie
Bedürfnis und Qualität. Ein Beitrag zur Interpretation des Qualitätsbegriffes. Diss. Köln 1971. 16o Seiten

A326* L i s o w s k y , Peter Uwe
Das Bedürfnis als absatzwirtschaftliches Problem. Zürich (Verl. P.G. Keller) 1968. 1o9 Seiten
(zugleich Diss. St. Gallen)

A327 M ü l l e r, Johann Baptist
Bedürfnis und Gesellschaft. Bedürfnis als Grundkategorie im Liberalismus, Konservatismus und Sozialismus. Stuttgart (E. Klett Verl.) 1971. 175 Seiten
(Stuttgarter Beiträge zur Geschichte und Politik. Band 6)
(zugleich Diss. Göttingen 197o)

A328 S c h e r h o r n , Gerhard
Bedürfnis und Bedarf. Sozialökonomische Grundbegriffe im Lichte der neueren Anthropologie. Berlin (Verl. Duncker & Humblot) 1959. 112 Seiten
(Beiträge zur Verhaltensforschung. Heft 1)
(zugleich Diss. Köln 1959)

A329* S c h r a d e r , Karl
Psychologische und verhaltensbiologische Grundlagen des Marketing. Berlin/New York (Verl. W. de Gruyter) 1971. 21o Seiten

## 2. Bedarf und Konsum

A33o* B e c k e r , Heinz
Die Zeitstruktur des privaten Konsums als absatzwirtschaftliches Problem. Frankfurt a. M./Zürich (Verl. H. Deutsch) 1974. 224 Seiten

A331 Beiträge zur Lebensstandardforschung. Autorenkollektiv unter Leitung von Günter Manz. Berlin (Verl. Die Wirtschaft) 1967. 236 Seiten (Planung und Leitung der Volkswirtschaft. Heft 23 [19])

A332 B e n n e m a n n , Josef
Verbrauch und Verbrauchswandlungen. Die Bestimmungsfaktoren des Verbrauchs als Basis der Motive struktureller Verbrauchswandlungen. Diss. Erlangen-Nürnberg 1962. 214 Seiten

A333* B i e r f e l d e r , Wilhelm
Die Marktentnahme. Eine Analyse ihrer Bestimmungsfaktoren. Nürnberg (o. Verl.) 1959. 236 Seiten (Marktwirtschaft und Verbrauch. Schriftenreihe der GfK-Gesellschaft für Konsumforschung. Band 1o)

A334 B i e r v e r t , B. / H a a r l a n d , H. P. / N i e s s e n , H.-J.
Empirische Konsumforschung und Konjunkturprognose. Bericht über ein Forschungsprojekt der Forschungsstelle für empirische Sozialökonomik. Köln (Forschungsstelle f. emp. Sozialökonomik) 1972. 243 Seiten mit Tab.-Band

A335 D a h r e n d o r f , Gustav
Der Verbraucher in der Wirtschaft. Nach einem auf dem 5. deutschen Konsumgenossenschaftstag in München am 26. Juni 1951 gehaltenen Vortrag. Hamburg (Verlagsges. deutscher Konsumgenoss.) 1951 (Vorwort). 4o Seiten (Genossenschaftliche Schriftenreihe. Nr. 5)

A336 D r o e g e , Heinz
Der Mensch als wirtschaftliches "Datum". Ein Beitrag zur Konjunkturforschung. Berlin (Verl. Duncker & Humblot) 1952. 72 Seiten (Volkswirtschaftliche Schriften. Heft 4)

A337 E i t e l , Karl
Die Schichtung des Konsumgüter-Marktes. Diss. Erlangen-Nürnberg 1966. 253 Seiten

A338* G e r t h , Ernst
Die Bedeutung des Verbrauchsnutzens für den Absatz. Berlin (Verl. Duncker & Humblot) 1965. 181 Seiten (Betriebswirtschaftliche Schriften. Heft 17)

A339 G l a s e r , Josef
Das Wesen der Bedarfsänderungen und Bedarfsschwankungen und ihre Wirkung auf die Unternehmung der Fertigwarenwirtschaft. Diss. Nürnberg 1954. 185 Seiten (Masch.-Schr.)

A34o* G r ü n w a l d , Angelika
Wie kauft der Österreicher? Typologie des Konsumenten. Wien/München (Verl. Jugend und Volk) 1974. 117 Seiten (J & V antworten. Schriftenreihe für Information und Aufklärung)

A341* H e i n r i c h s , Wolfgang
Die Grundlagen der Bedarfsforschung. Ihre Bedeutung für die Planung des Warenumsatzes und der Warenbereitstellung im staatlichen und genossenschaftlichen Handel der Deutschen Demokratischen Republik. Berlin (Verl. Die Wirtschaft) 1955. 176 Seiten (Schriftenreihe Der Handel. Heft 3)
(zugleich Diss. Leipzig 1954 u. d. T.: Die Grundlagen der Bedarfsforschung und ihre Funktion in der Planung des Warenumsatzes und der Warenbereitstellung im staatlichen und genossenschaftlichen Handel)

A342 H ö t i n g , Karl-Heinz
Verbrauchsforschung mit Hilfe von Haushaltsanalysen in der Schweiz. Diss. Zürich 1969. 2o4 Seiten

A343 I n t e r m a r k e t Gesellschaft für internationale Markt- und Meinungsforschung
Das Verhalten des Verbrauchers. Ergebnisse einer Bevölkerungsumfrage bei 2ooo Personen im Bundesgebiet, durchgeführt für das Bundesministerium für Wirtschaft, Bonn. Band I.
Bundesministerium für Wirtschaft (Hrsg.).
2. Auflage Düsseldorf (Ges. f. intern. Markt- und Meinungsforschung Intermarket) 1958 (Vorwort). 1o4 Seiten

A344 K e c k , Alfred
Nationaleinkommen - Konsumtion. Die planmäßige Proportionalität des Konsumtionsfonds. Berlin (Verl. Die Wirtschaft) 1968. 228 Seiten

A345 K o h l e r , Eduard
Die Struktur des deutschen Nachkriegsverbrauchs. Ein Beitrag zur betriebswirtschaftlichen Bedarfsanalyse. Diss. Freiburg i.Br. 1952. 139 Seiten (Masch.-Schr.)

A346 Konsumausweichung und Konsumverzicht - Marktkenntnis und Reaktion der Verbraucher.
Institut für angewandte Verbraucherforschung (Hrsg.). o.O. (Institut f. angewandte Verbraucherforschung) 1967. 1o9 Seiten mit Tab.-Anh.

A347 K o r p , Andreas
Wandlungen des Verbrauches. Ursachen und Folgerungen. Wien (Regenbogenverl.) 1958. 75 Seiten
(Genossenschaftliche Schriftenreihe. Nr. 23)

A348 K r e m p , Heinz
Determinanten des Konsums. Zur Problematik einer Verwendung nichtökonomischer Elemente für die Bestimmung des Konsumverhaltens. Diss. Hamburg 196o. 193 Seiten

A349 L o r e n z , Hans-Joachim
Das Verhalten der Konsumenten als Problem der Nachfrageentwicklung. Diss. Freiburg/Schweiz 1962. 16o Seiten

A35o M a y e r , Sigrid-Esther
Die Hauptursachen der tendenziellen Gestaltung der deutschen Lebenshaltung in der Nachkriegszeit (ab 195o). Diss. Göttingen 196o. 124 Seiten

A351 M e t z , Evelyn
Inwieweit ist der Bedarf eine gegebene Größe, inwieweit ist er beeinflußbar ? Diss. Mannheim 1963. 143 Seiten

A352 M o d e l , Horst
Bedarf, Produktionsprogramm, Absatz. Berlin (Verl. Die Wirtschaft) 1964. 191 Seiten

A353 M o s e r , Hans
Wilhelm Vershofens Beitrag zu einer Theorie des Verbraucherverhaltens. Berlin (Verl. Duncker & Humblot) 1963. 1o2 Seiten
(Die Unternehmung im Markt. Band 1o)

A354 P a h l , Hans Gerd
Wandlungen des Geschmacks als Gegenstand der Marktforschung und Marktpolitik in den U.S.A. Diss. Münster 1964. 319 Seiten

A355* P e t e r m a n n , Günter
Marktstellung und Marktverhalten des Verbrauchers. Wiesbaden (Betriebswirtschaftl. Verl. Gabler) 1963.
8o Seiten
(Betrieb und Markt - Studienreihe - . Band IV)

A356 P i s t o r i u s , Wolfgang
Die Gewinnung von Informationen für die Konsumtionsplanung in der Sowjetunion und Modelle zu ihrer Verwendung. Diss. München 1968. 196 Seiten

A357* Probleme der Planung der individuellen Konsumtion. Berlin (Dietz Verl.) 1966. 216 Seiten
(Planirovanie narodnogo potreblenija v SSSR. Moskau 1964)

A358 R e u s c h e r , Gerhard
Untersuchungen zur langfristigen territorialen Bilanzierung und Modellierung des Verbrauchs der Bevölkerung. Diss. Halle-Wittenberg 1967. 187 Seiten mit Anh. (Masch.-Schr.)

A359 R ö ß l e r , Hans
Produktion und Konsumtion in der sozialistischen Produktionsweise (dargestellt an ihren Erscheinungsformen Angebot und Nachfrage auf dem Konsumgütermarkt). Habilschr. Halle-Wittenberg 1961. 281 Seiten (Masch. vervielf.)

A36o* R u b a n , Maria Elisabeth / L o d a h l , Maria / M a c h o w s k i , Heinrich / V o r t m a n n , Heinz
Die Entwicklung des Lebensstandards in den osteuropäischen Ländern. Berlin (Verl. Duncker & Humblot) 1975. 176 Seiten
(Deutsches Institut für Wirtschaftsforschung. Sonderheft 1o8)

A361* S c h e r k e , Felix
Der Verbrauchercharakter - ein Beitrag zur Konsum-Motiv-Forschung. Nürnberg (L. Spindler Verl.) 1964.
11o Seiten
(Marktwirtschaft und Verbrauch. Schriftenreihe der GfK-Gesellschaft für Konsumforschung. Band 2o)

A362* S c h u t o w , I. N.
Die individuelle Konsumtion im Sozialismus. Berlin (Verl. Die Wirtschaft) 1974. 248 Seiten (Litschnoje Potreblenije pri Sozialisme. Moskau 1972. Aus dem Russischen übersetzt von Ingrid Stolte)

A363 S e n d t n e r , Ernst
Nachholbedarf in wirtschaftstheoretischer Sicht. Diss. Heidelberg 1957. 163 Seiten (Masch. vervielf.)

A364 S i e h n d e l , Karl-Heinz
Die statistische Beobachtung von Bestand und Bewegung materieller Produkte und Leistungen im Bereich der gesellschaftlichen Konsumtion für die Aufstellung der volkswirtschaftlichen Verflechtungsbilanz des gesellschaftlichen Gesamtprodukts. Teil "Gesellschaftliche Konsumtion" in der DDR. Diss. Berlin 1964. 168 Seiten mit Anh. (Masch.-Schr.)

A365 S t r e c k e r , Helmut
Zur Bedarfsforschung für Konsumwaren in der Übergangsperiode vom Kapitalismus zum Sozialismus. Diss. Berlin 1961. 21o Seiten (Masch.-Schr.)

A366 Der Verbrauch der städtischen und bäuerlichen Bevölkerung Österreichs. Ergebnisse der Konsumerhebung 1964. Österreichisches Statistisches Zentralamt (Hrsg.). Wien (C. Ueberreuter/ Verl. M. Salzer) 1964. 234 Seiten

A367 W a g n e r , Karl-Heinz
Konsumwahl und Konsumentensouveränität in der Marktwirtschaft. Diss. Marburg 1962. 167 Seiten

A368* W a l t u c h , K. K.
Entwicklungsproportionen und Befriedigung der Bedürfnisse. Berlin (Verl. Die Wirtschaft) 1972. 161 Seiten (O' opredelenii struktury proizvodstva i poleznosti potrebitel'skich blag. entnommen aus: Problemy narodnochozajstvennogo optimuma. Novosibirsk, Nauka 1969. Übersetzung aus dem Russischen von Michael Naumann)

A369* W i m m e r , Frank
Das Qualitätsurteil des Konsumenten. Theoretische Grundlagen und empirische Ergebnisse. Bern/Frankfurt (Verl. H. Lang/ P. Lang) 1975. 15o Seiten mit Anh. (Gesellschaftsforschung und Gesellschaftspolitik. Band 2)

A37o* Z s c h o c k e , Jochen
Die distributionswirtschaftliche Bedeutung des amerikanischen "Do it yourself - Prinzips" und seine Anwendungsmöglichkeiten in der Bundesrepublik Deutschland. Diss. Köln 1958. 228 Seiten

## 3. Konsumgewohnheiten

A371 E i c h m a n n , Herbert
Darstellung und Analyse der Strukturwandlungen des Massenverbrauchs in Deutschland. Eine historisch-quantitative Untersuchung der Verbrauchsgewohnheiten der Bezieher von Lohn- und Gehaltseinkommen in den letzten hundert Jahren. Diss. Münster 1955. 1o9 Seiten (Masch.-Schr.)

A372 G r u b e r , Alois
Die volkswirtschaftliche Bedeutung der Konsumgewohnheiten und die Auswirkungen ihrer Veränderungen auf die Wirk- und Strickwarenindustrie. Winterthur (Verl. P.G. Keller) 1964. 116 Seiten
(zugleich Diss. Freiburg/Schweiz 1963)

A373 H i l l e n , Karl Bernhard / S c h n e l l e , Hildegard
Verbrauchergewohnheiten auf dem Gebiet der Ernährung. (Bericht über eine im Auftrag des Bundesministers für Ernährung, Landwirtschaft und Forsten durchgeführte Untersuchung). o.O. (Institut f. angewandte Verbraucherforschung) 1968. 163 Seiten mit Anh.

A374 H i t s c h m a n n , Peter
Der Einfluß der Gruppenzugehörigkeit auf die Konsumgewohnheiten. Diss. Köln 1958. 19o Seiten

A375 Interessenstrukturen. Zum Konsumverhalten der Leser von DAS BESTE aus READER'S DIGEST. The Consumer Behavior of the Readers of DAS BESTE aus READER'S DIGEST. Düsseldorf (Verl. DAS BESTE Anzeigenredaktion) 1968. 359 Seiten

A376 P o r t u g a l l , Volker
Die Rolle der Absatzwerbung bei der Festigung und Veränderung von Konsumgewohnheiten. Diss. München 1971. 238 Seiten

A377* Wie sie leben. Eine Untersuchung über Lebensstandard und Konsumgewohnheiten der Abonnenten des Schweizerischen Beobachters. durchgeführt vom Befragungsdienst der Gesellschaft für Marktforschung. Basel (Vorwort) (Der Schweizerische Beobachter [Vorwort]) 1951 (Vorwort) 1o5 Seiten

## 4. Einkommen und Verbrauch

A378 K ä t s c h , Siegfried
Teilstrukturen sozialer Differenzierung und Nivellierung in einer westdeutschen Mittelstadt. Aufwandsnormen und Einkommensverwendung in ihrer sozialen Schichtung. Diss. Münster 1963. 2o1 Seiten

A379 K a u p , Heinz Hubert
Einkommensentwicklung und Verbrauchsstruktur - unter besonderer Berücksichtigung des Bekleidungsverbrauchs. Diss. Münster 1958. 166 Seiten mit Anh. (Masch.-Schr.)

A38o K a u p , Heinz Hubert
Einkommen und Textilverbrauch. Köln/Opladen (Westdeutscher Verl.) 196o. 92 Seiten (Forschungsberichte des Landes Nordrhein-Westfalen. Nr. 819)

A381 R o s e n b a u m , Heinz
Der Einfluß der Berufsart und der Berufsstellung auf die Einkommensverwendung. Diss. Göttingen 196o. 1o4 Seiten

A382* Studiengruppe für Sozialforschung
Verbraucherverhalten und Verbrauchersituation einkommensschwacher Gruppen in München - Teststudie. München (Verl. f. Rechts- und Sozialordnung) 1974. 87 Seiten (Masch. vervielf.)

A383 W i n k l e r , Gerhard
Betrachtungen zur Entwicklung der Nahrungsmittelversorgung und des Verbrauchs an wichtigen Nahrungsmitteln in der Deutschen Demokratischen Republik seit 1945 unter besonderer Berücksichtigung der Abhängigkeit des Nahrungsmittelkonsums von der Einkommenshöhe vor allem in Arbeiter- und Angestelltenhaushaltungen. Habilschr. Leipzig 1961. 364 Seiten (2 Bände) (Masch. vervielf.)

## 5. Privater Haushalt

A384 Aspekte des hauswirtschaftlichen Strukturwandels.
Egner, Erich (Hrsg.).
Berlin (Verl. Duncker & Humblot) 1967. 219 Seiten
(Beiträge zur Ökonomie von Haushalt und Verbrauch. Heft 3)

A385* B e c k e r , Karl Otwin
Die wirtschaftlichen Entscheidungen des Haushalts.
Berlin (Verl. Duncker & Humblot) 1967. 2oo Seiten
(Frankfurter wirtschafts- und sozialwissenschaftliche Studien. Heft 18)
(zugleich Diss. Frankfurt a. M. 1966)

A386 B e r n a u e r , Walter
Der landwirtschaftliche Haushalt und das Marktgeschehen - Aufriß einer Marktlehre - . Frankfurt a. M. (Verl. Kommentator) 1967. 56 Seiten
(AID-Schriftenreihe. Heft 146)

A387 C o o r d t , Helga
Die Ausgaben des privaten Haushalts im Lebenszyklus der Familie. Diss. Köln 1962. 295 Seiten

A388 D u b b e r k e , Hans-Achim
Betriebswirtschaftliche Theorie des privaten Haushalts.
Berlin (Verl. Duncker & Humblot) 1958. 197 Seiten
(Wirtschaftswissenschaftliche Abhandlungen. Heft 7)

A389 E g n e r , Erich
Der Haushalt. Eine Darstellung seiner volkswirtschaftlichen Gestalt. Berlin (Verl. Duncker & Humblot) 1952. 516 Seiten

A39o* E g n e r , Erich
Studien über Haushalt und Verbrauch. Berlin (Verl. Duncker & Humblot) 1963. 374 Seiten
(Beiträge zur Ökonomie von Haushalt und Verbrauch. Heft 1)

A391 F i s c h e r , Wolfgang
Sozial-ökonomische Aspekte der Entwicklung der privaten Hauswirtschaft. Diss. Bonn 1971. 4o5 Seiten

A392 F ü r s t , Hildegard
Einkommen, Nachfrage, Produktion und Konsum des privaten Haushalts in der Volkswirtschaft. Stuttgart/Köln (Verl. W. Kohlhammer) 1956. 96 Seiten

A393 G a l l h u b e r , Peter
Vermögensstruktur der privaten Haushalte auf Grund einer vom Institut für Empirische Sozialforschung (IFES) durchgeführten repräsentativen Stichprobe von 2.ooo Haushalten in Österreich (Zweithemenumfrage). Wien (Sparkassenverl.) 1969. 71 Seiten
(Schriftenreihe des Österreichischen Forschungsinstitutes für Sparkassenwesen. 9. Jahrgang. Heft 4)

A394 K e i l , Horst
Verbrauchsstruktur und Verbrauchsverhalten der landwirtschaftlichen Haushalte in der Bundesrepublik. Diss. München 1969. 119 Seiten

A395* R a f f é e , Hans
Konsumenteninformation und Beschaffungsentscheidung des privaten Haushalts. Stuttgart (C. E. Poeschel Verl.) 1969. 224 Seiten
(Betriebswirtschaftliche Abhandlungen. Neue Folge. Band 2o)

A396 S c h u l z - B o r c k , Hermann
Der Privathaushalt des landwirtschaftlichen Unternehmers in betriebswirtschaftlicher Betrachtung. Berlin (Verl. Duncker & Humblot) 1963. 193 Seiten
(Wirtschaftswissenschaftliche Abhandlungen. Volks- und betriebswirtschaftliche Schriftenreihe der Wirtschafts- und Sozialwissenschaftlichen Fakultät der Freien Universität Berlin. Heft 19)
(zugleich Diss. Berlin 1962 u. d. T.: Der landwirtschaftliche Haushalt in betriebswirtschaftlicher Betrachtung)

A397* S t r e i s s l e r , Monika
Theorie des Haushalts. Stuttgart (G. Fischer Verl.) 1974. 16o Seiten
(UTB 369)

A398* T s c h a m m e r - O s t e n , Berndt
Der private Haushalt in einzelwirtschaftlicher Sicht. Prolegomena zur einzelwirtschaftlichen Dogmengeschichte und Methodologie. Berlin (Verl. Duncker & Humblot) 1973. 182 Seiten
(Beiträge zur Ökonomie von Haushalt und Verbrauch. Heft 7)

## 6. Marktsubjekte

A399 B e e r , Ulrich
Konsumerziehung gegen Konsumzwang. 2. Auflage Tübingen (Katzmann Verl.) 1967. 8o Seiten (Jugend-Bildung-Erziehung)

A4oo B l ü c h e r , Viggo Graf
Freizeit in der industriellen Gesellschaft. Dargestellt an der jüngeren Generation. Stuttgart (F. Enke Verl.) 1956. 138 Seiten

A4o1 B l ü c h e r , Viggo Graf
unter Mitarbeit von Detlef Kantowsky
Die Generation der Unbefangenen. Zur Soziologie der jungen Menschen von heute. Düsseldorf/Köln (E. Diederichs-Verl.) 1966. 416 Seiten; s. auch A41o

A4o2 B o r n e m a n n , Ernst / B ö t t c h e r , Hans
Der Jugendliche und seine Freizeit. Chancen und Gefährdungen. Göttingen (Verl. f. Psychologie Hogrefe) 1964. 51 Seiten

A4o3 D u n c k e l m a n n , Henning
Die erwerbstätige Ehefrau im Spannungsfeld von Beruf und Konsum. Dargestellt an den Ergebnissen einer Befragung. Tübingen (Verl. Mohr Siebeck) 1961. 181 Seiten
(Veröffentlichungen der Akademie für Gemeinwirtschaft Hamburg)

A4o4 * G r o s s , Eberhard
Geld in Kinderhänden. Empirische Voraussetzungen einer allgemeinbildenden Wirtschaftserziehung. Stuttgart (E. Klett Verl.) 1966. 151 Seiten (Bildungssoziologische Forschungen. Band 1)

A4o5 H e i n i g , Joachim
Teenager als Verbraucher. Diss. Nürnberg 1962. 145 Seiten

A4o6 Jugend und Buch in Europa. Untersuchungen und Berichte aus fünf Ländern.
Lichtenstein-Rother, Ilse (Hrsg.).
Gütersloh (C. Bertelsmann Verl.) 1967. 3o7 Seiten (Schriften zur Buchmarkt-Forschung. 9)

A4o7 Jugend zwischen 15 und 24. Zweite Untersuchung zur Situation der deutschen Jugend im Bundesgebiet. Bielefeld (EMNID-Institut für Meinungsforschung) 1955. 335 Seiten

A4o8 L a m p r e c h t , Helmut
Teenager und Manager. 2. Auflage München (Rütten + Loening Verl.) 1965. 151 Seiten

A4o9 L ü c k i n g , Ursula und Jürgen
Machen Flöhe glücklich? Beiträge zur Selbstbefreiung junger Konsumenten. Baden-Baden (Signal Verl. H. Frevert) 1974. 141 Seiten

A41o Junge Menschen 1964. Lebensbereiche, Denkweisen, Gesellungsformen. Tabellerarischer Bericht zur Untersuchung "Die Generation der Unbefangenen". →A4o1 Blücher, Viggo Graf (Berichterstatter).
Bielefeld (EMNID-Institute) 1966. 247 Seiten

A411 M ü n s t e r , Ruth
geld in nietenhosen. jugendliche als verbraucher. Stuttgart (Forkel-Verl.) 1961. 213 Seiten

A412 Die Rolle des Mannes beim Kaufentscheid. Eine Untersuchung über Funktion und Einflußnahme des verheirateten Mannes bei Einkauf und Auswahl von Konsumgütern.
Spiegel-Verl. Rudolf Augstein (Hrsg.).
Hamburg (Spiegel-Verl.) 1964 (Vorwort). 83 Seiten mit Tab.-Anh.

A413 S c h a r m a n n , Dorothea-Luise
Konsumverhalten von Jugendlichen. München (Juventa-Verl.) 1965. 95 Seiten
(Überblick zur wissenschaftlichen Jugendkunde. Band 12)

A414 V o g e t , Erdmuthe
Die Bestimmungsgründe für das Verhalten der weiblichen Verbraucher beim Kauf von Bekleidung im Verhältnis zu den Aufwendungen für langlebige Verbrauchsgüter und für Reisen - Theoretische Erörterungen, Darstellung und Auswertung einer Erhebung über Kaufmotive.
Münster (Forschungsstelle f. Allgem. u. Textile Marktwirtschaft an der Univ. Münster) 1963. 164 Seiten mit Anh.
(Schriften zur Textilwirtschaft. Band 8)
(zugleich Diss. Münster 1961)

A415* W o l f f , Janet L.
Kaufen Frauen mit Verstand? Ein Leitfaden zum Verständnis der Frau von heute und zur Beeinflussung ihrer Kaufwünsche. Düsseldorf (Econ-Verl.) 1959. 286 Seiten
(What makes Women buy? Übertragen aus dem Amerikanischen und Bearbeitung: George S. Martin)

## III. KONSUMSOZIOLOGIE

A416* A l b e r t , Hans
Marktsoziologie und Entscheidungslogik. Ökonomische Probleme in soziologischer Perspektive. Neuwied am Rhein/Berlin (H. Luchterhand Verl.) 1967. 531 Seiten (Soziologische Texte. Band 36)

A417 B e r t e l m a n n , Werner
Die Bedeutung der Nachahmung als Nachfragefaktor. Diss. Köln 1967. 142 Seiten

A418 B o s s l e , Rudolf
Grundlagen der Modeforschung. Oberursel/Taunus (Altkönig-Verl.) 1959. 1o4 Seiten
(zugleich Diss. Nürnberg 1959)

A419 B r i n k m a n n , Dieter M.
Wandlungen des Konsumentenverhaltens im Industrialisierungsprozeß. Dargestellt am Beispiel Deutschlands in der Zeit von 185o bis 196o. Diss. Hamburg 1968. 23o Seiten

A42o C u r t i u s , Mechthild / H u n d , Wolf D.
Mode und Gesellschaft. Zur Strategie der Konsumindustrie. Frankfurt a.M. (Europäische Verlagsanstalt) 1971. 85 Seiten
(Modelle für den politischen und sozialwissenschaftlichen Unterricht. Modell 12)

A421* D r e i e r , Joachim
Die Mode als betriebswirtschaftliches Problem. Düsseldorf (Zentral-Verl. f. Dissertationen Triltsch) 1957. 153 Seiten
(zugleich Diss. Köln 1957)

A422 H a e s e , Helmut
Konsum Revolution. Stuttgart (Seewald Verl.) 196o. 168 Seiten

A423 H a r t m a n n , Hans-Joachim
Bestimmungsfaktoren des Massenkonsums in hochindustrialisierten Volkswirtschaften. Diss. Hamburg 196o. 134 Seiten

A424 H i l l m a n n , Karl-Heinz
Ein Modell des homo sociologicus und seine Relevanz für die Analyse des Konsumentenverhaltens in der modernen Wohlstandsgesellschaft. Ein Beitrag zur Fundierung der Konsumsoziologie. Diss. Berlin 1969. 288 Seiten

A425* H i l l m a n n , Karl-Heinz
Soziale Bestimmungsgründe des Konsumentenverhaltens. Stuttgart (F. Enke Verl.) 1971. 148 Seiten

A426 H ö r n i n g , Karl H.
Zur Soziologie des Verbraucherverhaltens. Diss. Mannheim 1966. 262 Seiten

A427* H ö r n i n g , Karl H.
Ansätze zu einer Konsumsoziologie. Freiburg (Verl. Rombach) 197o. 257 Seiten
(Absatzwirtschaft und Konsumforschung. Band 4)

A428* H u n z i k e r , Peter
Erziehung zum Überfluß. Soziologie des Konsums. Stuttgart/Berlin/Köln/Mainz (Verl. W. Kohlhammer) 1972. 127 Seiten

A429* I m o b e r s t e g , Markus
Die Entwicklung des Konsums mit zunehmendem Wohlstand. Bestimmungsgründe und Auswirkungen. Zürich (Verl. P. G. Keller) 1967. 2o8 Seiten
(zugleich Diss. St. Gallen 1967)
(zugleich Zürich/St. Gallen [Polygraphischer Verl.] 1967. [Veröffentlichungen der Hochschule St. Gallen. Volkswirtschaftlich-wirtschaftsgeographische Reihe. Band 16])

A43o* K a t o n a , George / S t r ü m p e l , Burkhard / Z a h n , Ernest
Zwei Wege zur Prosperität. Konsumverhalten, Leistungsmentalität und Bildungsbereitschaft in Amerika und Europa. Düsseldorf/Wien (Econ-Verl.) 1971. 315 Seiten
(Aspirations and affluence. New York. Übertragung aus dem Amerikanischen von Burkhard Strümpel)

A431 K i c k , Erwin
Über den Wandel des Luxusbegriffes. Nürnberg (Frankenverl. L. Spindler) 197o. 167 Seiten

A432 K ö n i g , René
Kleider und Leute. Zur Soziologie der Mode. Frankfurt a. M./Hamburg (Verl. Fischer Bücherei) 1967. 173 Seiten

A433* K r e i k e b a u m , Hartmut / R i n s c h e , Günter
Das Prestigemotiv in Konsum und Investition. Demonstrative Investition und aufwendiger Verbrauch. Berlin (Verl. Duncker & Humblot) 1961. 221 Seiten
(Beiträge zur Verhaltensforschung. Heft 4)

A434 Mahnkopf, Diethard
Systematische Theorie sozialen Konsumverhaltens. Versuch einer systematischen Theorie sozialen Konsumverhaltens als allgemeine Theorie sozialstrukturell bestimmten Verhaltens ökonomischer Relevanz. Diss. Freiburg i. Br. 1969. 187 Seiten

A435 Riesman, David / Denney, Reuel / Glazer, Nathan
Die einsame Masse. Eine Untersuchung der Wandlungen des amerikanischen Charakters. Darmstadt/Berlin-Frohnau/ Neuwied am Rhein (H. Luchterhand Verl.) 1956. 5o4 Seiten
(The Lonely Crowd. A Study of the Changing American Charakter. New Haven. Aus dem Amerikanischen von Renate Rausch)

A436 Rinsche, Günter
Der aufwendige Verbrauch. Sozialökonomische Besonderheiten geltungsbedingter Nachfrage. Diss. Köln 1959. Seite 1o8-221
(auch veröffentlicht in → A433)

A437 Schrader, Achim
Die soziale Bedeutung des Besitzes in der modernen Konsumgesellschaft. Folgerungen aus einer empirischen Untersuchung in Westdeutschland. Köln/Opladen (Westdeutscher Verl.) 1965. 166 Seiten
(Dortmunder Schriften zur Sozialforschung. Band 32)

A438 Veblen, Thorstein
Theorie der feinen Leute. Eine ökonomische Untersuchung der Institutionen. Köln/Berlin (Verl. Kiepenheuer & Witsch) um 1957. 382 Seiten
(The Theory of the Leisure Class. Deutsch von Suzanne Heintz und Peter von Haselberg)

A439 Voigt, Bert
Genuß, ein soziologisches Wertsystem auf philosophischem Hintergrund. Ein Beitrag zu einer empirisch konzeptiblen Soziologie des Genusses. Diss. Erlangen-Nürnberg 1972. 349 Seiten

A44o* Wiswede, Günter
Soziologie des Verbraucherverhaltens. Stuttgart (F. Enke Verl.) 1972. 356 Seiten
(zugleich Habilschr. Nürnberg)

A441 Zahn, Ernest
Soziologie der Prosperität. Köln/Berlin (Verl. Kiepenheuer & Witsch) 196o. 228 Seiten

## IV. MARKTPSYCHOLOGIE

A442* B e n e s c h , Hellmuth
Wirtschaftspsychologie. München/Basel (E. Reinhardt Verl.) 1962. 17o Seiten

A443* B e r g l e r , Reinhold
Psychologie des Marken- und Firmenbildes. Göttingen (Verl. Vandenhoeck & Ruprecht) 1963. 165 Seiten (Wirtschafts- und gesellschaftskundliche Reihe der Deutschen Volkswirtschaftlichen Gesellschaft und ihrer Akademie für Führungskräfte der Wirtschaft. Band 2)

A444* B e r t h , Rolf
Wähler- und Verbraucher-Beeinflussung. Empirische Grundlagen und theoretische Ansätze. 14 Vorlesungen über systematische Sozialstrategie mit 231 graphischen Darstellungen. Stuttgart (G. Fischer Verl.) 1963. 416 Seiten

A445* F r a n k e , Herbert W.
Der manipulierte Mensch. Grundlagen der Werbung und der Meinungsbildung. Wiesbaden (F. A. Brockhaus Verl.) 1964. 142 Seiten

A446* G u t j a h r , Gert
Markt- und Werbepsychologie. Teil I: Verbraucher und Produkt. Heidelberg (I. H. Sauer Verl.) 1972. 179 Seiten
(Heidelberger Fachbücher. Taschenbücher für die Wirtschaft. Nr. 23)

A447* G u t j a h r , Gert
Markt- und Werbepsychologie. Teil II: Verbraucher und Werbung. Heidelberg (I. H. Sauer Verl.) 1974. 139 Seiten
(Heidelberger Fachbücher. Taschenbücher für die Wirtschaft. Nr. 24)

A448* H o e p f n e r , Friedrich Georg
Beeinflussung des Verbraucherverhaltens. Psychologische Grundlagen des Marketing. München (W. Goldmann Verl.) 1975. 288 Seiten
(Goldmann Studienreihe Wirtschaft. 132o1)

A449 K a s t i n , Dieter
Psychologische Probleme im Verhältnis von Produzent und Konsument. Wirtschaftspsychologische und sozialphilosophische Untersuchungen. Diss. Mannheim 1966. 212 Seiten

A45o* Psychologische Marktanalyse.
Bergler, Reinhold (Hrsg.).
Bern/Stuttgart (Verl. H. Huber) 1965. 352 Seiten

A451* Marktpsychologie.
Bergler, Reinhold (Hrsg.).
Bern/Stuttgart/Wien (Verl. H. Huber) 1972. 379 Seiten

A452 M o e d e , Walther
Psychologie des Berufs- und Wirtschaftslebens. Berlin (Verl. W. de Gruyter) 1958. 19o Seiten
(Sammlung Göschen. Band 851/851a)

A453* M ü l l e r , Siegfried
Untersuchungen zur Messung pessimistischer und optimistischer Zukunftserwartungen - Eine Studie zur Psychologie des Zukunftserlebens. Köln/Bonn (Verl. P. Hanstein) 1973. 182 Seiten mit Anh.

A454 R e y n a u d , Pierre Louis
Die Wirtschaftspsychologie. Ein Bericht. Bensberg (Schäuble Verl.) 1971. 138 Seiten
(La psychologie économique. Übersetzung aus dem Französischen von Cl. Besozzi und R. J. Guiton)
(Reihe der Forschungen. Nr. 4)

A455 R ü t t i n g e r , Bruno / R o s e n s t i e l , Lutz von / M o l t , Walter
Motivation des wirtschaftlichen Verhaltens. Stuttgart/Berlin/Köln/Mainz (Verl. W. Kohlhammer) 1974.
2o4 Seiten
(Sozioökonomie. 4)
(Urban-Taschenbücher. Band 5o4)

A456 S a w u s c h , Gotlinde
Zur Lehre von den Präferenzen aus der Sicht der modernen Werbepsychologie. Diss. Köln 1963. 12o Seiten

A457 S c h m ö l d e r s , Günter
Volkswirtschaftslehre und Psychologie. Mit einer Aussprache führender Wissenschaftler. Berlin (Verl. Duncker & Humblot) 1962. 1o2 Seiten
(Schriften der Adolf Weber-Stiftung)

A458 S p i e g e l , Bernt
Die Struktur der Meinungsverteilung im sozialen Feld. Das psychologische Marktmodell. Bern/Stuttgart (Verl. H. Huber) 1961. 158 Seiten
(Enzyklopädie der Psychologie in Einzeldarstellungen. Band 6)

# V. VERHALTENSFORSCHUNG

## 1. Verhaltensforschung, allgemein

A459* B e r e l s o n , Bernard / S t e i n e r , Gary A.
Menschliches Verhalten. Grundlegende Ergebnisse empirischer Forschung. Band I: Forschungsmethoden/ Individuelle Aspekte.
Deutschsprachige Bearbeitung von F(ranz) und F(rauke) Buggle.
2. Auflage Weinheim/Berlin/Basel (J. Beltz Verl.) 1971. 183 Seiten
(Human Behavior: An Inventory of Scientific Findings. Aus dem Amerikanischen übertragen von Franz und Frauke Buggle)

A46o* Band II: Soziale Aspekte. Weinheim (J. Beltz Verl.) 1972. 468 Seiten

A461 B o e h m e , Heiner
Geldwertbewußtsein und Sparerverhalten. Köln/Opladen (Westdeutscher Verl.) um 1961. 119 Seiten
(erschienen auch als Forschungsbericht des Landes Nordrhein-Westfalen. Nr. 878)

A462 * B o h n , Peter
Konsumenten- und Sparerverhalten. Ihre Bedeutung für Finanz- und Konjunkturpolitik. Stuttgart (G. Fischer Verl.) 1969. 14o Seiten
(Beiträge zur Erforschung der wirtschaftlichen Entwicklung. Heft 14)
(zugleich Diss. Bonn 1968 u. d. T.: Das Verhalten sozialer Gruppen und seine Bedeutung für die moderne Finanz- und Konjunkturpolitik. Grundlagen und Ergebnisse der sozialökonomischen Verhaltensforschung unter besonderer Berücksichtigung des Verhaltens der Konsumenten und Sparer in den USA)

A463 B o n g a r d , Willi
Nationalökonomie, wohin? Realtypen des wirtschaftlichen Verhaltens. Köln/Opladen (Westdeutscher Verl.) 1965. 132 Seiten

A464* C l a e s s e n s , Dieter
Instinkt, Psyche, Geltung. Zur Legitimation menschlichen Verhaltens. Eine soziologische Anthropologie.
2. Auflage Köln/Opladen (Westdeutscher Verl.) 197o. 217 Seiten

A465 E s t e r s , Ernst-August
Soziale Beeinflussung. Eine sozialpsychologische Theorie. Diss. Köln 196o. 197 Seiten

A466* F r i c k e , Dieter
Das Sparverhalten der privaten Haushalte in der Bundesrepublik Deutschland. Eine empirische Überprüfung der Sparfunktion. Berlin (Verl. Duncker & Humblot) 1972. 159 Seiten
(Beiträge zur Verhaltensforschung. Heft 14)

A467* H a u n ß , Peter
Kauf- und Absatzentscheidungen der Verbraucher und Unternehmer. Bestimmungsfaktoren ihres Marktverhaltens als Grundlage für die marktorientierte Unternehmensführung. Berlin (E. Schmidt Verl.) 1973. 237 Seiten
(Grundlagen und Praxis der Betriebswirtschaft. Band 33)

A468 H o c h r e i t e r , Rolf
Ökonomische und verhaltenswissenschaftliche Konzepte zur Erklärung des Konsumentenverhaltens. Diss. Berlin 1974. 289 Seiten

A469* H u m m e l , Hans Peter
Marktkommunikation und Verbraucherverhalten. Eine Analyse marktrelevanter Kommunikationsvorgänge und ihre Wirkungen auf das individuelle Nachfrageverhalten. Frankfurt a.M./Zürich (Verl. H. Deutsch) 1975. 262 Seiten

A47o* K a t o n a , George
Das Verhalten der Verbraucher und Unternehmer. Über die Beziehungen zwischen Nationalökonomie, Psychologie und Sozialpsychologie.
Boettcher, Erik (Hrsg.).
Tübingen (Verl. Mohr Siebeck) 196o. 452 Seiten
(Psychological Analysis of Economic Behavior. New York/Toronto/London 1951. Die Übersetzung besorgten Gerhard Kröckel und Herwig Kardel)
(Veröffentlichungen der Akademie für Gemeinwirtschaft Hamburg)

A471 K a t o n a , George
Der Massenkonsum. Eine Psychologie der neuen Käuferschichten. Wien/Düsseldorf (Econ-Verl.) 1965. 4o7 Seiten
(The Mass Consumption Society. New York. Übertragung aus dem Amerikanischen von T. Stolper)

A472* Konsumentenverhalten und Marketing. Arbeitspapiere des Instituts für Konsum- und Verhaltensforschung an der Universität des Saarlandes.
Kroeber-Riel, Werner (Hrsg.).
Opladen (Westdeutscher Verl.) 1973. 287 Seiten

A473* K r e l l e , Wilhelm
Theorie wirtschaftlicher Verhaltensweisen. 2. Auflage
Meisenheim am Glan (Verl. A. Hain) 1959. 251 Seiten

A474* K r o e b e r - R i e l , Werner
Konsumentenverhalten. München (Verl. F. Vahlen) 1975.
438 Seiten
(Vahlens Handbücher der Wirtschafts- und Sozialwissenschaften)

A475* K u h l m a n n , Eberhard
Das Informationsverhalten der Konsumenten. Freiburg
(Verl. Rombach) 197o. 192 Seiten
(Absatzwirtschaft und Konsumforschung. Band 3)

A476* L a u t e r b a c h , Albert
Mensch - Motive - Geld. Untersuchungen zur Psychologie
des wirtschaftlichen Handelns. Stuttgart/Düsseldorf
(Ring-Verl.) 1957. 355 Seiten
(Man, Motives and Money. Übersetzung von Ingeborg
Lörcher und Klaus Holtzhauer)
(Internationale Sozialwissenschaftliche Bibliothek)

A477 L e w i n , Kurt
Feldtheorie in den Sozialwissenschaften. Ausgewählte
theoretische Schriften.
Cartwright, Dorwin (Hrsg.),
Bern/Stuttgart (Verl. H. Huber) 1963. 395 Seiten
(Field Theory in Social Science. New York 1951. ins
Deutsche übertragen von A. Lang und W[infried] Lohr)

A478 M a c h i n e k , Peter
Behandlung und Erkenntniswert der Erwartungen in der
Wirtschaftstheorie. Berlin (Verl. Duncker & Humblot)
1968. 2o5 Seiten
(Volkswirtschaftliche Schriften. Heft 118)
(zugleich Diss. Berlin 1967)

A479* M a l e w s k i , Andrzej
Verhalten und Interaktion. Die Theorie des Verhaltens
und das Problem der sozialwissenschaftlichen Integration. Tübingen (Verl. Mohr Siebeck) 1967. 157 Seiten
(O zastosowaniach teorii zachowania. Warszawa 1964.
Übersetzung aus dem Polnischen von Wolfgang Wehrstedt)
(Die Einheit der Gesellschaftswissenschaften. Studien
in den Grenzbereichen der Wirtschafts- und Sozialwissenschaften. Band 6)

A48o* Marketingtheorie. Verhaltensorientierte Erklärungen
von Marktreaktionen.
Kroeber-Riel, Werner (Hrsg.).
Köln (Verl. Kiepenheuer & Witsch) 1972. 412 Seiten
(Neue Wissenschaftliche Bibliothek 52. Wirtschaftswissenschaften)

A481* M ü n c h , Richard
Mentales System und Verhalten. Grundlagen einer allgemeinen Verhaltenstheorie. Tübingen (Verl. Mohr Siebeck) 1972. 2o7 Seiten
(Heidelberger Sociologica. Band 1o)

A482 P a s c h k e , Werner
Bestimmungsgründe des persönlichen Sparens. Ein Beitrag zur ökonomischen Verhaltensforschung. Berlin (Verl. Duncker & Humblot) 1961. 223 Seiten
(Untersuchungen über das Spar-, Giro- und Kreditwesen. Band 17)

A483 S c h e r h o r n , Gerhard
Methodologische Grundlagen der sozialökonomischen Verhaltensforschung. Köln/Opladen (Westdeutscher Verl.) 1961. 185 Seiten
(Forschungsberichte des Landes Nordrhein-Westfalen. Nr. 942)

A484* S c h e r h o r n , Gerhard
Information und Kauf. Empirische Analyse der >Markttransparenz<. Köln/Opladen (Westdeutscher Verl.) 1964. 86 Seiten
(Forschungsberichte des Landes Nordrhein-Westfalen. Nr. 1358

A485* S c h m ö l d e r s , Günter
in Zusammenarbeit mit Scherhorn, G./ Schmidtchen, G.
Der Umgang mit Geld im privaten Haushalt. Berlin (Verl. Duncker & Humblot) 1969. 21o Seiten
(Beiträge zur Verhaltensforschung. Heft 1o)

A486 Das Sparverhalten der Arbeitnehmer im Rahmen des Vermögensbildungsgesetzes. Das Sparverhalten der Arbeitnehmer aufgrund des Vermögensbildungsgesetzes unter besonderer Berücksichtigung der Information der Arbeitnehmer über vermögenspolitische Maßnahmen und Gesetze. Eine empirisch-soziologische Studie im Auftrag des Bundesministers für Arbeit und Sozialordnung.
Brandt, Franz/ Peter, Rudi/ Werth, Manfred (Bearbeiter). Stuttgart/Köln/Berlin/Mainz (Verl. W. Kohlhammer) 1972. 186 Seiten
(Schriftenreihe des Bundesministers für Arbeit und Sozialordnung. Heft 19)

A487 S p e e r , Wilhelm E.
Das sogenannte Meinungsmonopol im Lichte der ökonomischen Verhaltensforschung. Diss. Köln 1957. 214 Seiten

A488* S t r ü m p e l , Burkhard
Wirtschaftliche Entwicklung als menschliches Verhalten. Ein Forschungsbericht. Berlin (Verl. Duncker & Humblot) 1964. 117 Seiten
(Beiträge zur Verhaltensforschung. Heft 5)

A489 V o g e l s a n g , Ingo
Die Mitwirkung von Marktinformationen an rationalen Konsumentenentscheidungen. Diss. Heidelberg 1969. 21o Seiten

A49o* V y s k o v s k y , Peter
Zur Informationsaufgabe des Konsumenten im Markt. Wien (Verl. Notring) 1971. 328 Seiten
(Dissertationen der Hochschule für Welthandel in Wien. Nr. 9)
(zugleich Diss. Wien 1969)

A491* W ö l k e r , Herbert
Die Bedeutung der empirischen Verhaltensforschung für die ökonomische Theorie. Eine Studie an Hand empirischer Untersuchungen. Meisenheim am Glan (Verl. A. Hain) 1961. 228 Seiten
(Schriften zur wirtschaftswissenschaftlichen Forschung. Band 1o)

A492 Z o l l , Ralf
Aggression und Konsumgesellschaft. Über Ursachen und Motive menschlichen Verhaltens im Straßenverkehr. Diss. Frankfurt a. M. 1971. 173 Seiten

## 2. Kaufverhalten

A493 B ü h l e r , Artur
Versuch einer Analyse des Einflusses von Kenntnissen, Denkweisen und Motivationen auf Kaufentscheidungen von Landwirten. Eine empirische Untersuchung über Maschineninvestitionen in drei Gemeinden südöstlich von Stuttgart (Filderebene). Diss. Hohenheim 1969.
173 Seiten

A494 Einkaufsgewohnheiten in Baden-Württemberg. Stuttgart (Südwestdeutscher Einzelhandelsverband) 196o. 7o Seiten (Masch. vervielf.)
(Eine Untersuchung der GfK-Gesellschaft für Konsumforschung und des Instituts für Absatz- und Verbrauchsforschung an der Hochschule für Wirtschafts- und Sozialwissenschaften in Nürnberg mit finanzieller Unterstützung des Landesgewerbeamtes Baden-Württemberg Stuttgart)
(Schriftenreihe des Südwestdeutschen Einzelhandelsverbandes. Heft 2)

A495* Einkaufsgewohnheiten in Baden-Württemberg II (Nahrungs- und Genußmittel, Wasch-, Putz- und Reinigungsmittel, Kosmetika). Stuttgart (Südwestdeutscher Einzelhandelsverband) 1961. 113 Seiten
(Schriftenreihe des Südwestdeutschen Einzelhandelsverbandes. Heft 3)

A496* Einkaufsgewohnheiten in Baden-Württemberg III (Fachteile: Tabakwaren, Foto-, Kino- und Zubehör, Bücher). Stuttgart (Südwestdeutscher Einzelhandelsverband) 1961. getr. Pag.
(Schriftenreihe des Südwestdeutschen Einzelhandelsverbandes. Heft 4)

A497* Einkaufsgewohnheiten in Bayern. Eine Untersuchung der Gesellschaft für Konsumforschung und des Instituts für Absatz- und Verbrauchsforschung an der Hochschule für Wirtschafts- und Sozialwissenschaften in Nürnberg.
Meyer, Paul W./ Möckel, Wolfgang (Bearbeiter).
Nürnberg (o. Verl.) 1957.
155 Seiten
(Marktwirtschaft und Verbrauch. Schriftenreihe der Gesellschaft für Konsumforschung. Band II)

A498* Einkaufsgewohnheiten und Ladenöffnungszeiten. Bericht über eine Untersuchung im Auftrag der Arbeitsgemeinschaft der Verbraucherverbände.
Jahn-Schnelle, Hildegard/ Wieken, Klaus (Bearbeiter).
o.O. (Institut für angewandte Verbraucherforschung)
2. Auflage 197o. 87 Seiten mit Tab.-Anh.

A499 Einkaufsgewohnheiten der Verbraucher im Saarland und im Grenzraum der benachbarten französischen Departements. Saarbrücken (Saarbrücker Zeitung in Kommission) 1963. 325 Seiten
(Einzelschriften des Handelsinstituts an der Universität des Saarlandes. Heft 4)

A5oo* F a l k , Bernd R.
Methodische Ansätze und empirische Ergebnisse der Kundenforschung in Einkaufszentren (shopping-center) unter besonderer Berücksichtigung der Beobachtungsmethode. Berlin (Verl. Duncker & Humblot) 1975. 24o Seiten
(Betriebswirtschaftliche Schriften. Heft 79)

A5o1* H e i d e p e t e r , Lothar
Kunden in Begleitung. Material zu Verhaltensmustern beim Einkauf. Köln (Rationalisierungs-Gemeinschaft des Handels beim RKW) 1973. 8o Seiten

A5o2* H e i n e m a n n , Michael
Einkaufsstättenwahl und Firmentreue des Konsumenten. Verhaltenswissenschaftliche Erklärungsmodelle und ihr Aussagewert für das Handelsmarketing. Diss. Münster 1974. 3o6 Seiten

A5o3* H u w y l e r , Martin
Sortiment und Kaufhandlung. Bern (Polygraph. Verl.) 1966. 122 Seiten
(zugleich Diss. Bern)

A5o4 K l e n g e r , Franz
Analyse des Kaufprozesses eines Konsumgutes. Ein Simulationsmodell zur Analyse des Käuferverhaltens. Diss. Mannheim 1971. 175 Seiten

A5o5* K l e n g e r , Franz / K r a u t t e r , Jochen
Simulation des Käuferverhaltens. Teil I. Werbewirkung und Käuferverhalten. Wiesbaden (Betriebswirtschaftl. Verl. Gabler) 1972. 179 Seiten
(Schriften zur theoretischen und angewandten Betriebswirtschaftslehre. Band 1o)
A5o6* Teil II. Analyse eines Kaufprozesses. 175 Seiten
A5o7* Teil III. Computermodell des Käuferverhaltens. 16o Seiten

A5o8 K u r r l e , Dieter
Die Markenwahl des Konsumenten am Verkaufsort. Ein Simulationsmodell zur Erklärung und Prognose des Konsumentenverhaltens am Verkaufsort. Diss. Mannheim 1974. 28o Seiten

A5o9 Matthes, Detlef
Die Markentreue (eine Analyse ihres Wesens und dessen Bestimmungsfaktoren). Diss. Erlangen-Nürnberg 1967. 336 Seiten

A51o* Müller, Andreas A.
Das Konsumentenverhalten und seine Auswirkungen auf die Distributionsform aufgezeigt am Beispiel des Fachgeschäftes. Winterthur (Verl. H. Schellenberg) 1971. 195 Seiten
(zugleich Diss. St. Gallen 1969)

A511* Noelle-Neumann, Elisabeth / Schmidtchen, Gerhard
Verbraucher beim Einkauf. Eine wirtschaftssoziologische Studie über die Rolle des Markenartikels. Allensbach am Bodensee (Institut für Demoskopie) 1968. 173 Seiten

A512* Raidt, Hariolf
Kunden vor der Tür. Ergebnisse einer Untersuchung über die Straßenpassanten als mögliche Kunden des Einzelhandels. Beiträge zur Marktforschung von Rembeck, M./ Eichholz, G. P.
Betriebswirtschaftliche Beratungsstelle für den Einzelhandel (BBE) in Verbindung mit der Hauptgemeinschaft des Deutschen Einzelhandels (Hrsg.).
Bad Wörishofen (H. Holzmann Verl.) 1962. 94 Seiten
(Schriften zur Berufs- und Betriebsförderung im Einzelhandel. Heft 36)

A513 Richter, Eberhard
Die Prognose des Konsumentenverhaltens in einer Kaufsituation in Abhängigkeit von kognitiver Inkonsistenz. Diss. Saarbrücken 1974. 194 Seiten

A514 Röhm, Rolf
Der Laufkunde in der neuzeitlichen Absatzwirtschaft. Eine Untersuchung der Beziehungen zwischen dem Letztverbraucher und der ihm vorgelagerten Bedarfsdeckungsmöglichkeit. Diss. Nürnberg 1957. 134 Seiten (Masch.-Schr.)

A515 Sauermann, Peter M.
Der Einfluß von Werbung und Promotionen auf das Tankverhalten des Autofahrers. Ein empirischer Beitrag zur Psychologie des Kaufentscheids. Diss. München 1973. 453 Seiten mit Anh.

A516* S c h o c h , Rolf
Der Verkaufsvorgang als sozialer Interaktionsprozeß. Eine theoretische und empirische Untersuchung des Verhaltens von Käufern und Verkäufern in der Verkaufssituation, dargestellt am Beispiel des Verkaufs eines Investitionsgutes (Registrierkassen). Winterthur (Verl. H. Schellenberg) 1969. 522 Seiten (zugleich Diss. St. Gallen)

A517 S c h r e i b e r , Klaus
Die Hypothese plangemäßen Kaufverhaltens der Verbraucher und ihre empirische Verifizierung. Diss. Berlin 1954. 122 Seiten

A518* S c h r e i b e r , Klaus
Kaufverhalten der Verbraucher. Wiesbaden (Betriebswirtschaftl. Verl. Gabler) 1965. 176 Seiten (Betrieb und Markt -Studienreihe-. Band V)

A519* Der Textilwareneinkauf durch Haushaltungen in Nordrhein-Westfalen. Köln/Opladen (Westdeutscher Verl.) 1957. 48 Seiten
(Sonderhefte der Mitteilungen des Instituts für Handelsforschung an der Universität zu Köln. Nr. 9)

A52o* Umfang und Struktur der preisvergünstigten Einkäufe der Haushaltungen bei Nichtlebensmitteln. Köln/Opladen (Westdeutscher Verl.) 1962. 47 Seiten
(Sonderhefte der Mitteilungen des Instituts für Handelsforschung an der Universität zu Köln. Nr. 13)

A521 W a c k , Peter
Eine Theorie des Einkaufsverhaltens. Berlin (Verl. Duncker & Humblot) 1975. 3o9 Seiten
(Vertriebswirtschaftliche Abhandlungen. Heft 18)

## 3. Diffusionsforschung

A522* B a u m b e r g e r , Jörg / G m ü r , Urs / K ä s e r , Hanspeter
Ausbreitung und Übernahme von Neuerungen. Ein Beitrag zur Diffusionsforschung. Band I und Band II. Bern/Stuttgart (Verl. P. Haupt) 1973. 1133 Seiten (Veröffentlichungen der Hochschule St. Gallen für Wirtschafts- und Sozialwissenschaften. Schriftenreihe Betriebswirtschaft. Band 1)

A523 B e c k e r , Erika
Die Konsumtionsveränderung (Die Durchsetzung von Konsumtionsneuerungen in den Lebenshaltungsvorstellungen der sozialen Gruppen). Diss. Frankfurt a.M. 1945. 189 Seiten (Masch.-Schr.)

A524* B o d e n s t e i n , Gerhard
Der Annahme- und Verbreitungsprozeß neuer Produkte. Ein Beitrag zum absatzpolitischen Verhalten des Konsumgüterproduzenten in der Markteinführungsphase. Frankfurt a.M./Zürich (Verl. H. Deutsch) 1972. 247 Seiten (zugleich Diss. Göttingen 1971 u. d. T.: Der Annahme- und Verbreitungsprozeß neuer Produkte des Konsumgüterbereichs in betriebswirtschaftlicher Sicht - ein Beitrag zum absatzpolitischen Verhalten des Unternehmers in der Markteinführungsphase)

A525 B o n u s , Holger
Die Ausbreitung des Fernsehens. Meisenheim am Glan (Verl. A. Hain) 1968. 177 Seiten (Ökonometrische Studien. Band 1)

A526* B o n u s , Holger
Untersuchungen zur Dynamik des Konsumgüterbesitzes. Berlin (Verl. Duncker & Humblot) 1975. 22o Seiten (Schriftenreihe zur Industrie- und Entwicklungspolitik. Band 14)
(zugleich Habilschr.)

A527* E t i e n n e , Udo / K a u p e n , Wolfgang
Die Verbreitung von Neuerungen im Handwerk. Göttingen (Verl. O. Schwartz) 1974. 186 Seiten (Schriften zur Mittelstandsforschung. Band 61)

A528* K a a s , Klaus P.
Diffusion und Marketing. Das Konsumentenverhalten bei der Einführung neuer Produkte. Stuttgart (C.E. Poeschel Verl.) 1973. 192 Seiten (Betriebswirtschaftliche Abhandlungen. Neue Folge. Band 26)

A529* K i e f e r , Klaus
Die Diffusion von Neuerungen. Kultursoziologische und kommunikationswissenschaftliche Aspekte der agrarsoziologischen Diffusionsforschung. Tübingen (Verl. Mohr Siebeck) 1967. 98 Seiten
(Heidelberger Sociologica. Band 4)
(zugleich Diss. Heidelberg 1965 u. d. T.: Kultursoziologische und kommunikationswissenschaftliche Aspekte der agrarsoziologischen Diffusionsforschung)

A53o W ü s t e n d ö r f e r , Werner
Die Diffusion von Neuerungen. Aspekte einer Adoptionstheorie und deren paradigmatische Prüfung. Diss. Erlangen-Nürnberg 1974. 315 Seiten

## VI. MOTIVFORSCHUNG

A531 B ü r g e r - P r i n z , H.
Motiv und Motivation. Hamburg (C. Holler Verl.) 195o. 38 Seiten
(Schriftenreihe wissenschaftlicher Studien. II)

A532 D i c h t e r , Ernest
Strategie im Reich der Wünsche. Düsseldorf (Econ-Verl.) 1961. 378 Seiten
(The Strategie of Desire. Übersetzung aus dem Amerikanischen: Maria Rosé)

A533* D i c h t e r , Ernest
Handbuch der Kaufmotive. Der Sellingappeal von Waren, Werkstoffen und Dienstleistungen. Wien/Düsseldorf (Econ-Verl.) 1964. 563 Seiten
(Handbook of Consumer Motivations - The Psychology of the World of Objects. New York 1964. Übertragung aus dem Amerikanischen von Erika Schmitz)

A534* G r a u m a n n , Carl Friedrich
Motivation. 2. Auflage Frankfurt a.M. (Akademische Verlagsgesellschaft)/Bern/Stuttgart (Verl. H. Huber) 1971. 152 Seiten
(Einführung in die Psychologie. Band 1)

A535 H e n r y , Harry
Was der Verbraucher wünscht. Die Praxis der Motivforschung. Düsseldorf (Econ-Verl.) 196o. 247 Seiten
(Motivation Research. Aus dem Englischen übertragen von Walther Schwerdtfeger)

A536* H e r m s , Brunhilde
Quantitative und Qualitative Motivationenanalyse der Konsumentscheidungen von Schülern und Studenten. Diss. Köln 1972. 252 Seiten

A537 H o f s t ä t t e r , Peter R.
Motivation und Verhaltenssteuerung. Zürich (o.Verl.) 196o. 39 Seiten (Masch. vervielf.)
(Gesellschaft für Marktforschung. Dokument Nr. 93)

A538* K r o p f f , H(anns) F. J.
Motivforschung. Methoden und Grenzen. Essen (Verl. W. Girardet) 196o. 454 Seiten
(Grundriß der Werbung. Band 8)

A539* Martineau, Pierre
Kaufmotive. Neue Weichenstellung für Werbung und Kundenpflege. Düsseldorf (Econ-Verl.) 1959. 328 Seiten
(Motivation in Advertising. Übertragung aus dem Amerikanischen von Walther Schwerdtfeger)

A54o* Newman, Joseph W.
Motivforschung und Absatzlenkung. Frankfurt a. M. (Europ. Verlagsanst.) 196o. 535 Seiten
(Motivation Research and Marketing Management. Bosten 1957. Übersetzung von A. R. L. Gurland)

A541* Smith, George H.
Warum Kunden kaufen. Motivforschung in Werbung und Verkauf. München (Verl. Moderne Industrie) 1955. 264 Seiten
(Motivation Research in Advertising and Marketing. New York. Die deutsche Ausgabe besorgte Heinz K. Joschke)

A542 Stephan, Erhard
Methoden der Motivforschung. Befragung und projektive Verfahren. München (Verl. Moderne Industrie) 1961. 193 Seiten
(Marktwirtschaft und Verbrauch. Eine Schriftenreihe der GfK-Gesellschaft für Konsumforschung. Band 15)

A543 Toman, Walter
Dynamik der Motive. Eine Einführung in die klinische Psychologie. Frankfurt a. M./Wien (Humboldt Verl.) 1954. 348 Seiten
(Sammlung "Die Universität". Band 52)

A544 Wiswede, Günter
Motivforschung. Eine Analyse ihrer Erkenntnisgrenzen. München (Verl. Moderne Industrie) 1962. 142 Seiten
(Marktwirtschaft und Verbrauch. Eine Schriftenreihe der GfK-Gesellschaft für Konsumforschung. Band 18)

A545* Wiswede, Günter
Motivation und Verbraucherverhalten. Grundlagen der Motivforschung. 2. Auflage München/Basel (Verl. E. Reinhardt) 1973. 211 Seiten
(Uni-Taschenbücher. 281)

## VII. MEINUNGSFORSCHUNG

A546* G a y e r , Kurt
Das große Verhör. Fug und Unfug der Demoskopie.
Gütersloh (Bertelsmann Sachbuchverl.) 1969. 2o5 Seiten

A547 G r o s s , Martin L.
Die Seelentester. Düsseldorf/Wien (Econ-Verl.) 1963.
316 Seiten
(The Brain Watchers. Übertragung aus dem Amerikanischen von Walther Schwerdtfeger und Anja Recht)

A548* H e n n i s , Wilhelm
Meinungsforschung und repräsentative Demokratie. Zur Kritik politischer Umfragen. Tübingen (Verl. Mohr Siebeck) 1957. 64 Seiten
(Recht und Staat in Geschichte und Gegenwart. Eine Sammlung von Vorträgen und Schriften aus dem Gebiet der gesamten Staatswissenschaften. Heft 2oo/2o1)

A549* Jahrbuch der öffentlichen Meinung.
Noelle, Elisabeth/ Neumann, Erich Peter/ Institut für Demoskopie Allensbach (Hrsg.).
Ausgabe 1947-1955. 2. Auflage Allensbach am Bodensee (Verl. für Demoskopie) 1956. 412 Seiten
A55o* Ausgabe 1957. Allensbach am Bodensee 1957. 288 Seiten
A551* Ausgabe 1958-1964. Allensbach/Bonn (Verl. für Demoskopie) 1965. 642 Seiten
A552* Ausgabe 1965-1967. Allensbach/Bonn 1967. 545 Seiten
A553* Ausgabe 1968-1973. Allensbach/Bonn 1974. 669 Seiten

A554 K u h n , Manfred
Umfragen und Demokratie. Allensbach/Bonn (Verl. für Demoskopie) 1959. 49 Seiten
(Allensbacher Schriften. 5)

A555 L a z a r s f e l d , Paul
Am Puls der Gesellschaft. Zur Methodik der empirischen Soziologie. Wien/Frankfurt a.M./Zürich (Europa Verl.) 1968. 184 Seiten
(Deutsch von Helga und Philipp Schwarzer)
(Europäische Perspektiven)

A556 L e n z , Friedrich
Meinungsforschung in Deutschland. Eine kurze Darstellung von Ergebnissen, Methoden und Erkenntniswert wissenschaftlicher Erforschung der öffentlichen Meinung.
EMNID Institut für Marktforschung und Marktbeobachtung (Hrsg.).
Stuttgart (C. E. Poeschel Verl.) 195o. 51 Seiten

A557 L i n d e m a n n , Klaus A.
Die rechtlichen Grenzen der Meinungsforschung. Diss. Frankfurt a. M. 1956. 184 Seiten

A558 M a r h o l d , Wolfgang
Fragende Kirche. Über Methode und Funktion kirchlicher Meinungsumfragen. München (Verl. Chr. Kaiser)/Mainz (M. Grünewald-Verl.) 1971. 195 Seiten
(Gesellschaft und Theologie. Abteilung Praxis der Kirche. Nr. 5)

A559* Politische Meinungsforschung.
Utecht, Annerose (Redaktion).
o. O. (Bundesverband deutscher Marktforscher BVM) o. J. 56 Seiten
(Beiträge zur Marktforschung. 2)

A56o N o e l l e , Elisabeth / S c h m i d t c h e n , Gerhard / L u d w i g , Herta / S c h n e l l e r , Hans
Der Markenartikel im Urteil der Verbraucher. Eine sozialpsychologische Untersuchung. Allensbach am Bodensee (Institut für Demoskopie) 1959. 88 Seiten

A561* N e u m a n n , Erich Peter / N o e l l e , Elisabeth
Antworten. Politik im Kraftfeld der öffentlichen Meinung. Allensbach (Verl. für Demoskopie) 1954. 167 Seiten

A562 Praktikum der Meinungsforschung. Ein Handbuch für Interviewer.
Weisker, Jürgen/ Löchner, Heinz (Hrsg.).
Frankfurt a.M. (DIVO Deutsches Institut für Volksumfragen) o. J. 16o Seiten

A563 P r o e b s t i n g , Helmut
Meinungsforschung und Statistik. Tübingen (Demokrit Verl.) 1957. 176 Seiten
(überarbeitete Diss. Frankfurt a. M. 1954)

A564 R o m e g i a l l i , Enrico Harald
Konsument und Werbung. Grundsätzliche Einstellungen befragter Konsumenten zur Werbung. Diss. Zürich 1971. 19o Seiten

A565* R ü c k m a n n , Kurt
Demoskopie oder Demagogie? Zur Meinungsforschung in der BRD. Frankfurt a. M. (Verl. Marxistische Blätter) 1972. 134 Seiten

A566* S a t t e r , Heinrich
Deutschland - ohne Feigenblatt. Überraschende Ergebnisse der Meinungsforschung. München (Verl. Mensch und Arbeit Bruckmann) 1956. 219 Seiten

A567* S c h m i d t , Regina / B e c k e r , Egon
Reaktionen auf politische Vorgänge. Drei Meinungsstudien aus der Bundesrepublik. Frankfurt a. M. (Europ. Verlagsanstalt) 1967. 16o Seiten
(Frankfurter Beiträge zur Soziologie. Band 19)

A568 S c h m i d t c h e n , Gerhard
Die befragte Nation. Über den Einfluß der Meinungsforschung auf die Politik. Freiburg i. Br. (Verl. Rombach) 1959. 288 Seiten
(Freiburger Studien zu Politik und Soziologie)

A569 S c h m ö l d e r s , Günter
Die Politiker und die Währung. Bericht über eine demoskopische Untersuchung der Meinungsbildung in Finanz- und Währungsfragen im Dritten Deutschen Bundestag. Frankfurt a. M. (F. Knapp Verl.) 1959. 158 Seiten
(Schriftenreihe zur Geld- und Finanzpolitik. Band VI)

A57o* S t a c k e l b e r g , Karl-Georg von
Souffleur auf politischer Bühne. Von der Macht der Meinungen und den Meinungen der Mächtigen. München (Verl. Moderne Industrie) 1975. 216 Seiten

A571 Umfragen.
DIVO-Institut (Hrsg.).
Band 1: Umfragen 1957. Ereignisse und Probleme des Jahres im Urteil der Bevölkerung. Frankfurt a. M. (Europ. Verlagsanstalt) 1958. 1o8 Seiten

A572 Band 2: Umfragen. Ereignisse und Probleme der Zeit im Urteil der Bevölkerung. 1959. 148 Seiten

A573 Band 3/4: Umfragen. Ereignisse und Probleme der Zeit im Urteil der Bevölkerung. 1962. 176 Seiten

A574 Verbraucher zur Preisbindung. Der Markenartikel im Alltag der Bevölkerung. Allensbach (Institut für Demoskopie) 1964. 119 Seiten

A575 W a k e n h u t , Roland
Messung gesellschaftlich-politischer Einstellungen mithilfe der Rasch-Skalierung. Bern/Stuttgart/Wien (Verl. H. Huber) 1974. 17o Seiten

A576 W e l l m a n n , Hans
Die soziale Marktwirtschaft im Spiegel von Meinungsumfragen. Diss. Köln 1962. 181 Seiten

## VIII. IMAGEFORSCHUNG

A577* A n t o n o f f , Roman
Methoden der Image-Gestaltung für Unternehmen und Organisationen. Eine Einführung. Essen (Verl. W. Girardet) 1975. 115 Seiten
(Girardet-Taschenbücher. Band 25)

A578 H e i d e m a n n , Heinz
Die Bedeutung des Firmen- und Produkt-Image für das Konsumentenverhalten. Diss. Bochum 1969. 162 Seiten

A579* J o h a n n s e n , Uwe
Das Marken- und Firmen-Image. Theorie, Methodik, Praxis. Berlin (Verl. Duncker & Humblot) 1971. 4o5 Seiten
(Betriebswirtschaftliche Schriften. Heft 46)

A58o* M ü l l e r , Gernot
Das Image des Markenartikels. Erforschung und Gestaltung als Dominante des Markenartikel-Marketings. Opladen (Westdeutscher Verl.) 1971. 227 Seiten
(Schriften zur Handelsforschung. Nr. 45)

A581 R u p p e l , Peter
Die Bedeutung des Image für das Verbraucherverhalten. Diss. Göttingen 1965. 182 Seiten

A582* T r o m m s d o r f , Volker
Die Messung von Produktimages für das Marketing. Grundlagen und Operationalisierung. Köln/Berlin/Bonn/München (C. Heymanns Verl.) 1975. 166 Seiten
(Annales Universitatis Saraviensis. Band 78)
(zugleich Diss. Saarbrücken)

A583 W e i h r a u c h , Josef-Dieter
Das Image von Nahrungsmitteln. Neuere amerikanische Erkenntnisse und ihre Übertragbarkeit auf den deutschen Nahrungsmittelmarkt. Stuttgart (Verl. E. Ulmer) 1972. 143 Seiten
(Bonner Hefte für Marktforschung. Heft 5)

A584* Z a n k l , Hans Ludwig
Image und Wirklichkeit. Osnabrück (Verl. A. Fromm) 1971. 51 Seiten
(Texte + Thesen 14)

A585* Z i m m e r m a n n , Klaus
Zur Imageplanung von Städten. Untersuchungen zu einem Teilgebiet kommunaler Entwicklungsplanung. Köln (P. Hanstein Verl.) 1975. 287 Seiten
(Kölner Wirtschafts- und Sozialwissenschaftliche Abhandlungen. Band 5)

4. Abschnitt: Objekt- und betriebsbezogene Marktforschung

## I. PRODUKTFORSCHUNG

### 1. Produktforschung, allgemein

A586* A ß m a n n , Ulrich
Verkehrsauffassungen und Verbrauchererwartungen beim Warenkauf. Berlin/Köln/Frankfurt a.M. (Beuth-Vertrieb) 197o. 153 Seiten
(Schriftenreihe des Instituts für wirtschaftliche Warenlehre der Universität zu Köln. Serie A. Band 5)
(zugleich Diss. Köln 197o)

A587* A u l i n g e r , Roland
Die Produktinnovation im Bereich der Konsumgüter. Wien (Verl. Notring) 197o. 286 Seiten
(Dissertationen der Hochschule für Welthandel in Wien. 3)
(zugleich Diss. Wien 1969)

A588* Beiträge zum Produktmarketing.
Koppelmann, U(do) (Hrsg.).
Herne/Berlin (Verl. Neue Wirtschafts-Briefe) 1973. 253 Seiten

A589* B r a n k a m p , Klaus
Planung und Entwicklung neuer Produkte. Berlin (Verl. W. de Gruyter) 1971. 178 Seiten

A59o* E l l i n g e r , Theodor
Die Informationsfunktion des Produktes. Köln/Opladen (Westdeutscher Verl.) 1966. Seiten 256-336
(Einzelveröffentlichung aus "Produktionstheorie und Produktionsplanung". Festschrift für Karl Hax zum 65. Geburtstag)

A591 F ü h r l i n g , Heinrich Karl
Absatzwirtschaftliche Probleme bei der Einführung neuer Konsumgüter. Diss. Frankfurt a. M. 1965. 163 Seiten

A592* H a k e , Bruno
Die Suche und Auswahl neuer Produkte. Die Praxis der Diversifikation. München (Verl. Moderne Industrie) 1966. 129 Seiten

A593* H a n s , Karlfried
Absatzwirtschaftliche Probleme vor der Einführung neuer Markenartikel. Diss. Köln 1963. 219 Seiten

A594* H a n s e n ; Ursula
Stilbildung als absatzwirtschaftliches Problem der Konsumgüterindustrie. Berlin (Verl. Duncker & Humblot) 1969. 173 Seiten
(Sozialwissenschaftliche Abhandlungen. Heft 13)

A595* H a n s e n , Ursula / L e i t h e r e r , Eugen
Produktgestaltung. Stuttgart (C. E. Poeschel Verl.) 1972. 99 Seiten
(Sammlung Poeschel. P 73)

A596* H e i n e , Christian
Die psychische Veralterung von Gütern. Wesen, Ursachen, absatzwirtschaftliche Konsequenzen. Nürnberg (Verl. L. Spindler) 1968. 232 Seiten
(Marktwirtschaft und Verbrauch. Schriftenreihe der GfK-Nürnberg Gesellschaft für Konsum-, Markt- und Absatzforschung. Band 29)

A597* H i l t o n , Peter / U n g e r n - S t e r n b e r g , Alexander von
Einführung neuer Produkte. Leitfaden für die Einführung neuer Industrieerzeugnisse. Heidelberg (I. H. Sauer-Verl.) 1969. 188 Seiten
(New Product Introduction for Small Business Owners. von Peter Hilton. herausgegeben von der Small Business Administration, Washington. 2. Auflage 1961. Aus dem Amerikanischen übertragen von Alexander von Ungern-Sternberg)

A598* H o f f m a n n , Klaus
Der Produktlebenszyklus. Eine kritische Analyse. Freiburg (Verl. Rombach) 1972. 133 Seiten
(Absatzwirtschaft und Konsumforschung. Band 6)

A599* K a l t e n b a c h , Horst G.
Die Rolle von Produkt und Verpackung in der Marktkommunikation. Essen (Verl. W. Girardet) 1975. 17o Seiten
(Schwerpunkt Marketing. Eine Schriftenreihe)

A6oo* K a p f e r e r , Clodwig / D i s c h , Wolfgang K.A.
Absatzwirtschaftliche Produktpolitik. Köln/Opladen (Westdeutscher Verl.) 1967. 176 Seiten
(Kompendium der Absatzwirtschaft. Band 2)

A6o1* K o p p e l m a n n , Udo
Grundlagen der Verpackungsgestaltung. Ein Beitrag zur marketingorientierten Produktforschung. Herne/Berlin (Verl. Neue Wirtschafts-Briefe) 1971. 279 Seiten

A6o2* M a z a n e c , Josef
Objekte der Wirtschaftswerbung. Analyse der Werbeobjekte zur systematischen Entwicklung von Werbestrategien. Stuttgart (C.E. Poeschel Verl.) 1975. 173 Seiten
(Abhandlungen zur Werbewissenschaft und Werbepraxis. Band 9)

A6o3 M e r z , Klaus Philipp
Methoden der Produktforschung am Beispiel des Mähdreschers im OECD-Gebiet Europas. Wolfratshausen (H. Neureuter-Verl.) 1969. 186 Seiten
(Arbeiten des Instituts für Landtechnik der Universität Hohenheim [Landwirtschaftliche Hochschule])
(KTBL-Berichte über Landtechnik. 129)

A6o4* P a a s s , Wolfgang M.
Produktbeschreibung als Teilaspekt eines Produktinformationssystems, ein Beitrag zur Informationsrationalisierung. Köln (P. Hanstein Verl.) 1974. 279 Seiten
(Kölner Wirtschafts- und Sozialwissenschaftliche Abhandlungen. Band 1)
(zugleich Diss. Köln 1974)

A6o5* Marktgerechte Produktplanung und Produktentwicklung. Produktmanagement. Teil I: Produkt und Markt. Studie der "Arbeitsgruppe Produktplanung" in der Arbeitsgemeinschaft der Wirtschaft für Produktdesign und Produktplanung Stuttgart, unter Mitwirkung des Seminars für Industriebetriebslehre der Universität Köln. Geyer, Erich (Leitung); Beenker, Jan W./ Frerkes, Josef (Bearbeitung).
Heidelberg (Industrie-Verl. Gehlsen) 1968. 95 Seiten
(Handbuch der Rationalisierung)

A6o6* R e h , Hans-Joachim
Marktforschung als Voraussetzung erfolgreicher Verpackungsgestaltung - dargestellt am Beispiel der industriellen Grossverpackungen. Diss. Köln 1975. 249 Seiten

A6o7* S a b e l , Hermann
Produktpolitik in absatzwirtschaftlicher Sicht. Grundlagen und Entscheidungsmodelle. Wiesbaden (Betriebswirtschaftl. Verl. Gabler) 1971. 296 Seiten

A6o8* S c h m i t t - G r o h é , Jochen
Produktinnovation. Verfahren und Organisation der Neuproduktplanung. Wiesbaden (Betriebswirtschaftl. Verl. Gabler) 1972. 172 Seiten
(Schriftenreihe Unternehmensführung und Marketing. Band 3)

A6o9* S c h n e i d e r , Gernot
Bedarf - Erzeugnisentwicklung - Markteinführung. Leitungsaufgaben in der Konsumgüterindustrie. Berlin (Verl. Die Wirtschaft) 1974. 174 Seiten

A61o* S o m o g y i , Andreas
Die absatzwirtschaftlichen Bestimmungsfaktoren einer marktgerechten Packung. Aarau (Keller Verl.) 1973. 142 Seiten
(zugleich Diss. Zürich)

A611 S t e i g e r w a l d , Heinrich J.
Neue Produkte - neue Märkte. Leitfaden zur Erzeugnisplanung (U 4). Berlin/Köln/Frankfurt a. M. (Beuth-Vertrieb) 1969. 71 Seiten
(RKW Reihe Unternehmensplanung)

A612* W a g n e r , Alfred P.
Der Schlüssel zum erfolgreichen Produkt. Die modernen Produktfindungstechniken in praxisnaher Darstellung. Gernsbach (Deutscher Betriebswirte-Verl.) 1974. 2o6 Seiten
(Management script. Band 7)

A613* Z a b r a t z k y , George
Die Entwicklung neuer Produkte als Instrument der Absatzgestaltung des Unternehmens. Bern (Verl. H. Lang)/ Frankfurt a. M. (Verl. P. Lang) 1975. 2o7 Seiten
(Europäische Hochschulschriften. Reihe V. Volks- und Betriebswirtschaft. Band 98)
(zugleich Diss. Zürich 1975)

## 2. Warentest

A614 A n d r e s e n , Boy-Jürgen
Warentest und Pressefreiheit. Diss. Tübingen 1973.
269 Seiten

A615 B a u c h e , Horst
Der Geschmackstest und seine Problematik. Diss.
Nürnberg 1961. 126 Seiten

A616 B r e n n e c k e , H e l g a
Der vergleichende Warentest. Eine Untersuchung seiner
Möglichkeiten und Grenzen im Hinblick auf die Markt-
übersicht des Verbrauchers. Diss. Göttingen 1965.
233 Seiten

A617 D i t g e n , Peter
Der vergleichende Warentest als Instrument der Verbraucherinformation. Diss. Köln 1966. 252 Seiten

A618* L o h m e i e r , Fritz
Der Warentest. Ein modernes Instrument der Marktfor-
schung. Essen (Verl. Girardet) 1959. 218 Seiten
(Grundriß der Werbung. Band 7)

A619 M e i n e r s , Dieter
Ordnungspolitische Probleme des Warentests. Berlin
(Verl. Duncker & Humblot) 1968. 215 Seiten
(Volkswirtschaftliche Schriften. Heft 129)

A620 M ü l l e r , Udo
Ökonomische Probleme und Wirkungen vergleichender
Konsumgütertests. Diss. Würzburg 1965. 263 Seiten

A621* U l m e r , Eugen / B o c k , Cornel J. /
G ü n t e r , Albrecht / K l u y , Hans
Vergleichende Warentests. Köln/Berlin/Bonn/München
(Verl. C. Heymanns) 1964. 6o Seiten
(FIW-Schriftenreihe. Heft 2o)

A622 Warentest. Aus der Sicht von Industrie und Handel.
Deutscher Industrie- und Handelstag (Hrsg.).
Bonn (Deutscher Industrie- und Handelstag) 1966.
87 Seiten
(DIHT Schriftenreihe. Heft 97)

## II. MARKTFORSCHUNG FÜR EINZELNE MÄRKTE

### 1. Nahrungs- und Genußmittelmarkt

A623 B e i d e r m ü h l e , Adalbert
Betriebswirtschaftliche Untersuchungen über den Absatzmarkt der westdeutschen Spirituosenindustrie. Diss. Freiburg/Schweiz 1963. 286 Seiten

A624 B ö c k e n h o f f , Ewald
Marktstruktur und Preisbildung bei Schlachtvieh und Fleisch in der Bundesrepublik Deutschland. Bonn (Forschungsges. für Agrarpolitik und Agrarsoziologie) 1966. 125 Seiten (Masch. vervielf.)
(Institut für landwirtschaftliche Marktlehre der landwirtschaftlichen Hochschule Hohenheim)

A625 D r o s t e , Hermann
Nahrungsmittel-Verbrauchsstruktur bei 1192 Arbeitnehmer- und Rentnerhaushalten im Wirtschaftsjahr 1951/52. Diss. Bonn 1961. 91 Seiten

A626 H i l k e r , Rudolf
Der Käsemarkt in der Bundesrepublik Deutschland. Diss. Kiel 1965. 137 Seiten
(Sonderdruck aus der Schriftenreihe Agrarpolitik und Marktwesen. Heft 8. Hamburg [Verl. P. Parey])

A627 H o m a n n , Hans
Struktur und Ordnung des deutschen Margarine-Marktes. Diss. Köln 1955. 175 Seiten (Masch.-Schr.)

A628 K h a d e m a d a m , Nasser
Auswirkungen von Strukturänderungen der Endnachfrage nach Nahrungsgütern auf den Bereich der Nahrungswirtschaft. Diss. Gießen 1972. 179 Seiten

A629 M o s o l f f , Hans
Der Zuckermarkt der Welt und der Bundesrepublik Deutschland. Bonn (Marktforschungsstelle Zucker) 196o. 47 Seiten
(Schriftenreihe der Marktforschungsstelle Zucker. Bericht 33)

A63o M o s o l f f , Hans / S c h w e n z n e r , J.E. / A n d e r s e n , E.
Marktanalyse über Zucker. Ergebnisse einer repräsentativen Enquête bei 3ooo Haushaltungen in der Bundesrepublik. Bonn (Marktforschungsstelle Zucker) 1954. 95 Seiten
(Schriftenreihe der Marktforschungsstelle Zucker. Bericht 16/17)

A631 M o s o l f f , Hans / S c h w e n z n e r , J.E. / A n d e r s e n , E.
Individualbefragung über Zucker. Ergebnis einer Untersuchung bei 2ooo Einzelpersonen im Bereich der Bundesrepublik. Bonn (Marktforschungsstelle Zucker) 1955. 45 Seiten
(Schriftenreihe der Marktforschungsstelle Zucker. Bericht 18)

A632 N a u m a n n , Hans Peter
Der Milchmarkt - Möglichkeiten und Grenzen seiner Beeinflussung. Diss. Frankfurt a.M. 1972. 398 Seiten

A633* P o s s m a n n , Martin
Markt und Marktforschung für die schweizerische Erfrischungsgetränkeindustrie. Zürich (Verl. P.G. Keller) 1967. 171 Seiten
(zugleich Diss. St. Gallen)

A634 S c h l i e p h a k e , Burchard W.
Die Entwicklung des Absatzes von Mehl und anderen Mühlenprodukten in den USA. Eine Untersuchung des Einflusses von Einkommenshöhe, Verstädterung, Produktgestaltung und Werbung auf den Absatz der Erzeugnisse des Mühlengewerbes. Diss. Bonn 196o. 122 Seiten

A635* S o n d e r e g g e r , Hans-Ulrich
Die Märkte für Nahrungsmittel mit besonderer Berücksichtigung der Produktgruppe Gemüse. Langfristige Entwicklungstendenzen als Grundlage für Prognosen. Zürich/St. Gallen (Polygraphischer Verl.) 1969. 431 Seiten
(Export- und marktwirtschaftliche Studien. Band 9)
(zugleich Diss. St. Gallen 1968)

A636 S t e l l e r , Werner H.J.
Über den Brotverbrauch und seine Bestimmungsgründe. Diss. Bonn 1966. 246 Seiten

A637 Z u r e k , Ernst
Marktstruktur, Preisentwicklung und Spannen bei ausgewählten land- und ernährungswirtschaftlichen Erzeugnissen in der Bundesrepublik Deutschland - Zusammenfassender Ergebnisbericht. Bonn (Forschungsgesellschaft für Agrarpolitik und Agrarsoziologie) 1966. 88 Seiten (Masch.vervielf.)
(Institut für Agrarpolitik und Marktforschung der Universität Bonn)

## 2. Bekleidungsmarkt

A638 B a n k m a n n , Jörg
Möglichkeiten und Grenzen der Bedarfsforschung. Unter besonderer Berücksichtigung der Verhältnisse auf dem Schuhmarkt. Diss. Berlin 1951. 161 Seiten

A639* Jahrbuch für Textilmarktforschung und Modeforschung in Industrie und Handel.
Institut für Textilmarktforschung ITexM (Hrsg.).
Frankfurt a. M. (Deutscher Fachverl.) 1968. 136 Seiten
(Schriftenreihe der Textil-Wirtschaft)

A64o K u r t h , Wilhelm
Langfristige Prognose des Textilverbrauchs in einigen europäischen Ländern. Köln/Opladen (Westdeutscher Verl.) 197o. 48 Seiten
(Forschungsberichte des Landes Nordrhein-Westfalen. Nr. 2o75)

A641 M ü h l e f e l d t , Annemarie
Der Einfluß der Gebrauchswerteigenschaften auf das absolute gesellschaftliche Bedürfnis an Herrenoberbekleidung. Diss. Berlin 1964. 183 Seiten (Masch.-Schr.)

A642 M ü l l e r , Erwin
Der Markt für textile Bekleidung in der Bundesrepublik Deutschland und der Schweiz in den Jahren 1945 bis 1953 unter dem besonderen Aspekt der Bekleidungs-(Konfektions)industrie. Düsseldorf (Zentral-Verl. f. Diss. Triltsch) 1956. 111 Seiten
(zugleich Diss. St. Gallen 1956)

A643 O b e r h a u s e r , Alois
Einkommen und Bekleidungsnachfrage. Eine Untersuchung über ihre Zusammenhänge und Wandlungen. Diss. Münster 1955. 133 Seiten mit Tabellenanh. (Masch.-Schr.)

A644 P a t t i s , Peter
Die Märkte für Textilien. Typische langfristige Entwicklungstendenzen als Grundlage für Prognosen.
Zürich/St. Gallen (Polygraph. Verl.) 1969. 451 Seiten
(Export- und marktwirtschaftliche Studien. Band 1o)
(zugleich Zürich [Verl. P. G. Keller] 1969 [Dissertationen. Nr. 3o3])
(zugleich Diss. St. Gallen 1968)

## 3. Buchmarkt

A645* Zur Benutzerforschung in Bibliotheken. Die Situation in der Bundesrepublik Deutschland. Ein Reader.
Bock, Gunter/ Heidtmann, Frank/ Neubauer, Karl Wilhelm/ Schoch, Gisela (Hrsg.).
München-Pullach/Berlin (Verl. Dokumentation) 1972.
236 Seiten

A646 Buch und Leser in Deutschland. Eine Untersuchung des DIVO-Instituts.
Girardi, Maria-Rita/ Neffe, Lothar Karl/ Steiner, Herbert (Bearbeiter).
Gütersloh (C. Bertelsmann Verl.) 1965. 356 Seiten
(Schriften zur Buchmarkt-Forschung. 4)

A647* Buch und Leser in Frankreich. Eine Studie des Syndicat National des Éditeurs. Paris. mit einem Beitrag "Buchhandel in Frankreich" von Peter Meyer-Dohm. Gütersloh (C. Bertelsmann Verl.) 1963. 95 Seiten
(Syndicat National des Éditeurs. Paris. Études sur la lecture et le livre en France. Janvier - avril 196o. Deutsche Bearbeitung im Institut für Buchmarkt-Forschung Hamburg. durch Manhard Schütze)
(Schriften zur Buchmarkt-Forschung. 2)

A648 Buch und Leser in den Niederlanden. Eine Untersuchung der Stichting Speurwerk betreffende het Boek, Amsterdam. Gütersloh (C. Bertelsmann Verl.) 1963. 182 Seiten
(Nederlandse Stichting voor Statistiek. Rapport A 1464. Mensen en boeken - 1961. Een onderzoek naar kopp-, lees- en studiegewoonten. Übersetzt und für die deutsche Ausgabe bearbeitet von Manhard Schütze)
(Schriften zur Buchmarkt-Forschung. 3)

A649 Der Buchmarkt 1975. Eine Prognose für die Niederlande (Zusammenfassung). Hamburg (Verl. f. Buchmarkt-Forschung) 1968. 44 Seiten
(Structuuranalyse en Toekomstvisie betreffende de Nederlandse Boekenmarkt. Übersetzung aus dem Niederländischen: Peter Lind. Bearbeitung: Franz Hinze und Hannelore Stagat im Institut für Buchmarkt-Forschung)
(Berichte des Instituts für Buchmarkt-Forschung. 4o)

A65o Das Bücherlesen. Fakten und Motive. Eine Untersuchung der Nederlands Centrum voor Marketing Analyses im Auftrage der Stichting Speurwerk betreffende het Boek in Amsterdam. Hamburg (Verl. f. Buchmarkt-Forschung) 1968. 153 Seiten
(Lezen van Boeken - Feiten en Achtergrunden. Aus dem Niederländischen übersetzt von Manhard Schütze)

A651* H a r z / B r e n d e l / M e i e r
Einführung in die sozialistische Buchmarktforschung. Leipzig (Fachbuchverl. Leipzig) 197o. 112 Seiten

A652 H e i d t m a n n , Frank
Zur Teorie und Praxis der Benutzerforschung. Unter besonderer Berücksichtigung der Informationsbenutzer von Universitätsbibliotheken. München-Pullach/Berlin (Verl. Dokumentation) 1971. 283 Seiten

A653 H e i d t m a n n , Frank
Materialien zur Benutzerforschung. Aus einer Pilotstudie ausgewählter Benutzer der Universitätsbibliothek der Technischen Universität Berlin. München-Pullach/Berlin (Verl. Dokumentation) 1971. 191 Seiten
(Bibliothekspraxis. Band 3)

A654* H e r r n b e r g e r , Klaus
Das Kaufverhalten bei wissenschaftlicher Literatur. Ein Beitrag zur sektoralen Absatzpolitik wissenschaftlicher Buchverlage. Hamburg (Verl. f. Buchmarkt-Forschung) 1972. 28o Seiten
(Schriften zur Buchmarkt-Forschung. 24)

A655 H i n z e , Franz
Ansätze europäischer Buchmarkt-Forschung. Hamburg (Verl. f. Buchmarkt-Forschung) 1965. 47 Seiten
(Berichte des Instituts für Buchmarkt-Forschung. Sondernummer)

A656 Lesen, Leihen und Kaufen von Büchern. Ein internationaler Vergleich. Hamburg (Verl. f. Buchmarkt-Forschung) 1968. 66 Seiten
(Book Reading, Borrowing And Buying Habits. Übersetzung aus dem Englischen von B. Lienau und P. Möller. Anläßlich des 18. Kongresses der Internationalen Verleger-Union vom 9. bis 15. Juni 1968 in Amsterdam von R.E.M. van den Brink vorgetragen)
(Berichte des Instituts für Buchmarkt-Forschung. 41)

A657* Meyer-Dohm, Peter
Der westdeutsche Büchermarkt. Eine Untersuchung der Marktstruktur, zugleich ein Beitrag zur Analyse der vertikalen Preisbindung. Stuttgart (G. Fischer Verl.) 1957. 2o3 Seiten
(Ökonomische Studien. Heft 1)

A658* Muth, Ludwig
Der befragte Leser. Nützliches über Demoskopie und Buchhandel. Freiburg/Basel/Wien (Herder Verl.) 1968. 47 Seiten

A659 Nolte, Eberhard
Die Bedarfsfaktoren im Büchermarkt. Diss. Mannheim 1962. 175 Seiten

A66o Profil der Benutzer öffentlicher Bibliotheken. Eine Analyse von Einstellungen - Erwartungen - Verhaltensweisen und sozialen Determinanten der Bibliotheksbenutzer. Quantitative Vorstudie von Kob, Janpeter/ Fischer, Bodo/ Helfen, Peter
Berlin (Deutscher Bibliotheksverband. Arbeitsstelle f.d. Bibliothekswesen) 1973. 147 Seiten
(Materialien für das Bibliothekswesen. 3)

A661 Strukturanalyse des niederländischen Buchmarktes und Prognose seiner Entwicklung bis 1975. Eine Untersuchung des Nederlands Centrum voor Marketing Analyses in Amsterdam im Auftrage der Stichting Speurwerk betreffende het Boek (Rohübersetzung als Arbeitspapier). Hamburg (Verl. Buchmarkt-Forschung) 1968. 192 Seiten
(Structuuranalyse en Toekomstvisie betreffende de Nederlandse Boekenmarkt. Übersetzung aus dem Niederländischen: Peter Lind)

A662* Weinhold, Heinz
Marktforschung für das Buch. St. Gallen (Verl. W. Weinhold) 1956. 4o7 Seiten
(zugleich Diss. St. Gallen)

## 4. Touristikmarkt

A663 Institut für Wirtschaftsforschung, Sozialforschung und angewandte Mathematik (DIVO)
Erhebungen über Tourismus. Ein Bericht über Urlaub und Reisen der westdeutschen Bevölkerung 1954-1961. Frankfurt a.M. (DIVO-Institut) 1962. 1o3 Seiten

A664 K i m m i g , Walter
Beitrag zur Erfassung des Fremdenverkehrs im Nordschwarzwald im Sinne regional orientierter Fremdenverkehrsforschung. Diss. Mannheim 1968. 184 Seiten

A665 K r i p p e n d o r f , Jost
Der touristische Verkehrsmarkt der Schweiz. Durchführung und Auswertung einer Marktforschung. Bern (Verl. Stämpfli) 1964. 136 Seiten
(Schweizerische Beiträge zur Verkehrswissenschaft. Heft 57. zugleich Veröffentlichungen des Forschungsinstitutes für Fremdenverkehr an der Universität Bern, Nr. 21)
(zugleich Diss. Bern)

A666 S c h m i d h a u s e r , Hanspeter
Marktforschung im Fremdenverkehr. Diss. St. Gallen 1962. 244 Seiten

## 5. Investitions- und Produktionsgütermarkt

A667 B a u m e r , Jean-Max
Die Märkte für Nutzfahrzeuge. Typische Entwicklungstendenzen als Grundlage langfristiger Absatzprognosen. Zürich (Verl. P. G. Keller) 1967. 175 Seiten (zugleich Zürich [Polygraph. Verl.] 1968 [Schriftenreihe Export- und marktwirtschaftliche Studien. Band 6]) (zugleich Diss. St. Gallen 1967)

A668 B e l l i n g e r , Bernhard
Praktisches Beispiel einer Marktanalyse mit theoretischen Grundlegungen. Diss. Frankfurt a. M. 195o. 15o Seiten (Masch.-Schr.)

A669 B e r g , Hans-Jürgen
Marktforschung als Hilfsmittel unternehmerischer Entscheidungen in der Stahlindustrie. Diss. Köln 1966. 324 Seiten

A67o D e p p e , Hermann
Marktforschung als Mittel der Investitionspolitik dargestellt am Beispiel der Edelstahlindustrie. Diss. Berlin 1965. 17o Seiten

A671* F e g e r , Friedrich Peter
Der Edelstahlabsatz. Eine Analyse des westdeutschen Edelstahlmarktes. Diss. Köln 1971. 269 Seiten

A672* G e i s s e r , Heribert O.
Marktforschung in der schweizerischen Produktionsgüterindustrie. Freiburg/Schweiz (Universitäts Verl.) 1961. 2o3 Seiten
(Veröffentlichungen des Wirtschafts- und Sozialwissenschaftlichen Institutes der Universität Freiburg/Schweiz. Nr. 8)

A673 G e y e r , Thomas
Der Prozeß der Bedarfsgestaltung in industriellen Unternehmungen. Insbesondere in Unternehmungen des Maschinen- und Apparatebaus. Berlin (Verl. Duncker & Humblot) 197o. 146 Seiten
(Vertriebswirtschaftliche Abhandlungen. Band 15) (zugleich Diss. Berlin 1969)

A674* H a k e , Bruno
Marktgerechte Planung durch Funktionsanalysen. Praxisorientierte Innovationsmethoden für Investitionsgüter. Stuttgart (C. E. Poeschel Verl.) 1973. 125 Seiten

A675* H e e c k t , Hugo
Der Wandel von Nachfrage und Angebot auf dem Weltschiffbaumarkt. Tübingen (Verl. Mohr Siebeck) 197o. 126 Seiten
(Kieler Studien. Forschungsberichte des Instituts für Weltwirtschaft an der Universität Kiel. 112)

A676 I m p e r a t o r i , Aldo
Der schweizerische Stahlmarkt. Marktbeobachtung und Marktanalyse. Winterthur (Verl. P. G. Keller) 1956. 2o4 Seiten
(zugleich Diss. Zürich 1955)

A677 K n ü v e n e r , Heinz-Bernd
Die Problematik der Absatzmarktforschung für Produktivgüter. Diss. Münster 1967. 232 Seiten

A678* L i n d e r , Peter
Die Auslandswerbung für Investitionsgüter auf der Grundlage systematischer Marktuntersuchung. Berlin (Verl. Duncker & Humblot) 1966. 118 Seiten
(Vertriebswirtschaftliche Abhandlungen. Heft 1o)
(zugleich Diss. Berlin 1966)

A679 M ä r t e n s , Manfred
Stand und Probleme der Marktforschung für Investitionsgüter. Diss. Braunschweig 197o. 158 Seiten

A68o* M e t z g e r , Karl
Marktformen und Marktkonstellation des deutschen Eisenhandels. Diss. Köln 1956. 185 Seiten

A681* M e y e r , Willi / F i s c h e r , Marianne
Methoden zur Investitionsgütermarktforschung. Berlin (E. Schmidt Verl.) 1975. 139 Seiten
(Betriebswirtschaftliche Studien 27. Schriftenreihe Praxisorientierte Marktforschung. Teil 1)

A682 Modellstudie einer Marktuntersuchung im Produktionsgüterbereich. Oberflächenmaterialien in der Möbelherstellung. Bericht über Zielsetzung, Wege und angewandte Methoden. Berlin/Köln/Frankfurt a.M. (Beuth-Vertrieb) 1965. 66 Seiten mit Anh.
(Rationalisierungs-Gemeinschaft Industrieller Vertrieb und Einkauf im RKW)

A683 P e r e s , Karl Heinz
Marktforschung für Spezialmaschinen. Diss. Mannheim 1952. 81 Seiten

A684 P i e s , Peter
Angebot und Nachfrage nach Investitions- und langlebigen Gebrauchsgütern (Eine ökonometrische Untersuchung). Diss. Mannheim 1965. 125 Seiten

A685 S c h e l z e l , Manfred / S o m m e r , Günter
Marktforschung im Schiffbau. Berlin (Transpress Verl. für Verkehrswesen) 1961. 8o Seiten

A686* S e c k i n g e r , Jacques
Marktforschung als Instrument der Unternehmungsführung in der Buntmetallhalbzeug-Industrie. Winterthur (Verl. H. Schellenberg) 1969. 199 Seiten (zugleich Diss. St. Gallen)

A687 S e r k e , Günter
Probleme der Absatzanalyse in der Investitionsgüterindustrie. Diss. Braunschweig 1963. 149 Seiten

A688 S p ä t l i c h , Hellmut M.
Absatz-Marktforschung für Transformations-Zwischenprodukte. Diss. Saarbrücken 1965. 2o6 Seiten

A689 T i e d t k e , Horst
Notwendigkeit, Hauptaufgaben und Methoden der operativen Markt- und Preisforschung, dargestellt am Markt für elektrische und elektronische Meß- und Prüfeinrichtungen. Diss. Berlin 1963. 16o Seiten mit Anh. (Masch. vervielf.)

A69o W i r i c h s , Ernst
Die Marktanalyse im Bereich der Flaschenkellereimaschinen für Brauereien. Diss. Aachen 1965. 11o Seiten

## 6. Automobilmarkt

A691 D e h n e , Knut
Analysen der Nachfrage nach Automobilen und ihre Aussagefähigkeit für Prognosen. Diss. Braunschweig 197o. 136 Seiten

A692 K a t e r , Wolfgang
Struktur, Entwicklung und Bestimmungsgrößen des Marktes für gebrauchte Personenkraftwagen in der Bundesrepublik Deutschland (Eine retrospektive Analyse der Zusammenhänge mit dem Markt für fabrikneue Pkw). Diss. Braunschweig 1973. 316 Seiten mit Anh.

A693 L e h b e r t , Berndt
Die Nachfrage nach Personenkraftwagen in der Bundesrepublik Deutschland. Versuch einer ökonometrischen Analyse und Vorausschätzung. Tübingen (Verl. Mohr Siebeck) 1962. 81 Seiten
(Kieler Studien. Forschungsberichte des Instituts für Weltwirtschaft an der Universität Kiel. 6o)

A694 S i e b k e , Jürgen
Die Automobilnachfrage. Die Nachfrage nach Personenkraftwagen in der Bundesrepublik Deutschland mit einer Prognose bis zum Jahre 197o. Köln/Opladen (Westdeutscher Verl.) 1963. 99 Seiten
(Forschungsberichte des Landes Nordrhein-Westfalen. Nr. 1223)

A695 S i g m u n d , Rolf
Marktforschung in der Automobilindustrie. Eine Untersuchung über die Möglichkeiten und Grenzen der Marktforschung in der deutschen Personenwagen-Industrie. Diss. Nürnberg 1957. 85 Seiten

## 7. Baumarkt

A696 B e c k e r , Gerhard
Das Verhalten der Marktparteien am Wohnungsmarkt - Versuch einer theoretischen Deutung. Diss. Münster 1959. 212 Seiten

A697 E l m e n h o r s t , Henry
Langfristige Entwicklungstendenzen auf den Märkten für Baustoffe unter besonderer Berücksichtigung des Phänomens der Substitution. Winterthur (Verl. H. Schellenberg) 197o. 431 Seiten
(zugleich Diss. St. Gallen 197o)

A698 G o e b e l , Michael
Der Hochbaumarkt als Gegenstand einer betriebswirtschaftlichen Analyse unter dem besonderen Aspekt der Absatzmarktforschung. Diss. Münster 197o. 38o Seiten

A699* K n e c h t , Albin
Marktforschung für Kunststoff-Produkte im Wohnungsbau. Bern (Verl. P. Haupt) 1964. 196 Seiten
(Schriftenreihe der Forschungsstelle für den Handel an der Hochschule St. Gallen. Band 7)

## 8. Verkehrsmarkt

A7oo B e r e n d t , Günter
Die Entwicklung der Marktstruktur im internationalen Luftverkehr. Berlin (Verl. Duncker & Humblot) 1961. 265 Seiten
(Verkehrswissenschaftliche Forschungen. Schriftenreihe des Verkehrswissenschaftlichen Seminars der Universität Hamburg. Band 5)

A7o1 Ifo-Institut für Wirtschaftsforschung
Die voraussichtliche Entwicklung der Nachfrage nach Personenverkehrsleistungen in der Bundesrepublik Deutschland bis zum Jahre 198o. Berlin/München (Verl. Duncker & Humblot) 1967. 142 Seiten
(Schriftenreihe des Ifo-Instituts für Wirtschaftsforschung. Nr. 66)

A7o2 K a m e r , Fritz
Zur Marktforschung im Luftverkehr. Struktur, Bestimmungsgründe und Erforschung der Nachfrage im regelmässigen Personen-Luftverkehr. Zürich (Selbstverl.) o. J. 297 Seiten
(zugleich Diss. Zürich 1968)

A7o3* L a n k e s , Wilfried
Nachfrageelastizitäten auf Güterverkehrsmärkten der Bundesrepublik Deutschland. Diss. Köln 1973. 3o8 Seiten

A7o4 L e h m a n n , Willy
Grundlagen der Absatzgestaltung im Passagierluftverkehr. Eine Untersuchung der absatzgestalterischen Möglichkeiten einer Liniengesellschaft. Räterschen (Selbstverlag) 1973. 259 Seiten
(zugleich Diss. Bern 1973)

A7o5 P o r g e r , V(iktor) / S a u e r , T(oni)
Die Marktanalyse als Mittel der Investitions- und Subventionsplanung im Luftverkehr. Düsseldorf (Verl. Handelsblatt) 1958. 4o Seiten (Masch.-Schr.)
(Institut für Verkehrswissenschaft an der Universität zu Köln. Forschungsberichte Heft 5)

A7o6* W e i c h , Götz
Straßenverkehr 1985. Motorisierung - Straßenbau - Finanzierung - Sicherheit. o.O. (Deutsche Shell) 197o. 39 Seiten
(Aktuelle Wirtschaftsanalysen Deutsche Shell Aktiengesellschaft. 3)

## 9. Versicherungsmarkt

A7o7 H ö h r , Gerd Dieter
Der Versicherungsbedarf und die Methoden seiner Untersuchung im Rahmen der Marktforschung. Diss. Köln 1969. 238 Seiten

A7o8 J a k o b i , Walter
Angebot und Nachfrage in der Seeversicherung. Eine Untersuchung westeuropäischer Seeversicherungsmärkte. Berlin (Verl. Duncker & Humblot) 1969. 243 Seiten
(Schriftenreihe des Instituts für Versicherungswissenschaft an der Universität Köln. Neue Folge. Heft 25)
(zugleich Dissertation Köln 1968)

A7o9* M i c h a l e t z , Hans
Marktforschung der Versicherungswirtschaft. Die Aufgabe der Zukunft. Dargestellt und erläutert am Beispiel der Lebensversicherung. Berlin (E. Schmidt Verl.) 1959. 143 Seiten

A71o P r e c h e l t , Klaus
Marktforschung, Werbung und Public Relations in der Versicherungswirtschaft. Diss. Marburg 196o. 75 Seiten

A711* P r ö s c h e l , Klaus
Marktforschung in der Kraftverkehrsversicherung. Statistische Probleme bei der Gewinnung und Darstellung von Marktforschungsergebnissen. Karlsruhe (Verl. Versicherungswirtschaft) 1968. 142 Seiten
(Beiträge zu wirtschaftswissenschaftlichen Problemen der Versicherung. Band 3)

A712 R ö h r e r , Klaus
Die Bedarfsforschung auf dem Absatzmarkt der Versicherungswirtschaft. Karlsruhe (Verl. Versicherungswirtschaft) 1967. 1o3 Seiten
(Beiträge zu wirtschaftswissenschaftlichen Problemen der Versicherung. Band 1)
(zugleich Diss. München 1966)

A713 U t e c h t , Eberhard
Die Nachfrage nach Lebensversicherungsschutz. Ein Beitrag zur Absatzmarktforschung und -prognose. Berlin (Verl. Duncker & Humblot) 1973. 199 Seiten
(Schriftenreihe des Instituts für Versicherungswissenschaft an der Universität Köln. Neue Folge. Heft 31)
(zugleich Diss. Köln 1971)

## 1o. Arbeitsmarkt

A714 B o n o m o , Mario
Der Arbeitsmarkt im schweizerischen Baugewerbe unter besonderer Berücksichtigung des Hoch- und Tiefbaugewerbes. Winterthur (Verl. P. G. Keller) 1963. 118 Seiten
(zugleich Diss. Zürich 1963)

A715 H e g e l h e i m e r , Armin / W e i ß h u h n , Gernot
Ausbildungsqualifikation und Arbeitsmarkt. Vorausschau auf das langfristige Arbeitskräfte- und Bildungspotential in West-Berlin.
Deutsches Institut für Wirtschaftsforschung (Hrsg.). Berlin (Verl. Duncker & Humblot) 1974. 2o8 Seiten
(Beiträge zur Strukturforschung. Heft 29. 1974)

A716* L u t z , Burkart
unter Mitwirkung von Nase, Henning/ Sengenberg, Werner/ Weltz, Friedrich
Arbeitswirtschaftliche Modelluntersuchung eines Arbeitsmarktes. Zusammenfassung. Frankfurt a. M. (Rationalisierungs-Kuratorium der Deutschen Wirtschaft RKW) 1973. 72 Seiten mit Anh.

A717* M e r t e n s , Dieter
Arbeitsmarkt- und Berufsforschung. Stuttgart/Berlin/ Köln/Mainz (Verl. W. Kohlhammer) 1971. 99 Seiten
(Aufgaben und Praxis der Bundesanstalt für Arbeit. Heft 4)
(Bücherei für Berufsberatung, Arbeitsvermittlung und Arbeitslosenversicherung)

A718 O v e r b e c k , Johann-Friedrich
Möglichkeiten der Marktforschung am Arbeitsmarkt und ihrer Auswertung zu einer Konzeption marktbezogener Personalpolitik. Diss. München 1968. 22o Seiten

A719* R i p p e l , Kurt
Betriebliche Arbeitsmarktforschung. Möglichkeiten und Beispiele betrieblicher Arbeitsmarktuntersuchungen. Baden-Baden/ Bad Homburg vor der Höhe (Verl. für Unternehmensführung Gehlen) 1967. 81 Seiten

A72o S c h i e f e r , J.
Europäischer Arbeitsmarkt. Freizügigkeit und Mobilität der Arbeitnehmer. Baden-Baden/Bonn (Verl. Lutzeyer) 1961. 285 Seiten
(Eurolibri. Band 3)

A721 S t e d e n , Werner
Der Arbeitsmarkt der bayrischen Industrie. Ein interregionaler Vergleich. Berlin (Verl. Duncker & Humblot) 1969. 212 Seiten
(Schriften zu Regional- und Verkehrsproblemen in Industrie- und Entwicklungsländern. Band 5)

A722 W e l t z , Friedrich
Bestimmungsgrößen des Verhaltens von Arbeitnehmern auf dem Arbeitsmarkt. Zusammenfassung der Ergebnisse einer Untersuchung des Instituts für Sozialwissenschaftliche Forschung München. Frankfurt a. M. (Rationalisierungs-Kuratorium der Deutschen Wirtschaft RKW) 1971. 44 Seiten mit Tabellenanh.

## 11. Agrarmarkt

A723* B e c k e r , Michel
Marktforschung und Gemeinschaftswerbung für die Forst- und Holzwirtschaft. Methoden, Vorschläge und Beispiele. Hamburg/Berlin (Verl. P. Parey) 1968.
166 Seiten
(Forst- und Holzwirtschaft in Forschung und Praxis. Heft 2)

A724 H a n a u , A. / S c h l a n g e , E. S.
Die landwirtschaftliche Marktforschung in Westdeutschland seit 1945. Bad Godesberg (Landwirtschaftl. Auswertungs- und Informationsdienst) 1952 (Vorwort).
46 Seiten
(Schriftenreihe des AID. Heft 39)
(Land- und Forstwirtschaftlicher Forschungsrat. Bad Godesberg)

A725* Landwirtschaftliche Marktforschung in Deutschland. Arthur Hanau zum 65. Geburtstag.
Schmitt, Günther (Hrsg.).
München/Basel/Wien (Bayerischer Landwirtschaftsverl.) 1967. 339 Seiten

A726 P r e t z e l l , Martin R(ichard) F(riedrich)
Möglichkeiten der Marktbeobachtung, Marktanalyse und Marktprognose auf landwirtschaftlichen Beschaffungsmärkten, dargestellt am Düngemittelmarkt der BRD.
Diss. Bonn 1971. 293 Seiten

A727 R e i c h e r t , Josef
Der Konsum von Speisekartoffeln. Die Anwendung demoskopischer Methoden zur Analyse des Einkaufs- und Verbrauchsverhaltens, dargestellt am Speisekartoffelmarkt in der BRD. Stuttgart (Verl. E.Ulmer) 197o. 28o Seiten
(Bonner Hefte für Marktforschung. Heft 1)

A728 S c h e p e r , Wilhelm
Die Getreidenachfrage für menschliche Ernährung in der Bundesrepublik Deutschland. Köln/Opladen (Westdeutscher Verl.) 1963. 114 Seiten
(Forschungsberichte des Landes Nordrhein-Westfalen. Nr. 1222)

A729 S t a m e r , Hans / W o l f f r a m , Rudolf
Die Nachfrage nach Agrarprodukten. Elastizitäten und Entwicklungstendenzen. Hamburg/Berlin (Verl. P. Parey) 1965. 14o Seiten
(Agrarpolitik und Marktwesen. Heft 5)

A73o S t a m e r , Hans
Landwirtschaftliche Marktlehre. Erster Teil: Bestimmungsgründe und Entwicklungstendenzen des Marktes. Hamburg/Berlin (Verl. P. Parey) 1966. 243 Seiten

A731 T e f e r r a , Assrat
Analyse und Prognose der Nachfrage nach Zucker und Eiern in den Ländern der EWG. Diss. Bonn 197o. 111 Seiten

A732* W a g e n f ü h r , Horst
Marktforschung und Werbung in der Holzwirtschaft. Bad Wörishofen (H. Holzmann Verl.) 1958. 175 Seiten (Marktforschung und Werbung in wichtigen Wirtschaftszweigen. Die Holzwirtschaft. Band I)

A733 Z ü g e r , Rolf
Die Marktforschung in der schweizerischen Landwirtschaft. Ihre volkswirtschaftliche Bedeutung. Bern (Verl. P. Haupt) 1957. 151 Seiten
(Berner Rechts- und Wirtschaftswissenschaftliche Abhandlungen. Heft 71)
(erschienen auch u. d. T.: Die volkswirtschaftliche Bedeutung der Marktforschung für die schweizerische Landwirtschaft. Diss. Bern 1957)

## 12. Sonstige Märkte

A734* C z e r n i e j e w i c z , Wilfried
Entwicklung und Bestimmungsfaktoren der Erdgasnachfrage im Bereich der öffentlichen Gasversorgung. Diss. Köln 1972. 319 Seiten

A735 D e m a n d , Klaus
Probleme der Nachfragebestimmung für dauerhafte Konsumgüter. Eine ökonometrische Untersuchung der Nachfrage nach Haushaltskühlschränken in der Bundesrepublik Deutschland. Diss. Mannheim 1966. 118 Seiten

A736 D o l i n s k i , Urs / Z i e s i n g , Hans-Joachim
Der Energiemarkt in Bayern bis zum Jahre 199o unter Berücksichtigung der Entwicklungstendenzen auf dem Weltenergiemarkt und dem Energiemarkt der Bundesrepublik Deutschland.
Deutsches Institut für Wirtschaftsforschung (Hrsg.). Berlin (Verl. Duncker & Humblot) 1974. 293 Seiten (Beiträge zur Strukturforschung. Heft 33-1974)

A737 Energiewirtschaftliches Institut an der Universität Köln
Der Energieverbrauch der Haushalte in der Bundesrepublik Deutschland. Entwicklung in der Vergangenheit und Vorausschau bis 1975. Luxemburg (Hohe Behörde d. Europäischen Gemeinschaft f. Kohle und Stahl) 1967 (Umschlag). 115 Seiten mit Anh.

A738 F l a d u n g , Dieter
Eigenarten der Wärmebedarfsmärkte als Grundlage der Preisplanung von Gasversorgungsunternehmen. Diss. Frankfurt a.M. 1971. 227 Seiten

A739* F r e i d a n k , Michael
Langfristige Entwicklungstendenzen auf den Märkten ausgewählter Haushaltungsmaschinen unter Berücksichtigung des Phänomens der Marktsättigung. Zürich/St. Gallen (Polygraphischer Verl.) 1966. 133 Seiten (Export- und marktwirtschaftliche Studien. Band 5) (zugleich Diss. St. Gallen 1966)

A74o G a z o n , Manfred
Marktbeobachtung für Azetylen - Ergebnis- und Erfahrungsbericht. Diss. Mainz 196o. 123 Seiten mit Anh.

A741 H a l l e r m a n n , Doris
Der Teilzahlungskredit. Ein Beitrag zur betriebswirtschaftlichen Absatzmarktforschung. Diss. Münster 1965. 245 Seiten

A742 H e i n , Werner
Beziehungen zwischen Lebensstandard und Verbrauch von Papier- und anderen Holzprodukten - dargestellt an Beispielen ausgewählter Länder. Diss. Hamburg 197o. 219 Seiten

A743 K l e m p , Horst
Die Käufermentalität als Element der Wirtschaftsstruktur, dargestellt am Strukturwandel der Radionachfrage. Diss. Köln 1956. 1o5 Seiten (Masch.-Schr.)

A744 M i e h l k e , Günter
Die soziale Problematik von Gesundheitsverhaltensweisen. Diss. Berlin 1968. 2oo Seiten (Masch. vervielf.)

A745 P l a s s m a n n , Christa
Bestimmungsgründe der Nachfrage nach dauerhaften Konsumgütern. Berlin (Verl. Duncker & Humblot) 1964. 1o4 Seiten
(Beiträge zur Ökonomie von Haushalt und Verbrauch. Heft

A746 P l e i t n e r , Hans Jobst
Bedarf und Bedarfsstrukturwandel am Beispiel der Gütergruppe Möbel unter dem besonderen Gesichtspunkt differenzierten und homogenisierten Bedarfs. Berlin/München/St. Gallen (Verl. Duncker & Humblot) 1972. 26o Seiten
(Schriftenreihe des Schweizerischen Instituts für gewerbliche Wirtschaft an der Hochschule St. Gallen für Wirtschafts- und Sozialwissenschaften. Band 6)
(zugleich Diss. St. Gallen 1971)

A747 S c h i m m ö l l e r , Heinrich
Kapitalmarktstrukturen im internationalen Vergleich. Eine Marktanalyse in Verbindung mit einem Ansatz zur Bestimmung der Funktionsfähigkeit des Kapitalmarktes. Diss. Münster 1974. 284 Seiten

A748 S p r e n g e r , Walter
Der Bedarf in langlebigen Konsumgütern. Eine Marktstudie unter besonderer Berücksichtigung amerikanischer Verhältnisse. Diss. Nürnberg 1963. 2o2 Seiten

A749* T s c h i r n e r , Andreas
Die Nutzung haushaltsnaher Infrastruktur. Ein Beitrag zur Konsumforschung im Bereich kollektiver Güter. Diss. Köln 1975. 25o Seiten

A75o* W i l k e n s , Otto
Neue Chancen durch Freizeitbedarf ? Köln (Rationalisierungs-Gemeinschaft des Handels beim RKW) 1973. 66 Seiten

# III. BETRIEBLICHE MARKTFORSCHUNG

## 1. Industrie

A751 D e z e l a k , Bogomir
Stellung, Aufgaben, Methoden und Organisation der Marktforschung in Industriebetrieben (Konsumgüterindustrie). Diss. Berlin 1967. 2o1 Seiten mit Anh. (Masch.-Schr.)

A752 Handbuch der praktischen Beschaffungsmarktforschung
Trautmann, W.P. / Rühle, H. (Hrsg.).
o.O. (Verlagsges. f. Wirtschaft, Recht und Technik) o.J. Loseblattsammlung (Band 1 + 2)

A753* H i l l m a n n , Günther
Marktforschung in der mittelständischen Industrie
Wilhelm, Herbert (Hrsg.).
Wiesbaden (Betriebswirtschaftl. Verl. Gabler) 1967. 76 Seiten

A754* Leitfaden für die industrielle Beschaffungsmarktforschung mit Beispiel.
Rationalisierungs-Kuratorium der Deutschen Wirtschaft (RKW) und Bundesverband Industrieller Einkauf (BIE) (Hrsg.). wissenschaftliche Leitung: Rembeck, Max/ Eichholz, Günther P.
2. Auflage Frankfurt a.M. (RKW/BIE) 1973. 85 Seiten

A755 Marktforschung und Absatzplanung in schweizerischen Unternehmungen. Bericht über die Ergebnisse einer Umfrage, durchgeführt von der Sektion Marktforschung des Instituts für Wirtschaftsforschung ETH.
Angehrn, Otto (Leitung)/ Zimmermann, Daniel (Sachbearbeiter).
Zürich (o.Verl.) 1971 (Einleitung) 138 Seiten (Masch. vervielf.)

## 2. Handel

A756 A l b r e c h t , Annelies / D i e t r i c h , Hans / M a t t e r n e , Esther
Organisation und Methoden der Bedarfsforschung in den Betrieben des sozialistischen Handels und im Staatsapparat. Berlin (Verl. Die Wirtschaft) 196o. 155 Seiten (Schriftenreihe Der Handel. Heft 12)

A757 D l o u h y , Walter / S c h i m i z e k , Bernd-Dieter
Leitfaden zur Durchführung der Bedarfsforschung in den Großhandelsbetrieben "Waren des täglichen Bedarfs". Leipzig (Institut für Marktforschung) 1972. 7o Seiten mit Anh.

A758 H a g g e n m ü l l e r , Max
Absatzforschung bei den Konsumgenossenschaften. Diss. Erlangen 195o. 2o1 Seiten (Masch.-Schr.)

A759 K r a u s , Otakar / M a z a n c o v á , Ladislava / D o h n a l o v á , Markéta / V l a c h , Pavel
Die wichtigsten Methoden der Bedarfsermittlung in den Verkaufsstellen, Gaststätten und Betriebskantinen. Berlin (Verl. Die Wirtschaft) 1956. 111 Seiten (Výzkum spotřebitelské poptávky. Prag 1953. Übersetzer Gusti Okoniewski)

A76o Marktforschung im Einzelhandel. Köln (Bundesarbeitsgemeinschaft der Mittel- und Großbetriebe des Einzelhandels) 1966 (Vorwort). 6o Seiten
(Fortschritt im Betrieb. Heft 3)

A761 W e i s s , Albin
Die Marktforschung im Versandgeschäft. Diss. München 196o. 195 Seiten

A762 Z u r N i e d e n , Walter
Möglichkeiten der Marktforschung in westdeutschen Warenhausunternehmen. Diss. Erlangen-Nürnberg 1968. 2o2 Seiten

## 3. Sonstige Betriebe

A763 I h l e , Hermann-Adolf
Handwerksbetriebe im Urteil ihrer Kunden. Göttingen (O. Schwartz Verl.) 1963. 7o Seiten
(Göttinger handwerkswirtschaftliche Studien)

A764 K a w a n , Alfred
Marktforschung, Absatzpolitik und Werbung als betriebswirtschaftliche Hauptprobleme einer Investment-Gesellschaft. Diss. München 1958. 179 Seiten

A765* L a u b , Klaus
Die Markterkundung im Handwerk. Die Möglichkeiten zur systematischen Durchführung der betriebswirtschaftlichen Marktforschung im Handwerk. Stuttgart (C.E. Poeschel Verl.) 1953. 94 Seiten
(Beiträge zur Handwerksforschung. Band 25).

A766* W e i s s , Ulrich
Marktforschung der Kreditinstitute. Die Erforschung des Marktes der privaten Haushaltungen und ihr Einfluß auf die Verhaltensweise der Institute. Berlin (Verl. Duncker & Humblot) 1966. 3o7 Seiten
(Untersuchungen über das Spar-, Giro- und Kreditwesen, Band 3o)

## 5. Abschnitt: Auslandsmarktforschung

A767* A d l e r , Max K.
Marktforschung im Europamarkt. Probleme und Erfahrungen. Konstanz (Delta Marketingforschung) 1962. 75 Seiten

A768 Beiträge zur Frage fremder Verhaltensweisen. Bundesstelle für Außenhandelsinformation (Hrsg.). Köln (o. Verl.) 1962. 48 Seiten

A769 Beiträge zur Frage fremder Verhaltensweisen. Bundesstelle für Außenhandelsinformation (Hrsg.). Köln (o. Verl.) 1963. 248 Seiten

A77o E h r l i c h , Herbert / T i e d t k e , Horst
Die Marktforschung im Außenhandel der DDR. Berlin (Verl. Die Wirtschaft) 1966. 155 Seiten

A771 G a y , Otto
Marktanalyse und Marktbeobachtung in der Lackindustrie unter besonderer Berücksichtigung der Exportmärkte. Diss. Köln 1959. 322 Seiten

A772* G r o s s , Herbert
Neue Märkte. Chancen in Übersee. Düsseldorf (Econ-Verl.) 1953. 176 Seiten

A773 H a f n e r , Siegbert
Die Besonderheiten des Auslandsmarktes für Bauleistungen - Ein Beitrag zur Exportmarktforschung - . Diss. Münster 1969. 261 Seiten

A774 H e e g e , Franz
Die Besonderheiten des Investitionsgütermarktes in den Entwicklungsländern. Ein Beitrag zur Exportmarktforschung. Diss. Freiburg i. Br. 1961. 311 Seiten

A775* K e n e s s e y , Valentin
Die Exportmarktforschung. Problematik, Verfahren und organisatorischer Aufbau. Winterthur (Verl. P.G. Keller) 1961. 129 Seiten

A776 M e i s s n e r , H. G.
Anthropologische Grundlagen der Exportmarktforschung. Berlin (Verl. Duncker & Humblot) 1959. 81 Seiten (Beiträge zur Verhaltensforschung. Heft 2)

A777* R i n g e l , Karlrobert
Exportmarktforschung als Informationsaufgabe. Köln/ Opladen (Westdeutscher Verl.) 1963. 117 Seiten (Forschungsberichte des Landes Nordrhein-Westfalen. Nr. 1196)

A778* R i p p e l , Kurt
Markt- und Meinungsforschung im Export. Ein systematischer Leitfaden für die Praxis. Tübingen (Demokrit Verl.) 1962. 11o Seiten (Internationale Beiträge zur Markt- und Meinungsforschung. Band 7)

A779* S c h a f g a n , Heinz
Betriebliche Exportmarktforschung der Nähmaschinenindustrie. Diss. Köln 1957. 297 Seiten

A78o* S c h m i d t , Peter Heinrich
Auslandforschung. Eine Grundlegung für Theorie und Praxis. Bern (Verl. A. Francke) 1945. 166 Seiten

A781 S c h m i t t , Liselotte
Die Problematik des Exports von Aufzügen. Ein Beitrag zur Export-Marktforschung. Diss. Nürnberg 1955. 243 Seiten (Masch.-Schr.)

A782 S i t t i g , Carl A.
Marketing nach und in USA. Ein Ratgeber für marktgerechtes Planen. Der US-Markt in seiner Entwicklung bis 198o. Baden-Baden/Bad Homburg vor der Höhe (Verl. für Unternehmensführung M. Gehlen) 1973. 156 Seiten

6. Abschnitt: Regionalmarktforschung

A783 B o o t z , Peter
Regionale Bedarfsforschung für Konsumgüter - Grundlagen und Methoden - . Diss. Braunschweig 1967.
313 Seiten

A784 B o u s t e d t , Olaf / R a n z , Herbert
Regionale Struktur- und Wirtschaftsforschung - Aufgaben und Methoden - . Bremen-Horn (Verl. W. Dorn) 1957.
218 Seiten
(Veröffentlichungen der Akademie für Raumforschung und Landesplanung. Raumforschung und Landesplanung. Abhandlungen. Band 33)

A785 F i s c h e r , Alois
Die Struktur von Wirtschaftsräumen. Ein Beitrag zur Anwendung statistischer Methoden in der Regionalforschung. Wiesbaden (Verl. F. Steiner) 1969. 124 Seiten
(Statistische Studien. Band 4)

A786* J a e c k , Horst-Joachim
Marketing und Regional Science. Umrisse einer feldtheoretischen Raumkonzeption im Rahmen der Standorttheorie und der regionalen Absatzlehre für urbane Einzelhandelsagglomerationen. Berlin (Verl. Duncker & Humblot) 1972. 536 Seiten
(Betriebswirtschaftliche Schriften. Heft 58)
(zugleich Diss. Göttingen 197o)

A787* M e y n e n , Adelheid
Großstadt-Geschäftszentren. Köln als Beispiel - Eine Bestandsanalyse. Wiesbaden (Verl. F. Steiner) 1975.
47 Seiten

A788* M ü l l e r - H i l l e b r a n d , Veit
Die Weltstädte als Absatz- und Verbrauchszentren. Opladen (Westdeutscher Verl.) 1971. 296 Seiten
(Berichte des Instituts für Exportforschung an der Wirtschafts- und Sozialwissenschaftlichen Fakultät der Friedrich-Alexander-Universität Erlangen-Nürnberg)

A789 R ü n g e l e r , Peter
Die Großstadt als Bedarfs- und Absatzzentrum. Diss. Erlangen-Nürnberg 1963. 197 Seiten

A79o* S o l d n e r , Helmut
Die City als Einkaufszentrum im Wandel von Wirtschaft und Gesellschaft. Berlin (Verl. Duncker & Humblot) 1968. 345 Seiten
(Betriebswirtschaftliche Schriften. Heft 27)

A791 S o n n e b o r n , W. Christian
Die Großstadt als Einkaufszentrum. Dargelegt am Beispiel der Textilkäufe in der Stadt Münster. Münster (Forschungsstelle f. Allg. u. Textile Marktwirtschaft an d. Univ. Münster) 1959. 129 Seiten mit Anh.
(Schriften zur Textilwirtschaft. Band 4)

## 7. Abschnitt: Marktforschungstätigkeit

A792* B e r g l e r , Georg
Die Entwicklung der Verbrauchsforschung in Deutschland und die Gesellschaft für Konsumforschung bis zum Jahre 1945. Kallmünz/Oberpfalz (Verl. M. Laßleben) 1959/6o. 256 Seiten

A793 Gesellschaft für Marktforschung
Bericht des Präsidenten über die Tätigkeit der Gesellschaft in den ersten zwanzig Jahren ihres Bestehens. Berichterstattung zur 2o. Generalversammlung. Zürich (Gesellschaft für Marktforschung) 1961. 112 Seiten

A794 G r ü t z n e r , Sabine
Aufgabenstellung und Arbeitsmethoden der Gesellschaft für Konsumforschung und ihre volkswirtschaftliche Bedeutung. Diss. Bonn 1959. 1o6 Seiten

A795* J o h n , Erich
Quellen für betriebliche Marktforschung. Zugängliche Untersuchungsergebnisse und Beteiligungsmöglichkeiten an laufenden Umfragen von Marktforschungsinstituten. 3. Auflage Berlin/Köln/Frankfurt a.M. (Beuth-Vertrieb) 1964. 122 Seiten
(Rationalisierungs-Gemeinschaft "Industrieller Vertrieb und Einkauf" im Rationalisierungs-Kuratorium der Deutschen Wirtschaft RKW)

A796* K a p f e r e r , Clodwig / D i s c h , Wolfgang K.A.
Kooperative Marktforschung. Köln/Opladen (Westdeutscher Verl.) 1965. 98 Seiten
(Absatzwirtschaft. Band 1)

A797* Kriterien für die Beurteilung von Marktforschungsinstituten.
INFRATEST (Hrsg.).
o. O. (INFRATEST) 197o. 79 Seiten mit Anh.
(Berichte über den Stand der Marktforschung)

A798* MF-Report 1973. Über die Lage der Marktforschung in der Bundesrepublik Deutschland.
Franke, Dieter (Hrsg. im Auftrage des Bundesverbandes deutscher Marktforscher).
Hamburg (Sample-Verl.) 1973. 2o2 Seiten

A799* R e m b e c k , Max / E i c h h o l z , Günther P.
Im Dienste der Marktforschung. Marktforschungsinstitute in Europa und in Übersee. 2. Auflage Bad Wörishofen (H. Holzmann Verl.) 1971. Loseblattsammlung o. fortl. Pag.

A8oo* S a u b e r s c h w a r z , Werner
Gutachten von Markt- und Meinungsforschungsinstituten als Beweismittel im Wettbewerbs- und Warenzeichenprozess. Ihre Auswirkungen auf das Wettbewerbs- und Warenzeichenrecht. Tübingen (Demokrit Verl.) 1969. 2o6 Seiten

A8o1* S e i f e r t , Walter
Einstellung zu Marktforschern und Marktforschung im Investitionsgüterbereich. Ergebnisse von 1o6 Interviews. Ratingen bei Düsseldorf (Institut für Industriemarktforschung) 1973. 84 Seiten mit Anh. (Masch. vervielf.)

A8o2* Verbandsmarktforschung. Informationsquelle für Entscheidungen im Unternehmen.
Rationalisierungs-Gemeinschaft Industrieller Vertrieb und Einkauf im RKW (Hrsg.).
Frankfurt a.M. (Beuth-Vertrieb) 1965. 129 Seiten

A8o3* W i c k e r t , Günter
Markt- und Meinungsforschungsinstitute im Europamarkt. Eine erste Übersicht zur Information. Tübingen (Demokrit Verl.) 196o. 138 Seiten
(Internationale Beiträge zur Markt- und Meinungsforschung. Band 4)

A8o4* W i c k e r t , Günter
Markt- und Meinungsforscher in Europa. Eine erste Zusammenstellung ihrer Daten und Publikationen. Tübingen (Demokrit Verl.) 196o. 1o2 Seiten
(Internationale Beiträge zur Markt- und Meinungsforschung. Band 5)

A8o5 Arbeitstagung für Konsumforschung des EMNID-Instituts für Marktforschung und Meinungsforschung in Bielefeld am 5. und 6. Juli 1951. o. O. (EMNID) o. J. 91 Seiten (Masch. vervielf.)

A8o6 2. Arbeitstagung für Konsumforschung und Werbeforschung des EMNID-Instituts in Bielefeld am 26. und 27. Juni 1952. o. O. (EMNID) o. J. 1o5 Seiten (Masch. vervielf.)

A8o7 3. Arbeitstagung für Verbrauchs-, Verkaufs- und Werbeforschung des EMNID-Instituts in Bad-Salzuflen am 11. und 12. Juni 1953. o. O. (EMNID) o. J. 143 Seiten (Masch. vervielf.)

A8o8 4. Arbeitstagung für Verbrauchs-, Verkaufs- und Werbeforschung der EMNID-Institute in Bad Pyrmont am 22. und 23 Juni 1954. o. O. (EMNID) o. J. getr. Pag. (Masch. vervielf.)

5. Arbeitstagung und folgende → A814 ff.

A8o9* B a m b e r g , G(ünter) / O p i t z , O(tto)
Information und Prognose. Ergebnisband der ersten Sitzung einer DGOR-Arbeitsgruppe über Prognoseverfahren im Marketing. Meisenheim/Glan (Verl. A. Hain) 1975. 238 Seiten
(Quantitative Methoden der Unternehmungsplanung. Band 2)

A81o B e h r e n s , K. H. / S t a c k e l b e r g , K. G. von / S t r o t h m a n n , K. H. / M e y e r , P. W.
Marktforschung im Dienste der Vereinheitlichung. Vorträge und Diskussionsbeiträge in den Sitzungen der Ausschüsse Vereinheitlichung und Vertrieb am 14. März 1957 und 12. September 1958. Dortmund (Verkehrs- und Wirtschaftsverl.) 1959. 73 Seiten
(Arbeitsgemeinschaft für Rationalisierung des Landes Nordrhein-Westfalen. Heft 39)
(Aus der Tätigkeit der Ausschüsse Vereinheitlichung und Vertrieb. Gemeinsame Ausschußsitzungen - 3. Folge)

A811 Beiträge zur Motivforschung. Referate der 2ten Jahrestagung in Bad Godesberg, Oktober 1956. o. O. (VBM Vereinigung Betrieblicher Marktforscher Deutschlands) 1957 (Einleitung). 37 Seiten (Masch. vervielf.)

A812 Beiträge zur Prognose. Referate der 2ten Jahrestagung in Bad Godesberg, Oktober 1956. o. O. (VBM Vereinigung Betrieblicher Marktforscher Deutschlands) 1956 (Einleitung). 36 Seiten (Masch. vervielf.)

A813 Diagnose und Prognose als wirtschaftswissenschaftliche Methodenprobleme.
Giersch, Herbert / Borchardt, Knut (Hrsg.).
Berlin (Verl. Duncker & Humblot) 1962. 592 Seiten (Schriften des Vereins für Socialpolitik. Gesellschaft für Wirtschafts- und Sozialwissenschaften. Neue Folge. Band 25)
(Arbeitstagungen zur Erörterung der Aufgaben und Methoden der Wirtschaftswissenschaften in unserer Zeit. Verhandlungen auf der ersten Tagung in Garmisch-Partenkirchen 25. - 28. September 1961)

A814 5. EMNID-Arbeitstagung für Verbrauchs-, Verkaufs- und Werbeforschung in Bad Pyrmont am 2. und 3. Juni 1955. o. O. (EMNID) o. J. getr. Pag. (Masch. vervielf.)

A815 6. EMNID-Arbeitstagung für Verbrauchs-, Verkaufs-, und Werbeforschung in Bad Pyrmont am 1. und 2. Juni 1956. Bielefeld (EMNID) o. J. getr. Pag. (Masch. vervielf.)

A816 7. EMNID-Arbeitstagung für Verbrauchs-, Verkaufs- und Werbeforschung in Bad Oeynhausen am 28. und 29. Mai 1957. Bielefeld (EMNID) o. J. getr. Pag. (Masch. vervielf.)

A817 1o. EMNID-Arbeitstagung für Verbrauchs-, Verkaufs- und Werbeforschung in Bad Godesberg am 3o. und 31. Mai 196o. Bielefeld (EMNID) o. J. getr. Pag. (Masch. vervielf.)

A818 11. EMNID-Arbeitstagung für Verbrauchs-, Verkaufs- und Werbeforschung in Bad Godesberg am 5. und 6. Juni 1961. Bielefeld (EMNID) o. J. getr. Pag. (Masch. vervielf.)

A819 12. EMNID-Arbeitstagung für Verbrauchs-, Verkaufs- und Werbeforschung in Bad Godesberg am 29. und 3o. Mai 1962. Bielefeld (EMNID) o. J. getr. Pag. (Masch. vervielf.)

A82o 13. EMNID-Arbeitstagung für Verbrauchs-, Verkaufs- und Werbeforschung in Bad Godesberg am 27. und 28. Mai 1963. Bielefeld (EMNID) o. J. getr. Pag. (Masch. vervielf.)

A821 14. EMNID-Arbeitstagung für Verbrauchs-, Verkaufs- und Werbeforschung in Bad Homburg v.d.H. am 1. und 2. Juni 1964. Bielefeld (EMNID) o. J. getr. Pag. (Masch. vervielf.)

A822 15. EMNID-Arbeitstagung für Verbrauchs-, Verkaufs- und Werbeforschung in Bad Homburg v.d.H. am 31. Mai und 1. Juni 1965. Bielefeld (EMNID) o. J. getr. Pag. (Masch. vervielf.)

A823 Der Getränkemarkt: Einflußfaktoren und zukünftige Entwicklung. Referate und Diskussionsbeiträge des Branchengesprächs "Getränke-Industrie" am 6. und 7. Mai 1974 in München.
Breitenacher, Michael (Bearbeiter).
München (Ifo-Institut für Wirtschaftsforschung) 1974. 16o Seiten
(ifo. studien zur industriewirtschaft. 12)

A824 "Der Markt in Bewegung". Diagnostische und prognostische Marktforschung. Tagung in Baden-Baden am 24. April 1959. Bonn (Arbeitskreis für betriebswirtsch. Markt- und Absatzforschung) 196o (Vorwort). 9o Seiten (Masch. vervielf.)

A825* Der Markt heute und morgen. Der potentielle Markt: Energieprognose, Automobilmarkt, Kaufkraft, Werbestrategie, Operations Research. Hamburg (VBM Vereinigung Betrieblicher Marktforscher Deutschlands) 1958.
24o Seiten
(Die Referate der 3. Jahrestagung der Vereinigung Betrieblicher Marktforscher Deutschlands am 3. und 4. Oktober 1957 in Stuttgart)

A826 Marktforschung als Hilfsmittel der Unternehmensführung. Wiedergabe der über dieses Thema gehaltenen Referate anläßlich der Mitgliederversammlung der Gesellschaft für Konsumforschung im Plenarsaal des Landtages von Nordrhein-Westfalen zu Düsseldorf am 8. Juni 1956.
[Wessels, Theodor/ Klein, Fritz/ Reitzenstein, Ernst Freiherr von/ Treitschke, Carl-Heinrich/ Bergler, Georg
o. O. (o. Verl.) o. J. 47 Seiten (Masch. vervielf.)

A827 Marktforschung auf europäischer Ebene. Bericht der OEEC-Tagung in Paris vom 29. Juni bis 1. Juli 1959.
Rationalisierungs-Kuratorium der Deutschen Wirtschaft (Hrsg.).
Berlin/Frankfurt a.M./Köln (Beuth Vertrieb) 1962.
77 Seiten

A828 Motive - Meinungen - Verhaltensweisen. Einige Ergebnisse und Probleme der psychologischen Tourismusforschung. Bericht über eine Tagung des Studienkreises für Tourismus vom 21. - 23. Januar 1969 in Frankfurt. Starnberg (Studienkreis für Tourismus) 1969. 211 Seiten (Masch. vervielf.)

A829 Motivforschung und Tiefenpropaganda. Vorträge und Diskussionsprotokoll. Rüschlikon/Zürich (Stiftung "Im Grüene") 1959. 141 Seiten (Schriftenreihe der Stiftung "Im Grüene". Band 15)

A83o Organisation der Marktforschung. Referate der 2ten Jahrestagung in Bad Godesberg, Oktober 1956. o. O. (VBM Vereinigung Betrieblicher Marktforscher Deutschlands) 1956 (Einleitung) 23 Seiten (Masch. vervielf.)

A831 "Neue Parnterschaft im Wirtschaftsleben". Probleme der Zusammenarbeit zwischen Auftraggebern und Marktforschungsinstituten. Tagung in Köln am 21. Oktober 196o. Bonn (Arbeitskreis Deutscher Marktforschungs-Institute) 196o. 61 Seiten (Masch. vervielf.)

A832 Empirische Sozialforschung. Meinungs- und Marktforschung. Methoden und Probleme. Tübingen am Neckar (Demokrit Verl.) 1962. 234 Seiten (Internationale Beiträge zur Markt- und Meinungsforschung. Band 8) (Arbeitstagung vom 14. bis 16. Dezember 1951 in Weinheim an der Bergstr.) (Unveränderter Abdruck von: Empirische Sozialforschung. Meinungs- und Marktforschung. Methoden und Probleme. Frankfurt a.M. [Institut zur Förderung öffentlicher Angelegenheiten] 1952. 234 Seiten [Wissenschaftliche Schriftenreihe des Instituts zur Förderung öffentlicher Angelegenheiten Frankfurt a.M. Band 13])

A833* Verschwendung als Wirtschafts-Philosophie? 1o. Internationale Studientagung Zürich, 24. bis 27. Juli 1961. Düsseldorf/Wien (Econ-Verl.) 1962. 194 Seiten (Übertragung der in englischer Sprache gehaltenen Vorträge: Walther Schwerdtfeger) (Schriftenreihe der Stiftung "Im Grüene". Band 23)

A834* Wirtschaftstheorie als Verhaltenstheorie. Ein Symposion der Forschungsstelle für empirische Sozialökonomik. Berlin (Verl. Duncker & Humblot) 1969. 117 Seiten (Beiträge zur Verhaltensforschung. Heft 11)

## 9. Abschnitt: Marktforschung, Einzelfragen

A835 B a u e r , Adolf
Der freie und unberechenbare Mensch. Kritik der Markt-, Meinungs- und Motivforschung. Nürnberg (Glock & Lutz Verl.) 1961. 264 Seiten
(Schriften aus dem Kreis der Besinnung)

A836* B r e i t e n s t e i n , Rolf
Das Kartoffel-Theorem. Der wahre Zusammenhang von Produktion und Verbrauch in unserer Wirtschaft, oder: Was auf den Tisch kommt, wird auch gegessen. Wien/ Düsseldorf (Econ-Verl.) 1974. 2o4 Seiten

A837 Dr. O. E.'s Lexikon der Marktforschung. Unverbindliche Definitionen für Anfänger und Fortgeschrittene. Hamburg (Sample Verl.) 1974. 158 Seiten

A838 G r ü n m a n d l , Otto
Meinungsforschung im Gebirge. Alpenländische Interviews Alpenländisches Inspektoren-Inspektorat. Alpenländische olympische Interviews. Wien (Europa-Verl.) 1973. 178 Seiten mit Schallplatte

A839 Stackelberg, K. G. von
>Alle Kreter lügen<. Vorurteile über Menschen und Völker. Düsseldorf/Wien (Econ-Verl.) 1965. 212 Seiten

10. Abschnitt: Markttheorie (Literaturauswahl)

A84o* A b b o t t , Lawrence
Qualität und Wettbewerb. Ein Beitrag zur Wirtschaftstheorie. München/Berlin (C.H. Beck'sche Verlagsbuchh.) 1958. 27o Seiten
(Quality and Competition. An Essay in Economic Theory. New York 1955. Übersetzung aus dem Englischen von Norbert Lochner)

A841* A r n d t , Helmut
Markt und Macht. 2. Auflage (von: Mikroökonomische Theorie. Band I) Tübingen (Verl. Mohr Siebeck) 1973. 195 Seiten
(Gegenwartsfragen der Wirtschaftstheorie. I)

A842* B e h r e n d s , Christian
Die Erfassung der betrieblichen Marktkonstellation. Köln/Opladen (Westdeutscher Verl.) 197o. 11o Seiten
(Schriften zur Handelsforschung. Nr. 4o)

A843 B e r g e r , Gerhard
Die Abhängigkeit des Gewinns der Unternehmung von der Einschätzung der Bedarfsstruktur. Diss. Freiburg i.Br. 1955. 112 Seiten (Masch.-Schr.)

A844 H a e b e r l e , Karl Erich
Phänomen Nachfrage. Essen (Verl. W. Girardet) 1963. 322 Seiten

A845 H e u s s , Ernst
Allgemeine Markttheorie. Tübingen (Verl. Mohr Siebeck)/ Zürich (Polygraph. Verl. 1965. 275 Seiten
(St. Galler Wirtschaftswissenschaftliche Forschungen. Band 21)

A846 H o l l s t e i n , Horst
Absatzpolitik auf der Grundlage nachfrageorientierter Marktmodelle. Diss. Hamburg 1971. 241 Seiten

A847* J a n s e n , Bernd
Die Bedeutung der Information in der Preis- und Wettbewerbstheorie. Berlin (Berlin Verl.) 197o. 172 Seiten
(Dynamische Ökonomie. Band 2)
(zugleich Diss. Berlin 1969 u. d. T.: Information und Wettbewerb - Zur Beurteilung der Markttransparenz als Bestimmungsfaktor des Wettbewerbs [Die Bedeutung der Information in der Preis- und Wettbewerbstheorie])

A848* L e i t h e r e r , Eugen
Betriebliche Marktlehre. Erster Teil: Grundlagen und Methoden. Stuttgart (C. E. Poeschel Verl.) 1974. 193 Seiten

A849* L i n d e n s t r u t h , Ernst-Ludwig
Marktformen und betriebliche Absatzpolitik. Eine betriebswirtschaftliche Auseinandersetzung mit der Marktformenlehre. Winterthur (Verl. P. G. Keller) 1954. 115 Seiten
(zugleich Diss. St. Gallen)

A85o* L ö b e r , Werner
Marktkommunikation. Ein interdisziplinäres Modell. Wiesbaden (Betriebswirtschaftl. Verl. Gabler) 1973. 226 Seiten
(Betrieb und Markt -Studienreihe-. Band XV)

A851* M a c h l u p , Fritz
Wettbewerb im Verkauf. Modellanalyse des Anbieterverhaltens. Göttingen (Verl. Vandenhoeck & Ruprecht) 1966. 568 Seiten
(The Economics of Sellers' Competition. Model Analysis of Sellers' Conduct. Second Printing 1956. Übersetzung aus dem Englischen von Hans-Wolfram Gerhard)

A852 M ö l l e r , Erich Peter
Marktsättigung bei Konsumgütern - Theoretische Erkenntnisse und praktische Untersuchungen -. Diss. Erlangen-Nürnberg 1968. 386 Seiten

A853 M u s s l e r , Dieter
Betriebswirtschaftliche Markttypologie als Ansatzpunkt zu realitätsnäheren Aussagen über das Absatzverhalten der Unternehmer. Diss. Freiburg i.Br. 1968. 191 Seiten

A854 O t t , Alfred E.
Marktform und Verhaltensweise. Stuttgart (G. Fischer Verl.) 1959. 153 Seiten

A855 P e i s e , Günter
Unternehmerverhalten und Marktprozess. Diss. Berlin 1969. 169 Seiten

A856* S c h e u b r e i n , Harald
Horizontale, vertikale und totale Konkurrenz. Eine absatzwirtschaftliche Studie. Nürnberg (o.Verl.) 1958. 193 Seiten
(Marktwirtschaft und Verbrauch. Schriftenreihe der GfK-Gesellschaft für Konsumforschung. Band 7)

A857* S e i d e l , Alfred
Analyse der marktmäßigen Grundlagen für das Unternehmerverhalten in mengenmäßig gesättigten Märkten.
Bern (Verl. H. Lang)/Frankfurt (Verl. P. Lang) 1972.
364 Seiten
(zugleich Diss. St. Gallen 1971)

A858* S t a c k e l b e r g , Friedr. v.
Markttests im Verkehr als Instrument zur Ermittlung und Messung marktstrategischer Verhaltensweisen.
Göttingen (Verl. Vandenhoeck & Ruprecht) 1974.
378 Seiten
(Beiträge aus dem Institut für Verkehrswissenschaft an der Universität Münster. Heft 75)

A859 S t a r k l o f f , Bernd
Die Determination der Nachfrage im dynamischen Modell.
Diss. Frankfurt a. M. 1972. 193 Seiten

A86o* W e b e r , Helmut Kurt
Der Absatzmarkt der industriellen Unternehmung. Formen und Typen. Köln/Opladen (Westdeutscher Verl.) 1969.
171 Seiten
(Beiträge zur betriebswirtschaftlichen Forschung. Band 31)

A861* Absatzplanung in der Praxis.
Gutenberg, Erich (Hrsg.).
Wiesbaden (Betriebswirtschaftl. Verl. Gabler) 1962.
32o Seiten

A862* Absatzwirtschaft.
Hessenmüller, Bruno/ Schnaufer, Erich (Hrsg.).
Baden-Baden (Verl. für Unternehmensführung) 1964.
696 Seiten
(Handbücher für Führungskräfte)

A863* Aktuelle Absatzwirtschaft.
Disch, Wolfgang K. A. (Bearbeiter).
Hamburg (Verl. Weltarchiv) 1964. 31o Seiten

A864* A l b r e c h t , Bruno
Marketing. Die Konzeption für jede marktorientierte Unternehmensführung. Düsseldorf/Wien (Econ-Verl.) 1971. 368 Seiten

A865* A n g e h r n , Otto
System des Marketing. Bern/Stuttgart (Verl. P. Haupt) 1973. 338 Seiten

A866* A r p i , Bo
Praxis moderner Marketinganalyse für Planung und Kontrolle. Stuttgart (Taylorix Fachverl.) 1971.
264 Seiten
(Modern marknadsanalys för planering och kontroll. Aus dem Schwedischen von Walter Hausammann)

A867* B ä n s c h , Axel
Einführung in die Marketing-Lehre. München (F. Vahlen Verl.) 1974. 211 Seiten

A868* B a t z e r , Erich / G r e i p l , Erich / L a u m e r , Helmut
Marketinglexikon. Mit einem absatzwirtschaftlichen Formelanhang. München (Verl. Moderne Industrie) 1971.
328 Seiten

A869* B e r g l e r , Georg
Absatz. Materialien für eine Absatzlehre. Nürnberg (L. Spindler Verl.) 1968. 32o Seiten (Marktwirtschaft und Verbrauch. Schriftenreihe der GfK-NÜRNBERG Gesellschaft für Konsum-, Markt- und Absatzforschung. Band 28)

A87o* B e y e l e r , Lukas
Grundlagen des kombinierten Einsatzes der Absatzmittel. Bern (Verl. P. Haupt) 1964. 122 Seiten (Prüfen und Entscheiden. Schriftenreihe des Betriebswirtschaftlichen Instituts der Universität Bern. Band 3)

A871* B i d l i n g m a i e r , Johannes
Marketing 1 und 2. Reinbek bei Hamburg (Rowohlt Taschenbuch Verl.) 1973. 469 Seiten (zwei Bände) (rororo studium. 32)

A872* B o s s l e , Rudolf
Marketing macht Märkte. 2. Auflage Wiesbaden (Betriebswirtschaftl. Verl. Gabler) 1974. 224 Seiten

A873* D i c h t l , Erwin
Über das Wesen und Struktur absatzpolitischer Entscheidungen. Berlin (Verl. Duncker & Humblot) 1967. 18o Seiten
(Betriebswirtschaftliche Schriften. Heft 21)

A874* D r u c k e r , Peter F.
Management-Impulse durch Marketing. Marketing - the innovator. Düsseldorf/Wien (Econ-Verl.)/Zürich (Schweizer. Handelszeitung) 1967. 53 Seiten

A875* Rationeller Einsatz der Marketinginstrumente.
Jacob, H. (Hrsg.).
Wiesbaden (Betriebswirtschaftl. Verl. Gabler) 1971. 132 Seiten
(Schriften zur Unternehmensführung. Band 15)

A876* F i s c h e r , Guido
Die Betriebsführung. Band 2: Betriebliche Marktwirtschaftslehre. 4. Auflage Heidelberg (Verl. Quelle & Meyer) 1969. 458 Seiten

A877* F i s c h e r , Hans
Marketing oder die Verwirrung der Begriffe. Stuttgart-Degerloch (Seewald Verl.) 1959. 62 Seiten

A878* G e e r t m a n , Johannes Antonius
Der Betrieb und der Markt. Amerikanische Erkenntnisse in europäischer Sicht. Eine Darstellung der Theorie und Praxis. Herne/Berlin (Verl. Neue Wirtschafts-Briefe) 1963. 434 Seiten

A879* G r o s s , Herbert
Neues Wirtschaftsdenken. Erfolg durch Marketing.
2. Auflage Düsseldorf/Wien (Econ-Verl.) 1968.
344 Seiten

A88o G r ü n w a l d , Helmut
Unternehmungsführung im Sinne des Marketing. Diss.
München 1971. 293 Seiten

A881* G u t e n b e r g , Erich
Grundlagen der Betriebswirtschaftslehre. Zweiter
Band: Der Absatz. 15. Auflage Berlin/Heidelberg/New
York (Springer-Verl.) 1976. 625 Seiten

A882* H a m m e l , Werner
Das System des Marketing - dargestellt am Beispiel
der Konsumgüterindustrie. Freiburg i. Br. (R. Haufe
Verl.) 1963. 188 Seiten
(Schriftenreihe des Forschungsinstituts für das
Markenwesen in Verbindung mit der Gesellschaft zur
Erforschung des Markenwesens. Band Nr. 8)

A883* Das Handbuch der Verkaufsleitung. München (Verl.
Moderne Industrie) 1956. 478 Seiten

A884* Handwörterbuch der Absatzwirtschaft.
Tietz, Bruno (Hrsg.) unter Mitarbeit von zahlreichen
Fachgelehrten und Experten aus Wissenschaft und
Praxis.
Stuttgart (C. E. Poeschel Verl.) 1974. 245o Spalten

A885* H a n s e n , Hans R. / T h a b o r , Alexandre
Marketing-Modelle. Anwendungsmöglichkeiten und Entwicklung computergestützter Modelle im Marketing.
Berlin/New York (Verl. W. de Gruyter) 1973.
3o3 Seiten

A886* H i l l , Wilhelm
Marketing. 3. Auflage Bern/Stuttgart (Verl. P. Haupt)
1973. Band I. 268 Seiten
A887* Band II. 4o4 Seiten

A888* H o l l s t e i n , Horst
Marketing auf neuen Wegen. Absatzpolitik auf der
Grundlage nachfrageorientierter Marktmodelle. Wiesbaden (Betriebswirtschaftl. Verl. Gabler) 1973.
14o Seiten
(Schriftenreihe des Instituts für Unternehmensforschung und des Industrieseminars der Universität
Hamburg. Band 5)

A889* H ü n e r b e r g , Reinhard
Marketingsysteme und -modelle. Zur Entscheidungslehre
im Marketing. Opladen (Westdeutscher Verl.) 1975.
3o6 Seiten

A89o* Jahrbuch des Marketing. Ausgabe 1975.
Schöttle, Klaus M. (Hrsg.).
Essen (Vulkan-Verl. W. Classen) 1975. 315 Seiten

A891* K a h m a n n , Jochen
Absatzpolitik multinationaler Unternehmungen. Ein Leitfaden für nationales und internationales Marketing. Berlin (E. Schmidt Verl.) 1972. 134 Seiten
(Grundlagen und Praxis der Betriebswirtschaft. Band 27)

A892* K a l u s s i s , Demetre
Marktorientierte Absatzpolitik. Wien/New York (Springer-Verl.) 197o. 184 Seiten

A893* K j a e r - H a n s e n , Max
Absatz, Markt und Nachfrage. Ein Beitrag zur Theorie der Absatzwirtschaftslehre. Essen (Verl. W. Girardet) 1965. 235 Seiten
(Salgets Driftsøkonomi. Kopenhagen. Die Übersetzung aus dem Dänischen besorgte Rolf Berger)

A894* K o c h , Waldemar
Grundlagen und Techniken des Vertriebes. 2. Auflage Berlin (Verl. Duncker & Humblot) 1958.
Band I. 731 Seiten
A895* Band II. 538 Seiten

A896* K o p p e l m a n n , Udo
Marketing. Einführung in die Entscheidungsprobleme des Absatzes. Düsseldorf (Werner Verl.) 1974.
123 Seiten
(Werner-Studien-Reihe)

A897* K o t l e r , Philip
Marketing-Management. Analyse, Planung und Kontrolle. Stuttgart (C. E. Poeschel Verl.) 1974. 9o8 Seiten
(Marketing Management: Analysis, Planning, and Control. Englewood Cliffs, New Jersey 1972. Deutsche Übersetzung der zweiten Auflage von Heidi Reber und Gerhard Reber)

A898 entfällt

A899* L e i t h e r e r , Eugen
Absatzlehre. 3. Auflage Stuttgart (C. E. Poeschel Verl.) 1974. 89 Seiten
(Sammlung Poeschel. P 34)

A9oo* L i n n e r t , Peter
Die neuen Techniken des Marketing. Teil I: System und Aufgabe. 5. Auflage München (Verl. Moderne Industrie) 1974. 44o Seiten

A9o1* Teil II: Organisation. 1972. 351 Seiten

A9o2* Marketing Enzyklopädie. Das Marketingwissen unserer Zeit in drei Bänden. Band 1. München (Verl. Moderne Industrie) 1974. 1o56 Seiten

A9o3* Band 2. 1183 Seiten

A9o4* Band 3. 936 Seiten

A9o5* Marketing heute und morgen. Entwicklungstendenzen in Theorie und Praxis.
Meffert, Heribert (Hrsg.).
Wiesbaden (Betriebswirtschaftl. Verl. Gabler) 1975. 512 Seiten

A9o6* Marketing - Management und Organisation.
Britt, Steuart Henderson/ Boyd, jr. Harper W. (Hrsg.).
München (Verl. Moderne Industrie) 1971. 686 Seiten
(Marketing Management And Administrative Action. 2. Auflage New York. Deutsche Bearbeitung: Peter Linnert)

A9o7* Marketing und Unternehmensführung.
Jacob, H. (Hrsg.).
Wiesbaden (Betriebswirtschaftl. Verl. Gabler) 1971. 168 Seiten
(Schriften zur Unternehmensführung. Band 14)

A9o8* Marketingentscheidungen.
Weinberg, Peter/ Behrens, Gerold/ Kaas, Klaus P. (Hrsg.).
Köln (Verl. Kiepenheuer & Witsch) 1974. 388 Seiten
(Neue Wissenschaftliche Bibliothek 66. Wirtschaftswissenschaften)

A9o9* Marketing- und Verkaufsleiter Handbuch.
Verlag Moderne Industrie (Hrsg.).
München (Verl. Moderne Industrie) 197o. 1497 Seiten

A91o* M e c h l e r , Heinrich
Betriebswirtschaftliche Steuerung der Marketing-Konzeption. Marketing - Direct Costing. Gewinnmaximierung im Unternehmen. Stuttgart (Seewald Verl.) 1963. 53 Seiten
(Probleme der Unternehmensführung. Schriftenreihe der DEORGA Gesellschaft für Unternehmensberatung Stuttgart. 2. Heft 1963)

A911* M e i n e r s , Dieter
Einführung ins Marketing. München (List Verl.) 1972. 175 Seiten
(List Taschenbücher. 383)

A912* M e y e r , Carl W.
Grundsatzentscheidungen der Vertriebsführung. Eine Beratungsschrift für Unternehmer und Vertriebspraktiker. Berlin (Haude & Spenersche Verlagsbuchh.) 1961. 183 Seiten

A913* M e y e r , Carl W.
Grundzüge moderner Vertriebspolitik. 2. Auflage Berlin (Verl. Duncker & Humblot) 1972. 113 Seiten (Betriebspolitische Schriften. Beiträge zur Unternehmenspolitik. Band 1)

A914* N e s k e , Fritz
unter Mitarbeit von Heuer, Gerd F.
Handlexikon Werbung & Marketing. Frankfurt a. M./ Hamburg (Verl. Fischer Bücherei) 1971. 237 Seiten (Fischer Handbücher. 6o69)
(vom Autor überarbeitete Ausgabe unter dem gleichen Titel. München [Hornung Verl./ Verl. V. Lang] 197o. 291 Seiten)

A915* N i e s c h l a g , Robert / D i c h t l , Erwin / H ö r s c h g e n , Hans
Marketing. 8. Auflage Berlin (Verl. Duncker & Humblot) 1975. 581 Seiten
(Die Aufl. 1 bis 3 des Buches sind unter dem Titel "Einführung in die Lehre von der Absatzwirtschaft" erschienen)

A916* Praxis des Marketing. Erschließung der Märkte von morgen. Düsseldorf (Econ-Verl.) 1961. 253 Seiten (Aspects of Modern Marketing. New York 1958. Übersetzt und bearbeitet von Harald v. Waldheim; Teil V: Marketing Research Organization and Operation. New York 1958. Übersetzt von George S. Martin) (AMA-Schriftenreihe. Band 8)

A917* P ü m p i n , Cuno Beat
Langfristige Marketingplanung. Konzeption und Formalisierung. 2. Auflage Bern/Stuttgart (Verl. P. Haupt) 197o. 136 Seiten
(Schriftenreihe des Forschungsinstituts für Absatz und Handel an der Hochschule St. Gallen. Band 13)

A918* R a s c h e , Hans O.
Marketing - aber mit System. Praktischer Leitfaden für marktbezogenes Denken und Handeln. 2. Auflage Heidelberg (I. H. Sauer-Verl.) 1971. 188 Seiten

A919* S a v a l , Günter A.
Rationale Absatzplanung. Vorbereitung, Durchführung und Kontrolle der Absatzplanung im Industrieunternehmen. Wiesbaden (Betriebswirtschaftl. Verl. Gabler) 1972. 1oo Seiten

A92o* S c h a d e , Heinz C.
Planvolle Absatzförderung. Werkzeuge erfolgreichen Marketings. München (Verl. Moderne Industrie) 1964. 4o3 Seiten

A921 S c h ä f e r , Erich
Die Aufgabe der Absatzwirtschaft. 2. Auflage Köln/ Opladen (Westdeutscher Verl.) 195o. 171 Seiten

A922* S c h e u i n g , Eberhard Eugen
Erfolgreiche Gestaltung von Absatzmärkten. Wiesbaden (Betriebswirtschaftl. Verl. Gabler) 1967. 122 Seiten

A923* S c h n u t e n h a u s , Otto R.
Absatzpolitik und Unternehmungsführung. Freiburg i.Br. (R. Haufe Verl.) 1961. 651 Seiten

A924* S i m m o n s , Harry
Marketing. Neue Methoden der Geschäftsführung. 2. Auflage Stuttgart (Forkel-Verl.) 196o. 3o4 Seiten (New Techniques in Marketing Management. New York 1958. Deutsche Bearbeitung: Concordia Bickel/ Fritz Seitz)

A925* S t a c k e l b e r g , Karl-Georg von
Marktstrategie ohne Geheimnisse. Von der Planung absatzwirtschaftlicher Erfolge. Düsseldorf/Wien (Econ-Verl.) 1969. 423 Seiten

A926* S t e r n , Mark E.
Marketing Planung. Eine System-Analyse. 3. Auflage Berlin (Berlin Verl.) 1975. 2o6 Seiten (Marketing Planning. A Systems Approach. New York 1966. Übersetzung und Einleitung: Edgar W. Uherek)

A927* S u n d h o f f , Edmund
Absatzorganisation. Wiesbaden (Betriebswirtschaftl. Verl. Gabler) 1958. 1oo Seiten (Die Wirtschaftswissenschaften. 6. Lieferung. Reihe A. Beitrag Nr. 14)

A928* T i e t z , Bruno
Konsument und Einzelhandel. Strukturwandlungen in der Bundesrepublik Deutschland von 196o bis 1985. 2. Auflage Frankfurt a. M. (Lorch-Verl.) 1973. 1876 Seiten (zwei Bände)

A929* T i e t z , Bruno
Die Grundlagen des Marketing. Zweiter Band. Die Marketing-Politik I und II. München (Verl. Moderne Industrie) 1975. 18oo Seiten (zwei Bände)

A93o* W a n n e r , Eckhardt
Grundkurs im Marketing. München/Wien (R. Oldenbourg Verl.) 1974. 132 Seiten
(Orientierung und Entscheidung)

A931* W e i n h o l d - S t ü n z i , Heinz
Marketing - Ein Lehrbuch in 12 Lektionen. 6. Auflage Heerbrugg/St. Gallen (RDV-Verl.) 1972. 178 Seiten

A932* W e i n h o l d - S t ü n z i , Heinz
Grundlagen wirtschaftlicher Absatzführung. 2. Auflage Bern/Stuttgart (Verl. P. Haupt) 1974. 18o Seiten
(Schriftenreihe des Forschungsinstitutes für Absatz und Handel an der Hochschule St. Gallen. 6)

# Teil 2
# Beiträge in Nachschlage- und Sammelwerken, Vorträge, kleine Schriften

B1 A b d e l a z i m , L.
Marktforschung in der Vereinigten Arabischen Republik
in: A818
1 Seite

B2 A b r a m s , M.
Marktforschung: Wie die Konsumenten wählen
in: A829
Seite 25-36

B3 A d l e r , Max K.
Die Marktforschung in Europa
in: Betriebswirtschaftliche Probleme. Informations-politik. Marktforschung. Management Games. Computer-einsatz. Zürich (Buchverl. Neue Zürcher Zeitung) 1965. 14o Seiten
(Aus der "Betriebswirtschaftlichen Beilage" der Neuen Zürcher Zeitung. II. Ausgabe 1965)
Seite 5o-55

B4 A d o r n o , Theodor W.
Zur gegenwärtigen Stellung der empirischen Sozialfor-schung in Deutschland
in: A832
Seite 27-39

B5 A l b a c h , Horst
Informationsgewinnung durch strukturierte Gruppenbe-fragung - Die Delphi-Methode
in: Wirtschaft und Betriebswirtschaftslehre in Grie-chenland und Deutschland. In memoriam Panagiotis Stratoudakis. Wiesbaden (Betriebswirtschaftl. Verl. Gabler) 1971. 179 Seiten
(Schriftenreihe der Zeitschrift für Betriebswirt-schaft. Band 2)
Seite 21-36

B6 A l b e r t , Hans
Prognose
in: Wörterbuch der Soziologie. Bernsdorf, Wilhelm (Hrsg.
2. Auflage Stuttgart (F. Enke Verl.) 1969. 1317 Seiten
Seite 844-847

B7* A l b e r t , Hans
Prognose
in: Wörterbuch der Soziologie. Band 3. Bernsdorf, Wilhelm (Hrsg.). Frankfurt a.M. (Fischer Taschenbuch Verl.) 1972. Seite 625-961
(Fischer Handbücher)
Seite 644-647

B8* A l b r e c h t , Günter
Nicht-reaktive Messung und Anwendung historischer Methoden.
in: A289
Seite 9-81

B9 A l b r e c h t , Hartmut
Die theoretischen Ansätze der amerikanischen adaption-Forschung. Eine kritische Analyse zur Orientierung der Beratungsforschung.
in: Probleme der Beratung. Abhandlungen aus dem Institut für landwirtschaftliche Beratung. Stuttgart (E. Ulmer Verl.) 1964. 218 Seiten
(Arbeiten der Landwirtschaftlichen Schule Hohenheim. Band 26)
Seite 9-57

B1o* A l e m a n , Heine von / O r t l i e b , Peter
Die Einzelfallstudie
in: A289
Seite 157-177

B11* A l e w e l l , Karl
Verbrauchsforschung
in: Handwörterbuch der Betriebswirtschaft. Band IV. Seischab, Hans/ Schwantag, Karl (Hrsg.). 3. Auflage Stuttgart (C.E. Poeschel Verl.) 1962. 699o Spalten
Spalte 5628-5635

B12 A l t , A. / P o k o r n y , P.
Die Markterforschung und die öffentliche Verpflegung in der CSSR
in: Papers ESOMAR Congress 1968. Opatija 8.-12. September 1968. Brüssel (ESOMAR Europäische Gesellschaft für Meinungs- und Marketingforschung) o.J. 959 Seiten
Seite 265-276

B13* A n d e r s e n , Ed.
Die Bedeutung der Marktforschung für Werbung und Unternehmenspolitik
in: Der Werbeleiter im Management. Bergler, Reinhold/ Andersen, Ed. (Hrsg.). Darmstadt (C.W. Leske Verl.) 1957. 334 Seiten
(Veröffentlichungen der Deutschen Volkswirtschaftlichen Gesellschaft. Lebendige Wirtschaft. Band 19)
Seite 93-119

B14* A n d e r s o n , Oskar
Einige Bemerkungen zur Saisonbereinigung wirtschaftlicher Zeitreihen
in: A38
Seite 188-194

B15 A n g e h r n , Otto
Psychologie in der Marktforschung
in: Angewandte Psychologie in der Schweiz. Herausgegeben anläßlich des dreißigjährigen Bestehens der "Schweizerischen Stiftung für Angewandte Psychologie". Bern/Stuttgart (Verl. H. Huber) 1959. 231 Seiten
Seite 173-182

B16 A n g e h r n , Otto
Marktforschung in der Schweiz
in: B3
Seite 39-44

B17 A n g e l i n i , Terenzio
Langfristiger Wohnungsbedarf
in: Schweizerische Wohnungswirtschaft in Gegenwart und Zukunft. Festgabe zum 7o. Geburtstag von Rudolf Bindella. Bindella, Rudi (Hrsg.). Bern/Stuttgart (Verl. P. Haupt) 1975. 247 Seiten
Seite 175-191

B18 A n g e r , Hans
Befragung und Erhebung
in: Sozialpsychologie. 1. Halbband: Theorien und Methoden. Graumann, C.F. (Hrsg.). Göttingen (Verl. f. Psychologie Hogrefe) 1969. 658 Seiten
(Handbuch der Psychologie. 7. Band. Sozialpsychologie. 1. Halbband: Theorien und Methoden)
Seite 567-617

B19* A n g e r , Hans
Entstehung und Wandel sozialer Einstellung
in: Struktur und Dynamik des menschlichen Verhaltens. Zum Stand der modernen Psychologie. Haseloff, Otto Walter (Hrsg.). Stuttgart/Berlin/Köln/Mainz (Verl. W. Kohlhammer) 197o. 141 Seiten
Seite 126-138

B2o A n g e r m a n n , Dieter
Methoden der Marktforschung
in: Mathematische Modelle und Verfahren der Unternehmensforschung für die Lösung ökonomischer Probleme. Institut für Datenverarbeitung Dresden (Hrsg.). Heidenreich, Kurt (Bearbeiter). Köln/Opladen (Westdeutscher Verl.) 1968. 255 Seiten
(Schriftenreihe Datenverarbeitung)
(Titel der Originalausgabe: Mathematische Modelle und Verfahren der Operationsforschung für die Lösung ökonomischer Probleme. Berlin [Verl. Die Wirtschaft] 1968)
Seite 235-255

B21* A n t e , Bruno / S c h m i d t , Brigitte
Amtliche und halbamtliche Statistiken als Quellen von Sekundäranalysen
in: A28
Seite 721-731

B22* A r n d t , Klaus Dieter
Marktforschung und wirtschaftliche Steuerung
in: Arndt, (Klaus Dieter)/ Fröhner, (Rolf), Sackmann, (Franz). Marktforschung und wirtschaftliche Steuerung. Itzehoe-Voßkate (Verl. Hansen & Hansen) o. J. 16 Seiten (Vorträge zur Marktforschung. 1)
(Bundesverband deutscher Marktforscher BVM)
Seite 8-11

B23* A r n o l d , Paul
Marktforschung in den Beschaffungsmärkten
in: A29
Seite 451-476

B24 A s c h p u r w i s , Liselotte
Ein Gebiet empirischer Marktforschung: Anzeigenbeobachtung
in: A832
Seite 97-99

B25 A s c h p u r w i s , Liselotte
Rationalisierungsmöglichkeiten durch Analysen des Werbegeschehens
in: A815
4 Seiten

B26 A ß m a n n , Georg
Lebensstandard
in: Wörterbuch der marxistisch-leninistischen Soziologie. Eichhorn, Wolfgang/ Hahn, Erich/ Heyden, Günter/ Puschmann, Manfred/ Schulz, Robert/ Taubert, Horst (Hrsg.). 2. Auflage Opladen (Westdeutscher Verl.) 1971. 535 Seiten
Seite 266

B27* A u g s t e i n , Rudolf
Demoskopie und Politik
in: A553
Seite XV-XXII

B28 A u l e , Olgred
Methoden und Techniken der institutionellen Marktforschung in der Bauwirtschaft
in: Wohnungsbestandspolitik und Marktforschung. Münster (Institut f. Siedlungs- und Wohnungswesen der Westfälischen Wilhelms-Univ. Münster) 1968. 158 Seiten
(Beiträge und Untersuchungen. Neue Folge der "Materialiensammlung für Wohnungs- und Siedlungswesen". Band 7o)
Seite 139-158

B29 B a a d e , Fritz
Landwirtschaftliche Markt- und Konjunkturforschung
in: Beiträge zur empirischen Konjunkturforschung. Festschrift zum 25jährigen Bestehen des Deutschen Instituts für Wirtschaftsforschung (Institut für Konjunkturforschung). Berlin (Verl. Duncker & Humblot) 195o (Vorwort). 5oo Seiten
Seite 279-291

B3o B ä c h t o l d , Rolf Viktor
Analyse qualitativer Merkmale in der Marktforschung. Theorie und Anwendung. Bern (Selbstverlag) 1967. 3o Seiten

B31* B a h m , John F. Jr.
Voraussagen für neue Erzeugnisse
in: A258
Seite 114-123

B32* B a i n , Robert K.
Die Rolle des Forschers: Eine Einzelfallstudie
in: A89
Seite 115-128

B33* B a l e s , Robert F.
Die Interaktionsanalyse: Ein Beobachtungsverfahren zur Untersuchung kleiner Gruppen
in: A89
Seite 148-167

B34* B a l s e r , Maxheinz
Prognosemöglichkeiten für Konsumgüter
in: A248
Seite 25-3o

B35 B a r t o n , Samuel George
Marktforschung
in:
Absatzwirtschaft. Betriebsführung auf neuen Wegen. Gespräche in Baden-Baden und Bad Neuenahr 1953. Bundesverband der Deutschen Industrie und Rationalisierungs-Kuratorium der Deutschen Wirtschaft (Hrsg.). München (C. Hanser Verl.) 1955. 148 Seiten
Seite 26-35

B36 B a u e r , Adam
Der Einfluß von Urlaubsreisen auf Einstellungen zu anderen Völkern
in: A828
Seite 154-167

B37* B a u e r , Walter
Energie-Prognose - ein Mittel der Marktmessung für die Mineralölwirtschaft ?
in: A825
Seite 59-72

B38 B a u e r , Walter
Marktforschung als Grundlage kurzfristiger Disposition und langfristiger Planung
in: A821
11 Seiten

B39 B a u e r , Walter
Marktforschung als Grundlage kurzfristiger Disposition und langfristiger Planung
in: A6
Seite 28-37

B4o* B a u m , Joachim G.
Haushaltspanel
in: A9o2
Seite 947-964

B41* B e c k , Paul
Methoden der Panelforschung
in: A29
Seite 1o3-144

B42 B e c k , Paul
Die Panelmethode als moderne Erhebungsmethode (Vortrag anläßlich der IHA-Paneltagung in Luzern am 27. Juni 1974). Hergiswil und Morges (IHA-Institut für Marktanalysen) o. J. 3o Seiten
(IHA-Schriftenreihe)

B43* B e c k , Waldemar
Zum Begriff des Erstverwenders. Ein Beitrag zur Analyse der Begriffsverwirrung in der empirischen Marktforschung
in: A45o
Seite 48-6o

B44* B e c k e r , Gary
Irrationales Verhalten und ökonomische Theorie
in: A3o4
Seite 217-23o

B45* B e c k m a n n , M(artin) J.
Ansätze für eine ökonometrische Analyse des Konsums neuartiger Konsumgüter
in: Biervert, Bernd/ Schaffartzik, Karl-Heinz/ Schmölders, Günter. Konsum und Qualität des Lebens. Opladen (Westdeutscher Verl.) 1974. 567 Seiten
(SPES-Projekt. Sozialpolitisches Entscheidungs- und Indikatorensystem für die Bundesrepublik Deutschland. Schriftenreihe Band 4 - Materialien)
Seite 237-241

B46* B e c k - R a h m e l , Rosemarie
Stereotype Steuerungssysteme im Mutter-Säugling-Verhältnis
in: A45o
Seite 86-1o5

B47* Die Bedeutung der Einzelhandelsbetriebsformen für den Lebensmitteleinkauf durch Kölner Haushaltungen. Köln und Opladen (Westdeutscher Verl.) 1954. 2o Seiten (Sonderhefte der Mitteilungen des Instituts für Handelsforschung an der Universität zu Köln. Nr. 5)

B48* B e e r , Karl
Über die Herausbildung sozialpsychologisch orientierter Typenbezeichnungen und die Bedeutung dieses Vorganges für die Absatz- und Verbrauchsforschung
in: Der Mensch im Markt. Eine Festschrift zum 6o. Geburtstag von Georg Bergler. Vershofen, Wilhelm/ Meyer, Paul W./ Moser, Hans/ Ott, Werner (Hrsg.). Berlin (Verl. Duncker & Humblot) 196o. 464 Seiten
Seite 333-349

B49* B e h r e n s , Gerold
Freizeitverhalten und Marketing. Die Bedeutung der Freizeitmotive und Freizeitverteilung für die Absatzpolitik
in: A472
Seite 31-56

B5o* B e h r e n s , Gerold
Lernen - Grundlagen und Anwendungen auf das Konsumentenverhalten
in: A472
Seite 83-124

B51* B e h r e n s , Gerold
Lernprozesse und Konsumentenverhalten
in: A884
Spalte 1191-1198

B52 B e h r e n s , Hans
Kontaktpflege des betrieblichen Marktforschers
in: A83o
Seite 17-21

B53 B e h r e n s , Karl Christian
Anwendungsgebiete der betriebswirtschaftlichen Markt- und Absatzforschung
in: A832
Seite 84-89

B54 B e h r e n s , Karl Christian
Grundlagen und neue Tendenzen der betriebswirtschaftlichen Marktforschung
in: Führungsentscheidungen und ihre Dispositionshilfen. Vorträge des 11. Deutschen Betriebswirtschafter-Tages. Deutsche Gesellschaft für Betriebswirtschaft (Hrsg.). Berlin (Deutscher Betriebswirte-Verl.) o.J. 254 Seiten
Seite 222-249

B55 B e h r e n s , Karl Christian
Grundsätzliches zur neuen Partnerschaft
in: A831
Seite 1-7

B56* B e h r e n s , Karl Christian
Inkonsistente Angaben bei Verbraucherbefragungen - ein Scheinproblem ?
in: B48
Seite 351-358

B57* B e h r e n s , Karl Christian
Konformität des Verbraucherverhaltens unter wirtschaftlichen Aspekten
in: Handelsbetrieb und Marktordnung. Festschrift Carl Ruberg zum 7o. Geburtstag. Wiesbaden (Betriebswirtschaftlicher Verl. Gabler) 1962. 255 Seiten
Seite 41-47

B58* B e h r e n s , Karl Christian
Marktforschung im Dienste der Unternehmungsführung
in: Gegenwartsfragen der Unternehmensführung. Festschrift zum 65. Geburtstag von Wilhelm Hasenack. Engeleiter, Hans-Joachim (Hrsg.). Herne/Berlin (Verl. Neue Wirtschafts-Briefe) 1966. 538 Seiten
Seite 499-5o5

B59* B e h r e n s , Karl Christian
Marktforschung
in: Dr. Gablers Wirtschafts-Lexikon. Zweiter Band. Sellien, R./ Sellien, H. (Hrsg.). 8. Auflage Wiesbaden (Betriebswirtschaftl. Verl. Gabler) 1971. 2374 Spalten
Spalte 23o-235

B6o* B e h r e n s , Karl Chr(istian)
Grundbegriffe und Gegenstände der Marktforschung
in: A28
Seite 3-12

B61* B e h r e n s , Karl Christian
Marktforschung, Methoden der
in: A884
Spalte 1354-1362

B62 B e h r e n s , K. H.
Die Marktforschung in ihrer Bedeutung für die Typen- und Sortenbeschränkung
in: A81o
Seite 9-28

B63* B e i k e , Peter
Beobachtung als Instrument der empirischen Marktforschung
in: A28
Seite 547-568

B64 B e l g e r , Cornelis
Erfahrungen eines Unternehmers bei der Zusammenarbeit mit Marktforschungsinstituten
in: A831
Seite 8-15

B65 B e l l e b a u m , Alfred
Interview
in: Lexikon der Psychologie. Zweiter Band. Arnold, Wilhelm/ Eysenck, Hans Jürgen/ Meili, Richard (Hrsg.). Freiburg/Basel/Wien (Herder Verl.) 1971. 852 Spalten
Spalte 219-223

B66 B e l l e m a n n , Walter
Die Bedeutung der Marktforschung für die Unternehmenspolitik
in: B28
Seite 125-137

B67* B e n a d , Günther
Fragebogengestaltung
in: A9o2
Seite 737-747

B68* B e n a d , Günther
Das Verbraucherverhalten
in: Werbeleiter-Handbuch. Trauth, Peter J. (Hrsg.). München (Verl. Moderne Industrie) 1973. 16o2 Seiten
Seite 1397-1437

B69* B e n a d , Günther
Marktinformationen, Gewinnung von
in: A9o3
Seite 773-783

B7o* B e n a d , Günther
Interviewer-Organisation und Interviewer-Einsatz
in: A28
Seite 355-366

B71* B e n d a , Ernst
Demoskopie und Recht
in: A553
Seite XXIX-XL

B72* B e n d e r , Ulrich
Modeforschung
in: A9o3
Seite 921-93o

B73 B e r e k o v e n , Ludwig
Unternehmung und Marktprojektion
in: Der Betrieb in der Unternehmung. Festschrift für Wilhelm Rieger zu seinem 85. Geburtstag. Fettel, Johannes/ Linhardt, Hanns (Hrsg.). Stuttgart (Verl. W. Kohlhammer) 1963. 478 Seiten
Seite 187-2o1

B74* B e r e k o v e n , Ludwig
Warentest, vergleichender
in: A884
Spalte 2169-2175

B75 B e r g e r , Horst
Befragung
in: B26
Seite 55-59

B76 B e r g e r , Horst
Beobachtung
in: B26
Seite 65-68

B77 B e r g e r , Horst
Feldforschung
in: B26
Seite 125

B78 B e r g e r , Horst
Gruppendiskussionen
in: B26
Seite 176

B79 B e r g l e r , Georg
Produktivitätssteigerung durch Konsumforschung
in: Steigerung der Produktivität - Hebung des Lebensstandards. 6. Deutscher Betriebswirtschafter-Tag. Deutsche Gesellschaft für Betriebswirtschaft in Verbindung mit dem Verband Deutscher Diplom-Kaufleute (Hrsg.). Berlin (Deutscher Betriebswirte-Verl.) 1953. 159 Seiten
Seite 42-46

B8o B e r g l e r , Georg
Verbrauchsforschung als Instrument der Unternehmensforschung [richtig: Unternehmensführung]
in: Probleme der Betriebsführung. Festschrift zum 65. Geburtstage von Otto R. Schnutenhaus. Meyer, Carl W. (Hrsg.). Berlin (Verl. Duncker & Humblot) 1959. 298 Seiten
Seite 211-225

B81 B e r g l e r , Georg
Die Wandlung der Konsumentenwünsche. Existenzbedarf und Wahlbedarf in wirtschaftlicher und psychologischer Sicht
in: A829
Seite 9-23

B82* B e r g l e r , Reinhold
Motivforschung
in: Handwörterbuch der Sozialwissenschaften. zugleich Neuauflage des Handwörterbuchs der Staatswissenschaften Siebter Band. Beckerath, Erwin von u.a. (Hrsg.). Stuttgart/Tübingen/Göttingen (Verl. G. Fischer/Mohr Siebeck/Vandenhoeck & Ruprecht) 1961. 634 Seiten
Seite 459-464

B83* B e r g l e r , Reinhold
Ausdruckspsychologie und Werbeforschung
in: A45o
Seite 148-2o3

B84* B e r g l e r , Reinhold
Psychologie und Marketing
in: A45o
Seite 7-47

B85* B e r g l e r , Reinhold
Konsumenten-Typologie. Itzehoe (Verl. Hansen & Hansen) um 1968. 28 Seiten
(Vorträge zur Marktforschung. 11)
(Bundesverband Deutscher Marktforscher BVM)

B86* B e r g l e r , Reinhold
Konsumententypologie
in: A451
Seite 11-142

B87* B e r g l e r , Reinhold
Marktanalyse, psychologische
in: A884
Spalte 1312-1327

B88* B e r g l e r , Reinhold
Marktforschung und Marktpsychologie
in: A28
Seite 73-9o

B89 B e r n s t e i n , Peter
Datenverarbeitung
in: B26
Seite 91-92

B9o B e r t h , Rolf
Zur Erforschung unbewußten Verbraucherverhaltens
in: A1
Seite 7o-78

B91 B e r t h , Rolf
Idee und Auswertungstechnik der Funktionsanalyse
in: A2
Seite 59-78

B92* B e r t h , Rolf
Gibt es eine qualitative und quantitative Marktforschung ?
in: A38
Seite 2o6-238

B93* Die Beschaffungswege der Konsumenten bei Großartikeln des Hausrats. Köln/Opladen (Westdeutscher Verl.) 1954. 24 Seiten
(Sonderhefte der Mitteilungen des Instituts für Handelsforschung an der Universität zu Köln. Nr. 4)

B94 B e s m e r , H. J.
Das Einmaleins des Schweizer Marktes. Basel (Konso Inst. f. Konsumenten- und Sozialanalysen) o.J.
2o Seiten

B95* B i c k e l , Otto
Der Verbraucher in der Spannung zwischen Marktleitbild und Markterlebnis
in: B48
Seite 1o7-14o

B96* B i e r b a u m , Gunter
Regionale Verbraucheranalysen - vielseitige Möglichkeiten zur Beschaffung von Informationen
in: A11
Seite 17-28

B97* B i e r f e l d e r , Wilhelm H.
Verwenderreaktionen gegenüber Neuerungen. Eine empirische Modellüberprüfung im Bereich des Dienstleistungsmarketing
in: Neuere Ansätze der Marketingtheorie. Festschrift zum 8o. Geburtstag von Otto R. Schnutenhaus. Hammann, Peter/ Kroeber-Riel, Werner/ Meyer, Carl W. (Hrsg.). Berlin (Verl. Duncker & Humblot) 1974. 2o7 Seiten
(Vertriebswirtschaftliche Abhandlungen. Heft 16)
Seite 187-198

B98* B i e r v e r t , Bernd
Der internationale Vergleich
in: A289
Seite 113-13o

B99* B i s c h o f , Norbert
Marktforschung. Entwicklungen in neuerer Zeit
in: Festgabe für Josef Schwarzfischer zu seinem 7o. Geburtstag. überreicht von Kollegen und Schülern unter der Leitung der Professoren Ernst-Bernd Blümle und Florian H. Fleck. Freiburg/Schweiz (Universitätsverl.) 1972. 464 Seiten
Seite 277-291

B1oo* B i s c h o f , Norbert
Das Panel in der Pharma-Marktforschung
in: A29
Seite 145-158

B1o1 B i s c h o f f , Werner
Zur Differenzierung des qualitativen und quantitativen Bedarfs an Hotelleistungen in Gegenwart und Zukunft
in: Bedarf und Bedarfsentwicklung in der Fremdenverkehrswirtschaft der DDR. Autorenkollektiv. Berlin (Ges.f. Betriebsberatung des Handels) 197o. getr. Pag. (GBH-Fachmappenprogramm für die Rationalisierung im Binnenhandel. FMP-Sonderdruck 4.1)
16 Seiten

B1o2 B i s k y , Lothar / B u r g e r , Lutz
Methodische Probleme der Wirkungsforschung
in: A77
Seite 173-183

B1o3* B i t t o r f , Wilhelm
Probleme und Resultate der Motivforschung
in: B13
Seite 31o-329

B1o4 B i t t o r f , Wilhelm
Das Verbraucherparadies mit Problemen
in: Die Gesellschaft der nächsten Generation. Netzer, Hans-Joachim (Hrsg.). München (Verl. C.H. Beck) 1966. 173 Seiten
(Beck'sche Schwarze Reihe. Band 44)
Seite 76-92

B1o5* B l i e s c h , Uwe
Interviewer-Führung und -Kontrolle. München (INFRATEST) o.J. 21 Seiten
(ESOMAR. Amsterdam am 26.1o.1973)

B1o6* B l i e s c h , Uwe
Interviewerorganisation
in: A9o2
Seite 1o11-1o25

B1o7* B l o h m , Hans
Kybernetische Modelle in der Marktforschung
in: A28
Seite 147-16o

B1o8 B l ü c h e r , Franz
Über die Meinungsforschung. Konstanz am Bodensee (Verl. für Demoskopie) 1955. 14 Seiten

B1o9 B l ü c h e r , V(iggo) Graf
Analysen des sozialen Klimas - Anwendungsbereiche, Ergebnisse, Methoden
in: A818
16 Seiten

B11o B l ü c h e r , Viggo Graf
Der Arbeitsmarkt als Untersuchungsgegenstand
in: A3
Seite 96-1o7

B111* B l ü c h e r , Viggo Graf
Klärung sozialer Prozesse in Markt- und Meinungsforschung
in: A4
Seite 95-99

B112* B l ü c h e r , Viggo Graf
Gesellungstendenzen in der Jugend
in: A7
Seite 116-12o

B113* B l ü c h e r , Viggo Graf
Freizeitbedürfnisse und Wohnsiedlungen der Zukunft
in: A8
Seite 35-5o

B114* B l ü c h e r , Viggo Graf
Alte Menschen in Bielefeld und Karlsruhe. Ein Beitrag zur soziologischen Gerontenforschung
in: A8
Seite 61-82

B115* B l ü c h e r , Viggo Graf
Der Freizeitmarkt - ein neuer Aspekt des Marketing.
in: A9
Seite 92-1o3

B116* B l ü c h e r , Viggo Graf
Freizeitbedürfnisse und Umwelt
in: A11
Seite 9-16

B117 B l ü c h e r , Viggo Graf
Ansprüche der Freizeitforschung an die amtliche Statistik
in: A12
Seite 56-66

B118* B l ü m l e , Ernst-Bernd / U l r i c h , Werner
Der internationale Vergleich als Hilfsmittel der Prognose im Handel dargestellt am Beispiel der Entwicklung der Selbstbedienung in der Bundesrepublik Deutschland, Österreich und der Schweiz
in: B99
Seite 293-321

B119 B l u m , J. W.
Marktforschung in der Beschaffung
in: Management-Enzyklopädie. Das Managementwissen unsere
Zeit in 6 Bänden. Vierter Band. München (Verl. Moderne Industrie) 1971. 1371 Seiten
Seite 495-5o3

B12o B o c k , Josef
Strukturwandlungen des Verbrauchs. (Vortrag. Gehalten auf der Tagung des Bundes Deutscher Werbeberater und Werbeleiter [BDW] am 1. Juni 1957 in Travemünde).
Bonn (Arbeitsgemeinschaft der Verbraucherverbände) o.J.
23 Seiten
(Schriften der Verbraucherverbände. Heft 3)

B121* B o c k , Josef
Der Verbraucher in soziologischer Sicht
in: Verbraucherpolitik. Bock, Josef/ Specht, Karl Gustav (Hrsg.). Köln/Opladen (Westdeutscher Verl.)
1958. 298 Seiten
Seite 25-49

B122 B ö c k e r , Franz
Multivariaten-Analyse
in: Management-Enzyklopädie. Das Managementwissen unserer Zeit in 6 Bänden. Ergänzungsband. München (Verl. Moderne Industrie) 1973. 1o96 Seiten
Seite 618-631

B123* B ö c k e r , Franz
Multivariatenanalyse und Absatzwirtschaft
in: A884
Spalte 1534-1546

B124* B ö c k e r , Franz
Multivariatenanalyse
in: Management-Enzyklopädie. Das Managementwissen unserer Zeit. München (Fischer Taschenbuch Verl./ Verl. Moderne Industrie) 1975. 3647 Seiten
(Taschenbuchausgabe in 1o Bänden)
Seite 2464-2474

B125 B ö n i s c h , Siegfried
Einige philosophisch-methodologische Fragen
in: A77
Seite 17-23

B126* B o h l e n , Joe M. / C o u g h e n o u r , C. Milto
L i o n b e r g e r , Herbert F. / M o e , Edward O.
R o g e r s , Everett M.
Die Übernahme neuer landwirtschaftlicher Ideen
in: A451
Seite 286-298

B127* B o l t e , Karl-Martin
Feldtheorie in der Marktforschung. Möglichkeiten und Probleme ihrer Verwendung. Itzehoe-Münsterdorf (Verl. Hansen & Hansen) um 197o. 24 Seiten
(Vorträge zur Marktforschung. 16)
(Bundesverband deutscher Marktforscher BVM)

B128 B o l t e , Karl-Martin / R e c k e r , Helga
Statussymbole
in: Management-Enzyklopädie. Das Managementwissen unserer Zeit in 6 Bänden. Fünfter Band. München (Verl. Moderne Industrie) 1971. 1222 Seiten
Seite 552-555

B129* B o m b a c h , Gottfried
Kaufkraftmessung
in: Handwörterbuch der Sozialwissenschaften. zugleich Neuauflage des Handwörterbuchs der Staatswissenschaften. Fünfter Band. Beckerath, Erwin von u. a. (Hrsg.). Stuttgart/Tübingen/Göttingen (Verl. G. Fischer/ Mohr Siebeck/ Vandenhoeck & Ruprecht) 1956. 64o Seiten
Seite 585-589

B13o* B o o s , Rudolf W.
Nachfrageveränderungen
in: A9o3
Seite 971-98o

B131 B o p p , E. / F r e y , H. / V i e t e n , G.
Marktforschung in der Bauindustrie
in: Baupreis und Baumarkt. Wiesbaden/Berlin (Bauverl.) 1962. 168 Seiten
(Schriftenreihe Baubetrieb und Bauwirtschaft)
Seite 45-1o5

B132 B o r c k , Hans-Günther
Über die wettbewerbsrechtliche Zulässigkeit sogenannter Querschnitt-Tests.
Arbeitsgemeinschaft der Verbraucherverbände (Hrsg.). Bonn (o. Verl.) 196o. 32 Seiten
(Schriften der Verbraucherverbände. Heft 6)

B133 B o r k m a n n , H. Ch.
Verwertungsmöglichkeiten von Activation-Research-Untersuchungen für die Praxis des Verkaufs
in: A816
6 Seiten

B134 B r a c h f e l d , Oliver
Soziodynamische Marktforschung?
in: A1
Seite 59-69

B135 B r a c h f e l d , Oliver
Zur Psychologie des Befragten
in: A2
Seite 19-28

B136 B r a c h f e l d , O(liver)
Von den bewußten und unbewußten Reaktionen des Konsumenten
in: A818
8 Seiten

B137 B r a c h f e l d , Oliver
Zur Psychopathologie des Wohlstandsmenschen: Der steigende Konsum-Donjuanismus
in: A3
Seite 31-38

B138* B r a c h f e l d , Oliver
Was ist ein "Tiefeninterview" ?
in: A4
Seite 76-82

B139* B r a c h f e l d , Oliver
Internationale Marktforschung und Völkerpsychologie
in: A5
Seite 113-12o

B14o B r a u n , Otto
Grundzüge industrieller Marktforschung. Kleiner Leitfaden für die Marktforschung in der Investitions- und Produktionsgüter-Industrie. Wien (Zeitschriftverl. O. Braun) 1968 (Vorwort). 15 Seiten
(Eurotest-Schriften. Band 1)

B141 B r a u n s c h w e i g
Marktforschung aus der Sicht des Marktberaters
in: A815
3 Seiten

B142* B r e c h t b ü h l , Peter
Versicherung und öffentliche Meinung
in: Werbung zwischen Utopie und Realität. Siebzehnte werbewirtschaftliche Tagung in Wien. Bericht. Österreichische Werbewissenschaftliche Gesellschaft (Hrsg.). Wien (Österr. Werbewissenschaftl. Ges.) 1971. 165 Seiten
Seite 119-129

B143 B r e d e n k a m p , Jürgen
Experiment und Feldexperiment
in: B18
Seite 332-374

B144 B r e i t e n a c h e r , M(ichael)
Entwicklungen des Getränkeverbrauchs in der Bundesrepublik - Strukturverschiebungen im Getränkeverbrauch, neueste Verbrauchszahlen für 1973, Prognose bis 1985 nach Getränkearten -
in: A823
Seite 119-158

B145* B r e n n e c k e , Helga
Wandlungen der Verbraucherinformation
in: A384
Seite 167-183

B146* B r i n k m a n n , Carl
Lebensstandard
in:
Handwörterbuch der Sozialwissenschaften. zugleich Neuauflage des Handwörterbuchs der Staatswissenschaften. Sechster Band. Beckerath, Erwin von u.a. (Hrsg.). Stuttgart/Tübingen/Göttingen (Verl. G. Fischer/Mohr Siebeck/Vandenhoeck & Ruprecht) 1959. 644 Seiten
Seite 544-545

B147* B r i n k m a n n , Gerhard
Der Beitrag der sozialökonomischen Verhaltensforschung zur Vorausschätzung des Bedarfs an hochqualifizierten Führungskräften
in: A834
Seite 16-34

B148* B r o c k h o f f , Klaus
Marktsättigung
in: A884
Spalte 14o1-14o8

B149* B r o c k h o f f , Klaus
Produktlebenszyklen
in: A884
Spalte 1763-177o

B15o B r o d e r , M.
Einkaufs- und Trinkgewohnheiten in den privaten deutschen Haushalten bei Spirituosen, Sekt und Bier - Analyse und Beschreibung absatzwirtschaftlich interessanter Nachfragesegmente
in: A823
Seite 65-1oo

B151 B r ö d n e r , E.
Unternehmensberatung und Marktforschung
in: A819
7 Seiten

B152 B r o n i z k a j a , Waltraud
Fragebogen
in: B26
Seite 128-129

B153* B r o o k , Caspar
Der vergleichende Warentest
in: A863
Seite 291-3o2

B154* B r u c k e r t , Emil
Erhebungsmethoden in der Marktforschung
in: A29
Seite 65-84

B155* B r u c k m a n n , Gerhart
Hochrechnungsprognosen
in: A249
Seite 217-235

B156* B r ü g g e , J. zur / W u r m s , J.
Zeitreihenanalyse- und Vorhersageverfahren
in: Computergestützte Marketing-Planung. Beiträge zum Wirtschaftsinformatiksymposium 1973 der IBM Deutschland. Hansen, Hans Robert (Hrsg.). München (Verl. Moderne Industrie) 1974. 731 Seiten
Seite 1o8-129

B157* B r y l i n s k i , Michel
Motivforschung für Investitionsgüter
in: A863
Seite 2oo-2o6

B158 B u c h h o l z , Hans-Günter
Institute für Meinungs-, Markt- und Wirtschafts-Forschung (Demoskopische Institute)
in: Der Journalist. Handbuch der Publizistik. 4. Band 1958. Remy, Ewald W. (Hrsg.) unter Mitarbeit von Buchholz, Hans-Günter/ Descher, Rudolf. Bremen (Verl. B. C. Heye) o. J. 4oo Seiten
Seite 386-394

B159* B ü t i , Gyula / V o g e l s a n g , R. A.
Langfristprognosen ohne technological forecasting sinnlos !
in: A248
Seite 39-41

B16o* B ü t t n e r , Hans-Joachim
Darstellung von Untersuchungsergebnissen
in: A29
Seite 367-4o5

B161* B u l a c h , Karl
Marktforschung für Investitionsgüter
in: A862
Seite 223-257

B162* Bureau of Applied Social Research, Columbia University
Anleitung zur qualitativen Auswertung von dokumentarischem Material
in: A111
Seite 332-346

B163* Bureau of Applied Social Research, Columbia University
Das qualitative Interview
in: A111
Seite 143-16o

B164* Bureau of Applied Social Research, Columbia University
Probleme bei der praktischen Anwendung von Samples
in: A111
Seite 23o-252

B165 B u r g e m e i s t e r , Bernd
Der Einsatz der Marktforschung vor, während und nach der Einführung eines neuen Produkts
in: A821
7 Seiten

B166* B u s c h e r , Harald
Absatzprognose - für Praktiker
in: A248
Seite 6-19

B167 B u s s c h e , Helga von dem
Meinungen über Urlaubsländer
in: A828
Seite 1o2-1o9

B168 B u t c h e r , H. John
Fragebogen
in: Lexikon der Psychologie. Erster Band. Arnold, Wilhelm/ Eysenck, Hans Jürgen/ Meili, Richard (Hrsg.). Freiburg/Basel/Wien (Herder Verl.) 1971. 81o Spalten
Spalte 64o-644

B169* B u t t l e r , Günter
Statistische Testverfahren
in: A176
Seite 1oo-137

B17o C a r t w r i g h t , Dorwin
Feldtheorie
in: B6
Seite 27o-272

B171* C a r t w r i g h t , Dorwin
Feldtheorie
in: Wörterbuch der Soziologie. Band 1. Bernsdorf, Wilhelm (Hrsg.). Frankfurt a. M. (Fischer Taschenbuch Verl.) 1972. Seite 1-312
(Fischer Handbücher)
Seite 229-231

B172* C a t t e l l , Raimond B.
Objektive und experimentelle Analyse menschlicher Motivation
in: B19
Seite 43-53

B173 C a t t e l l , Raymond B.
Faktorenanalyse
in: B168
Spalte 578-589

B174* C h a p i n , F. Stuart
Das Experiment in der soziologischen Forschung
in: A89
Seite 221-258

B175 C h r i s t l , Artur
Die Erforschung des Marktes als Voraussetzung der Fremdenverkehrswerbung
in: Fremdenverkehrswirtschaft und Fremdenverkehrswerbun unter besonderer Berücksichtigung der Verhältnisse in Bayern. Deutsches Wirtschaftswissenschaftliches Institu für Fremdenverkehr an der Universität München (Hrsg.). o.O. o.Verl. o.J. 312 Seiten
(Schriftenreihe des Deutschen Wirtschaftswissenschaftlichen Instituts für Fremdenverkehr an der Universität München. Sondernummer)
Seite 153-178

B176* Internationaler Codex für die Praxis der Marketingforschung.
Internationale Handelskammer IHK (Hrsg.).
Köln (Verl. Deutscher Wirtschaftsdienst) o. J. 15 Seite
(Broschüre "el" der Internationalen Handelskammer)

B177 C o l e , Edward N.
Wer und wo ist der Kunde ? o.O. (Bundesverband deutscher Marktforscher BVM) o.J. 24 Seiten
(Vorträge zur Marktforschung. 17)
(deutsch und englisch)

B178* C o l e m a n , J. S. / K a t z , E. / M e n z e l H.
Die Ausbreitung einer Innovation unter Ärzten
in: A48o
Seite 122-14o

B179 C o r d t s , Jürgen
Beschaffungsmarktforschung
in: Einkaufsleiterhandbuch. Bretschneider, Georg (Hrsg.
München (Verl. Moderne Industrie) 1974. 11o4 Seiten
Seite 147-162

B18o* C o r n i l , Pierre-F(rançois)
Marktforschung beim Handel
in: A29
Seite 479-5o7

B181 C o s t a , Eric da
Wirtschaftliche Probleme und Möglichkeiten der Marktforschung in Indien
in: A817
9 Seiten

B182 C o s t a , E(ric) da
Marktforschung in Indien
in: A818
1 Seite

B183 C r a n a c h , Mario von / F r e n z , Hans-Georg
Systematische Beobachtung
in: B18
Seite 269-331

B184* C r i s p , Richard D.
Ziele und Methoden der Verkaufsvoraussagen
in: A258
Seite 24-5o

B185 D a h l k e , Gerhard
Kunden- und Konsumenten-Befragung als Mittel betrieblicher Markterkundung
in: TFB. Taschenbuch für den Betriebswirt 1956. Steinbring, W./Schnaufer, Erich/ Rode, Gerhard (Schriftleitung und Bearbeitung). Berlin/Stuttgart (Deutscher Betriebswirte-Verl.) 1956. 14o7 Seiten
Seite 326-351

B186* D a n c k w e r t s , Rud.-Ferdinand
Regionale Kaufkraftkennziffern im Dienste der Absatzwirtschaft
in: A863
Seite 255-262

B187* D e g e n h a r d t , Wilhelm
Verbandsmarktforschung im Maschinenbau
in: A8o2
Seite 43-57

B188* D e i s t l e r , Manfred
Die Analyse des Prognoseverhaltens ökonometrischer Modelle mit Hilfe von Spektralmethoden
in: A249
Seite 253-263

B189 D e m p f , Alois
Zu Forschung und Methode
in: A457
Seite 12-14

B19o* D e u t s c h , Paul
Die Problemstellung der betriebswirtschaftlichen Marktforschung
in: Gegenwartsfragen der Unternehmung. Offene Fragen der Betriebswirtschaftslehre. Festschrift zum 7o. Geburtstag von Fritz Henzel. Bellinger, Bernhard (Hrsg.). Wiesbaden (Betriebswirtschaftl. Verl. Gabler) 1961. 251 Seiten
Seite 41-64

B191 Deutsches Industrieinstitut Köln
Die Meinungsforschung und ihre Träger. Ein Strukturbericht - Internationale Gruppen der Meinungs- und Marktforscher - Gewerbliche Meinungs- und Marktforschungsinstitute in der Bundesrepublik -
in: Handbuch der publizistischen Praxis. 7. Band 1961 Remy, Ewald W. (Hrsg.) unter Mitarbeit von Hans-Günter Buchholz und Rudolf Descher. Bremen (Verl. B.C. Heye) o.J. 288 Seiten
Seite 241-263

B192* D i c h t e r , Ernest
Bewältigung der Zukunft durch neues Denken
in: A18
Seite 17-31

B193* D i c h t e r , Ernest
Was ist Motivforschung und Tiefenpropaganda ?
in: A829
Seite 69-82

B194* D i c h t e r , Ernest
Die Einstellung zum Geld in der Wohlstandsgesellschaft
in: Handbuch der Bankenwerbung. Floss, Eberhard/ Muthesius, Peter (Hrsg.). Frankfurt a.M. (F. Knapp Verl.) 1972. 54o Seiten
Seite 66-81

B195 D i c h t e r , Ernest
Motivforschung (neuere Aspekte)
in: B122
Seite 593-6o3

B196* D i c h t e r , Ernest
Motivforschung (neuere Aspekte)
in: B124
Seite 2434-2441

B197* D i c h t e r , Ernest
Kaufmotive
in: A884
Spalte 987-994

B198* D i c h t l , E(rwin)
Methodische Bemerkungen zur Erfassung des Konsumentenverhaltens
in: A48o
Seite 53-6o

B199* D i c h t l , Erwin
Clusteranalyse
in: A884
Spalte 425-432

B2oo* D i c h t l , E(rwin)
Die Multivariatenanalyse im Dienste der Verhaltensforschung
in: B156
Seite 74-1o7

B2o1* D i e t z e , Constantin von
Landwirtschaftliche Marktforschung und Agrarpolitik
in: A725
Seite 43-49

B2o2 D i s c h , Wolfgang K. A.
Marktforschung auf internationalen Märkten
in: Wirtschaftsforschung und Wirtschaftspraxis.
Hamburg (o. Verl.) 1963. 98 Seiten
(Von der Gesellschaft der Freunde und Förderer des Hamburgischen Welt-Wirtschafts-Archivs e. V. gewidmet)
Seite 79-88

B2o3* D i s c h , Wolfgang K. A.
Regionale Kaufkraftkennziffern in europäischen Ländern
in: A863
Seite 263-283

B2o4* D i s c h , Wolfgang K. A.
Panel-Forschung in Europa
in: A863
Seite 249-254

B2o5* D i s c h , Wolfgang K. A.
Verbandsmarktforschung und wirtschaftswissenschaftliche Forschungsinstitute
in: A863
Seite 179-182

B2o6* D i s c h , Wolfgang K. A.
Die Möglichkeiten der Marktforschung für das Unternehmen, Auslandmärkte zu erschließen und den Absatz zu sichern
in: Exportpolitik der Unternehmung. Jacob, H. (Hrsg.).
Wiesbaden (Betriebswirtschaftl. Verl. Gabler) 1969.
148 Seiten
(Schriften zur Unternehmensführung. Band 8)
Seite 61-7o

B2o7* D i s t l e r , Georg
Die Problematik der Anwendung und Interpretation von Zuordnungsversuchen in der Marktpsychologie
in: A45o
Seite 326-345

B2o8* D o d g e , James D.
Verkaufsvoraussagen als Arbeitsmittel für andere Abteilungen
in: A258
Seite 124-134

B2o9 D o e b e l i , H. P.
Motivforschung
in: B119
Seite 748-759

B21o D o h n k e , Dieter
Empirische Sozialforschung
in: B26
Seite 1oo-1o5

B211* D o r n , Dietmar
Einkommenselastizität der Nachfrage
in: A9o2
Seite 5o3-511

B212* D o r n , Dietmar
Preiselastizität der Nachfrage
in: A9o3
Seite 1o73-1o84

B213* D o r n , Dietmar
Marktforschung der öffentlichen Hand
in: A29
Seite 797-81o

B214 D o u r d i n , J.
Die Situation der industriellen Marktforschung in Frankreich
in: A815
5 Seiten

B215 D r e s c h e r , S(iegfried) H.
Das derzeitige EMNID-Arbeitsprogramm auf dem Gebiet der Verbrauchsforschung
in: A814
17 Seiten

B216 D r e s c h e r , S(iegfried) H.
Meinungsforschung und Rechtssprechung [richtig: Rechtsprechung]
in: A815
7 Seiten

B217 D r e s c h e r , Siegfried H.
Aufgabe und Anwendung der Marktforschung
in: Industrieller Vertrieb. VDI-Taschenbuch. Verein Deutscher Ingenieure (Hrsg.). Düsseldorf (VDI-Verl.) 1957. 357 Seiten
Seite 31-38

B218 D r e s c h e r , Siegfried H.
Markterkenntnis und Marktpolitik
in: A831
Seite 16-27

B219 D r e s c h e r , Siegfried (H.)
Die Erforschung des Erlebnisnutzens von Waren
in: A1
Seite 49-59

B22o D r e s c h e r , S(iegfried) H.
Möglichkeiten der internationalen Marktforschung im Rahmen der Gallup-Gruppe
in: A818
11 Seiten

B221 D r e s c h e r , Siegfried H.
Markterkenntnis und Marktpolitik
in: A2
Seite 96-1o7

B222 D r e s c h e r , Siegfried H.
Aktivierungsforschung als Erkenntnisquelle für die Verkaufspolitik
in: A3
Seite 23-27

B223* D r e s c h e r , Siegfried H.
Imageuntersuchungen für Energieversorgungsunternehmen
in: A8
Seite 25-34

B224* D r e s c h e r , Siegfried (H.)
Zur Wirkung des Fernsehens als Informationsquelle
in: A8
Seite 83-1oo

B225* D r e s c h e r , Siegfried (H.)
Marketing und Marktforschung für Banken
in: A9
Seite 2o-35

B226* D r e s c h e r , Siegfried (H.)
Der Weg zur Gewinnung eines realistischen Wirklichkeitsbildes über Gesellschaft und Wirtschaft in der Bundesrepublik seit 1945
in: A1o
Seite 12-3o

B227* D r e s c h e r , Siegfried H.
Marktforschungsinstitute als Gesprächspartner
in: Jahrbuch des Marketing. Ausgabe 1971. Schöttle, Klaus M. (Hrsg.). Essen (Vulkan-Verl. Classen) 1971. 332 Seiten
Seite 89-92

B228* D r e s c h e r , Siegfried H.
Umfrageforschung im Dienst des Bankmarketing
in: B194
Seite 46-64

B229 D r e s c h e r , Siegfried (H.)
Die Institute als Gesprächspartner
in: A12
Seite 9-12

B23o* D r e w e , Paul
Methoden zur Identifizierung von Eliten
in: A129
Seite 162-179

B231 D ü r r m e i e r , Hans
Marktforschung und wirtschaftliche Steuerung
in: Dürrmeier, (Hans)/ Thienes, (Otmar). Marktforschung und wirtschaftliche Steuerung im Unternehmen. Itzehoe (Verl. Hansen & Hansen) um 1967. 32 Seiten
(Vorträge zur Marktforschung. 2)
(Bundesverband deutscher Marktforscher BVM)
Seite 5-9

B232* D u n s t , Klaus H.
Konkurrenzanalyse
in: A9o3
Seite 147-154

B233 E b e r l e i n , Gerald
Experiment und Erfahrung in der Soziologie
in: Experiment und Erfahrung in Wissenschaft und Kunst Strolz, Walter (Hrsg.). Freiburg/München (Verl. K. Alber) 1963. 333 Seiten
Seite 1o1-136

B234 E b e r l e i n , Klaus D.
Anwendung moderner Methoden in der politischen Meinungsforschung
in: A3
Seite 1o7-115

B235 E b e r l e i n , Klaus D.
Polaritätenprofile und ihre Anwendung in repräsentativen Breitenumfragen
in: A6
Seite 55-64

B236* E b e r l e i n , Klaus D.
Gesellschaftliche Schichten in Deutschland
in: A7
Seite 121-131

B237* E b e r t , Konrad
Energie-Prognose und Marktforschung
in: A825
Seite 31-56

B238 E g n e r , Erich
Zum Verständnis des hauswirtschaftlichen Strukturwandels
in: A384
Seite 13-48

B239 E h r h a r d t , Klaus
Testmarkt
in: B128
Seite 783-795

B24o* E h r h a r d t , Klaus
Testmarkt
in: B124
Seite 3o43-3o51

B241* E i c h h o l z , Günther P.
Kaufkraftforschung
in: A46
27 Seiten

B242 E i c h h o l z , Günther P.
Verbrauchsforschung in soziologischer Sicht
in: Die informierte Unternehmung. Beiträge aus Wissenschaft und Praxis für die Zukunftsgestaltung der Unternehmung. Rühle von Lilienstern, Hans (Hrsg.). Berlin (E. Schmidt Verl.) 1972. 336 Seiten
Seite 229-232

B243* Einkaufs-Pendler-Untersuchungen.
gzm - Gesellschaft für Zeitungsmarketing und Media Markt Analysen (Hrsg.).
Frankfurt a.M. (Vorwort) o.Verl. 1974 (Vorwort).
15 Seiten

B244* E k m a n , Gösta
Konstruktion und Standardisierung von Tests. Göttingen (Verl. f. Psychologie Hogrefe) o.J. 19 Seiten

B245 E l l i n g e r , Theodor
Die Informationsfunktion des Produktes
in: Produktionstheorie und Produktionsplanung. Karl Hax zum 65. Geburtstag. Moxter, Adolf/ Schneider, Dieter/ Wittmann, Waldemar (Hrsg.). Köln/Opladen (Westdeutscher Verl.) 1966. 388 Seiten
Seite 253-336

B246* E l l i n g e r , Theodor
Marktperiode
in: A884
Spalte 1395-14o1

B247* E n g e l , James F. / W a l e s , Hugh G.
Möglichkeiten und Grenzen der Motivforschung
in: A863
Seite 195-199

B248 Die Entwicklung der Kaufkraft der Deutschen Mark 1949-1951.
Goldack, Günter/ Vershofen, Wilhelm (Bearbeiter). Wiesbaden (Necessitas-Verl.) 1952. 27 Seiten
(Untersuchung der Gesellschaft für Konsumforschung durchgeführt im Institut für Absatz- und Verbrauchsforschung Nürnberg Zweigstelle Tiefenbach)
(Umschlag-Titel: Die Kaufkraft der Deutschen Mark)

B249 Die Entwicklung der Motorisierung in der Bundesrepublik und in den einzelnen Bundesländern sowie West Berlin bis 1985 - Eine Studie der Deutschen Shell Aktiengesellschaft (5. Ausgabe).
Deutsche Shell (Hrsg.)
o. O. (Deutsche Shell Wirtschafts- und Marktforschung) 1967. 23 Seiten

B25o* E r b s l ö h , Eberhard
Die unkontrollierte Einflußnahme des Interviewers im Forschungsinterview - dargestellt am Beispiel der Ergebnisse eines Tests zum Messen verbaler Intelligenz. Ein Beitrag zur Verminderung des Interviewer-Fehlers
in: A128
Seite 1-67

B251* E r b s l ö h , Eberhard / W i e n d i e c k , Gerd
Der Interviewer
in: A129
Seite 83-1o6

B252 E r h a r d , L(udwig)
Soziale Marktwirtschaft und Marktforschung
in: A817
3 Seiten

B253 E r h a r d , Ludwig
Fragen an die Meinungsforschung. Allensbach/Bonn
(Verl. f. Demoskopie) 1962. 25 Seiten
(Allensbacher Schriften 8)

B254* E r h a r d , Ludwig
Marktforschung zwischen Wissenschaft und Praxis
in: Fröhner, (Rolf)/ Erhard, (Ludwig)/ Munte, (Herbert).
Marktforschung zwischen Wissenschaft und Praxis. Itzehoe
(Verl. Hansen & Hansen) um 1968. 32 Seiten
(Vorträge zur Marktforschung. 8/9)
(Bundesverband deutscher Marktforscher BVM)
Seite 8-17

B255 E r n s t , Otmar
Bedeutung und Nutzung der Medien in Führungsschichten
der Wirtschaft
in: A6
Seite 64-77

B256 E r n s t , Wolfgang
Zweck und Aufgaben der Hörerforschung
in: A832
Seite 7o-75

B257 E s c h e , Harald
Interview
in: B26
Seite 231-234

B258 E s e r , Wolfgang
Marktforschung und Werbung
in: Werbeleiter-Handbuch. Zankl, Hans Ludwig (Hrsg.).
München (Verl. Moderne Industrie) 1966. 1321 Seiten
Seite 97-123

B259* E s s e r , Hartmut
Kooperation und Verweigerung beim Interview
in: A128
Seite 69-141

B26o* E s s e r , Hartmut
Der Befragte
in: A129
Seite 1o7-145

B261 E s s e r , Ulrich
Skalierungsverfahren
in: A77
Seite 184-242

B262* E s t e s , B. E.
Was die Unternehmensleitung von Voraussagen erwartet
in: A258
Seite 15-23

B263* Die Exportmarktforschung der CMA. Stand: Januar 1975
Bonn-Bad Godesberg (Centrale Marketingges. der Deutschen Agrarwirtschaft. Marketing Ausland) 1975.
18 Seiten

B264 E y f e r t h , Klaus
Skalierung
in: Lexikon der Psychologie. Dritter Band. Arnold, Wilhelm/ Eysenck, Hans Jürgen/ Meili, Richard (Hrsg.).
Freiburg/Basel/Wien (Herder Verl.) 1972. 818 Spalten
Spalte 358-361

B265* F a l k , Bernd R.
Beobachtungsmethoden in der Marktforschung
in: A9o2
Seite 231-236

B266 F a l k , Bernd R.
Marktforschung für Dienstleistungsbetriebe
in: B122
Seite 568-576

B267 F a m i n t z i n , R.
Kontrollkäufe
in: Schweizerisches Handbuch der Absatzförderung und Werbung. Manuel suisse de la vente et de la publicité. Thalwil-Zürich (E. Oesch Verl.) 1946.
447 Seiten
Seite 83-84

B268 F e g i z , Pierpaolo Luzzatto
Internationale Meinungsforschung
in: A832
Seite 218-224

B269* F e s t i n g e r , L(eon)
Experimente über die Wirkung der kongnitiven Dissonanz nach Wahlentscheidungen
in: A48o
Seite 78-91

B27o* F e s t i n g e r , Leon
Laboratoriumsexperimente: Die Rolle der Gruppenzugehörigkeit
in: A89
Seite 275-286

B271 F e s t i n g e r , Leon
Die Lehre von der "kognitiven Dissonanz"
in: Grundfragen der Kommunikationsforschung. Schramm, Wilbur (Hrsg.). 5. Auflage München (Juventa Verl.) 1973. 191 Seiten
(The Science of Human Communication. New York 1963. Deutsche Übersetzung von Hans-Eberhard Piepho)
Seite 27-38

B272* F e t t e l , Johannes
Der wertende Konsument
in: B48
Seite 141-15o

B273* F i c k e l , Franz W.
Vergleichbarkeit regionaler Kaufkraftkennziffern auf europäischer Ebene
in: A863
Seite 284-29o

B274 F i c k e l , Franz W.
Kaufkraft
in: Handwörterbuch der Raumforschung und Raumordnung II
Akademie für Raumforschung und Landesplanung (Hrsg.).
2. Auflage. Hannover (Gebr. Jänecke Verl.) 197o.
3974 Spalten
Spalte 1533-1544

B275* F i c k e l , Franz W.
Tendenzen - Märkte, Verbrauchergewohnheiten, Angebotsformen
in: B227
Seite 13o-138

B276* F i c k e l , Franz W.
Kaufkraftkennzahlen
in: A884
Spalte 985-987

B277* F i c k e l , Franz W.
Tendenzen: Märkte, Verbrauchergewohnheiten, Angebotsformen. Marktdaten und Tendenzen bis 1985
in: A89o
Seite 1o-21

B278* F i e d l e r , Jürgen
Volkswirtschaftliche Daten für die Marketing-Planung
in: B227
Seite 123-13o

B279* F i e d l e r , Jürgen
Prognoseverfahren
in: A9o4
Seite 45-54

B28o* F i s c h e r , Guido
Arbeitsmarkt und Arbeitsmarktforschung.
in: Modernes Marketing - Moderner Handel. Karl Christian Behrens zum 65. Geburtstag. Bidlingmaier, Johannes (Hrsg.). Wiesbaden (Betriebswirtschaftl. Verl. Gabler) 1972. 579 Seiten
(Betrieb und Markt -Studienreihe-. Sonderband)
Seite 265-287

B281 F i s c h e r , H.
Zur Entwicklung der innerbetrieblichen Marktforschung in den letzten 1o Jahren
in: A817
17 Seiten

B282 F i s c h e r , Hans
Der Kundentest als Mittel der Absatzförderung. Frankfurt a.M. (Schimmelpfeng-Wirtschaftsdienst) o.J.
15 Seiten

B283* F i s c h e r , Hans
Die Prüfung der Kundenbeziehungen und die Ermittlung des Lieferanten-Image
in: A18
Seite 33-41

B284 F i s c h e r , Klaus
Aufbereitung
in: B26
Seite 44-45

B285 F i s c h e r , Klaus
Erhebung
In: B26
Seite 1o9-11o

B286 F i s c h e r , Wolfgang
Die sozial-ökonomische Bedeutung der privaten Hauswirtschaft in der sozialistischen Volkswirtschaft - Vision und Realität
in: Ordo. Jahrbuch für die Ordnung von Wirtschaft und Gesellschaft. 23. Band. Böhm, Franz/ Lutz, Friedrich A. Meyer, Fritz W. (Hrsg.). Düsseldorf/München (H. Küpper vorm. G. Bondi Verl.) 1972. 48o Seiten
Seite 345-357

B287 F l o c k e n h a u s , K(arl) F(riedrich)
Möglichkeiten zu quantitativen Messungen des Konsums in Deutschland
in: A814
9 Seiten

B288 F l o c k e n h a u s , K(arl) F(riedrich)
Ergebnisse der neuen EMNID-Umsatzkontrolle
in: A815
16Seiten

B289 F l o c k e n h a u s , Karl Friedrich
Repräsentativ-statistische Methoden in der Marktforschung
in: B217
Seite 38-48

B29o F l o c k e n h a u s , Karl-Friedrich
Zur Darstellung und Interpretation repräsentativer Befragungsergebnisse
in: A1
Seite 12-2o

B291 F l o c k e n h a u s , Karl-Friedrich / P é r o n , Joseph
Interviewer und Random-Umfragen
in: A2
Seite 13-19

B292 F l o c k e n h a u s , K(arl) F(riedrich)
Eine neue Random-Stichprobe und ein neuer Interviewer-Eignungstest
in: A818
9 Seiten

B293 F l o c k e n h a u s , K(arl) F(riedrich)
Absicherung durch moderne Verfahren der Befragtenauswahl
in: A819
7 Seiten

B294 F l o c k e n h a u s , Karl-Friedrich
Über die Bedeutung der zufallsgesteuerten Befragtenauswahl
in: A3
Seite 8-15

B295* F l o c k e n h a u s , Karl-Friedrich
Mit 99 % Sicherheit. Der Vergleich von Häufigkeitsverteilungen.
in: A4
Seite 15-25

B296* F l o c k e n h a u s , K(arl) F(riedrich)
Zu den Behauptungen über die Genauigkeit von Repräsentativ-Erhebungen
in: A5
Seite 59-67

B297* F l o c k e n h a u s , Karl-Friedrich
Ausgewählte Probleme der Stichprobenbildung in der demoskopischen Marktforschung
in: A28
Seite 2o7-224

B298 F l ö g e l , Herbert
Motivforschung in der Praxis
in: Marktforschung - Marketing - Werbung. Frankfurt a.M. (J. W. Thompson) 1959. 128 Seiten
(Vorträge, gehalten anläßlich der Eröffnung unseres neuen Büros im Januar 1959)
Seite 21-42

B299* F l ö g e l , Herbert
Programmatische Gedanken über die Zusammenarbeit zwischen Marktforschungsinstitut und Werbeagentur
in: A5
Seite 3o-33

B3oo F l ö g e l , Herbert
Image
in: Management-Enzyklopädie. Das Managementwissen unserer Zeit in 6 Bänden. Dritter Band. München (Verl. Moderne Industrie) 197o. 1279 Seiten
Seite 433-439

B3o1* F l ö g e l , Herbert
Marktpsychologisches Praktikum
in: Spezialgebiete des Marketing. Jacob, H. (Hrsg.). Wiesbaden (Betriebswirtschaftl. Verl. Gabler) 1972. 17o Seiten
(Schriften zur Unternehmensführung. Band 16)
Seite 3-4o

B3o2* F l ö g e l , Herbert
Konkurrenz-Analyse
in: B124
Seite 1847-1853

B3o3 F ö r s t e r , Peter
Analyse des Zeitbudgets
in: A77
Seite 161-172

B3o4 F ö r s t e r , Peter
Gruppendiagnostik
in: A77
Seite 138-16o

B3o5* F r a n k , Robert
Prognostische Verfahren
in: A29
Seite 231-284

B3o6 F r a n k e , Dieter
Marktforschung als Meßwertgeber. Psychologische und ökonomische Wirkungsmessung
in: Kommunikation und Wissenschaft. Was wissen wir über die Kommunikation wirklich ? Vorträge, Diskussionen und Arbeitsergebnisse des Bundeskongresses des Bundes Deutscher Werbeberater vom 3.5. bis 5.5.1973 in Düsseldorf. Karlsruhe (Verl. Nadolski) 1973. 278 Seiten (Effektive Werbung 5)
Seite 2o6-218

B3o7* F r a n k e , Joachim
Manipulation oder Regulation des Verbrauchs durch Anwendung der Psychologie
in: Verbraucherschutz in der Marktwirtschaft. Dichtl, Erwin (Hrsg.). Berlin (Verl. Duncker & Humblot) 1975. 224 Seiten
Seite 81-96

B3o8* F r a n z e n , G(erwin)
Marktforschung für Investitionsgüter
in: A9o3
Seite 723-731

B3o9 F r a t z , Emil
Vollbeschäftigung durch Marktforschung und langfristige Verkaufsplanung
in: B54
Seite 6o-74

B31o F r a t z , E(mil)
Methoden der Verkaufsvorausschätzung in der Industrie
in: A824
Seite 39-53

B311 F r a t z , Emil
Marktforschung
in: Staatslexikon Recht Wirtschaft Gesellschaft. 5. Band. Görres-Gesellschaft (Hrsg.). 6. Auflage Freiburg (Verl. Herder) 196o. 1246 Spalten
Spalte 551-557

B312* F r a t z , Emil
Der Mensch im Markt - ein Spiel in Doppelrollen
in: B48
Seite 151-159

B313* F r a t z , Emil
Probleme und Methoden der Stichprobenbildung in der Investitionsgüter-Marktforschung
in: A38
Seite 196-2o5

B314* F r e i t a g , Diethard E.
Multivariate Verfahren
in: A9o3
Seite 943-961

B315* F r e i t a g , Diethard E.
Skalierungsverfahren
in: A9o4
Seite 185-196

B316 F r e i t a g , Joachim / J a h n , Walter
Faktoranalyse
in: B26
Seite 117-122

B317* F r e n c h , John R. P.
Feldexperimente: Änderung in der Gruppenproduktion
in: A89
Seite 259-273

B318* F r i c k e , Dieter
Das Sparen im Spannungsfeld der Bedürfnisse. Eine Kritik der Sparfunktion.
in: A834
Seite 41-57

B319 F r i e d e b u r g , Ludwig von
Zur Frage der Verweigerungen bei Umfragen mit Quoten-Stichproben
in: A832
Seite 19o-194

B32o F r i e d r i c h , Walter
Grundprobleme der Befragungsmethode
in: A77
Seite 24-73

B321 F r i e d r i c h , Walter
Intervallstudien in der Sozialforschung
in: A77
Seite 335-345

B322 F r i e d r i c h s , Ernst M.
Prognose-Verfahren
in: A812
Seite 1-1o

B323 F r ö h n e r , Rolf
Marktforschung und Sozialforschung
in: A814
12 Seiten

B324 F r ö h n e r , Rolf
Die Familie als Faktor in der Wirtschaft
in: A815
8 Seiten

B325 F r ö h n e r , R(olf)
Meinungsforschung und Public Relations
in: A816
8 Seiten

B326 F r ö h n e r , Rolf
Lesermarktforschung für Verlage
in: A1
Seite 33-42

B327* F r ö h n e r , Rolf
Marktforschung für die Versicherungswirtschaft
in: A5
Seite 34-4o

B328* F r ö h n e r , Rolf
Marktforschung und wirtschaftliche Steuerung
in: B22
Seite 5-7

B329 F r ö h n e r , Rolf
Marketing und Marktforschung im Buchhandel
in: Das Buch in der dynamischen Gesellschaft. Festschrift für Wolfgang Strauß zum 6o. Geburtstag. Adrian, Werner/ Hinze, Franz/ Meyer-Dohm, Peter/ Uhlig, Christian (Hrsg.). Trier (Spee-Verl.) 197o.
3o8 Seiten
Seite 235-252

B33o* F r ö h n e r , Rolf
Marktforschung und Marketing in der Versicherungswirtschaft
in: B227
Seite 11o-116

B331* F r ö h n e r , Rolf
Marktforschung im Versicherungsmarketing
in: A29
Seite 717-736

B332* F u c h s , Reimar
Marktanteils- und Feldanteils-Berechnungen
in: A28
Seite 643-659

B333* F ü r s t , Gerhard
Zur Aussagekraft von Preisindexziffern der Lebenshaltung
in: A3o4
Seite 395-4o4

B334* F u e s t , Reinhold
Marktuntersuchungen zur Unternehmensentscheidung
in: A29
Seite 4o9-45o

B335 F u n k e , G.
Gewohnheit
in: Historisches Wörterbuch der Philosophie. Ritter, Joachim (Hrsg.). Band 3. Darmstadt (Wissenschaftliche Buchges.) 1971. 1272 Spalten
Spalte 597-616

B336 G a b s a , G.
Entwicklungstendenzen des Getränkeverbrauchs auf internationaler Ebene - Auswirkungen auf die Marketing-Politik der Getränke-Industrie
in: A823
Seite 1o3-115

B337* G a n s e r a , Horst
Anwendung von Panel-Ergebnissen in der betrieblichen Marktforschung
in: A863
Seite 238-248

B338* G a ô n , Rachel
Methoden der psychologischen Marktforschung
in: A29
Seite 85-1o2

B339 G a r r e t t , Th. M.
Motivforschung und Tiefenpropaganda als ethisches Problem
in: A829
Seite 99-1o8

B34o* G a t e s , Donald E.
Zuverlässige Voraussagen in einem kleineren Unternehmen: Dodge Manufacturing Corporation
in: A258
Seite 184-2o1

B341 G e i g e r , Herbert
Interessen und Verhaltensweisen von Urlaubsreisenden
in: A828
Seite 119-131

B342 G e i g e r , Siegfried / H e y n , Wolfgang
Innovation
in: B3oo
Seite 555-563

B343* G e i g e r , Siegfried / H e y n , Wolfgang
Fehlerquellen in der demoskopischen Marktforschung
in: A28
Seite 413-43o

B344* G e i g e r , Siegfried / H e y n , Wolfgang
Innovation
in: B124
Seite 16o4-161o

B345* G e i s s l e r , Árpád
Exportmarktforschung
in: A9o2
Seite 655-663

B346 G e i ß l e r , Jürgen
Meinungen über das organisierte Reisen
in: A828
Seite 11o-115

B347* G e r l o f f , Otfried
Psychologische Konsumententypologien in der Praxis.
Itzehoe (Verl. Hansen & Hansen) um 1968. 24 Seiten
(Vorträge zur Marktforschung. 12)
(Bundesverband deutscher Marktforscher BVM)

B348* G e r t h , Ernst
Marktforschung für Klein- und Mittelbetriebe
in: A884
Spalte 1349-1354

B349* G e s k e , Gunther
Eindimensionale Grundauszählung und Normalverteilungs-
test
in: A97
Seite 46-64

B35o* G e s k e , Gunther
Die Kodierung der Daten
in: A97
Seite 7-21

B351 G i l o w , Peter
Verwertung von Ergebnissen der Verbrauchs- und Verkaufsforschung im eigenen Unternehmen
in: A814
4 Seiten

B352* G l a e s s e r , Wolfgang
Politische Meinungsforschung für die Bundesregierung
in: A1o
Seite 9-11

B353* G l a s t e t t e r , Werner
Konsumzwang in einer Wohlstandsgesellschaft
(Probleme und Konsequenzen)
in: B45
Seite 259-29o

B354 G l o o r , Max
Verbrauchsgütermärkte im Jahre 197o
in: Morgen verkaufen - was und wie. Bericht über den 2. Kongreß für Vertrieb und Marketing. Kongreß-Komitee des 2. Kongresses für Vertrieb und Marketing (Hrsg.). Düsseldorf (Vereinigung der Deutschen Marketing und Verkaufsleiter-Clubs) 1964. 151 Seiten
Seite 51-7o

B355* G o l d a c k , Günter
Organisation und Technik betrieblicher Marktforschung durch Hersteller von Konsumgütern
in: A862
Seite 283-3o5

B356 G o l d s c h m i d t , Walter
Feldforschung
in: B6
Seite 267-27o

B357* G o l d s c h m i d t , Walter
Feldforschung
in: B171
Seite 226-229

B358* G o l l n o w , Christian
Kundenstruktur
in: A9o3
Seite 233-239

B359* G o o d e , William J. / H a t t , Paul K.
Die schriftliche Befragung
in: A111
Seite 161-177

B36o* G o o d e , William J. / H a t t , Paul K.
Beispiel für den Aufbau eines Fragebogens
in: A111
Seite 115-124

B361* G o o d e , William J. / H a t t , Paul K.
Die Einzelfallstudie
in: A89
Seite 299-313

B362* G o o d e , William J. / H a t t , Paul K.
Grundelemente der wissenschaftlichen Methode
in: A89
Seite 51-75

B363 G o r n y , Dietrich
Anwendung Demoskopischer Umfragen in der Rechtspraxis
in: "The Challenges Facing Marketing Research: How do we meet them ?" Main Sessions. ESOMAR Congress 1974. 1.-5. September. Hamburg/Amsterdam (ESOMAR) o.J.
8o8 Seiten
Seite 4o3-422

B364* G o r n y , Dietrich
Marktforschung als Unterlage für Rechtsgutachten
in: A29
Seite 811-833

B365 G o s e b r u c h , R.
Möglichkeiten einer Marktforschung für Investment-gesellschaften
in: Investment Handbuch. Schuster, Leo (Hrsg.). Stuttgart (C.E. Poeschel Verl.) 1971. 44o Seiten
Seite 128-142

B366 G r a m s e , G.
Die Sammlung von Informationen über lokale Märkte
in: A816
3 Seiten

B367 G r a u m a n n , Carl-Friedrich
Methoden der Motivationsforschung
in: Allgemeine Psychologie. II. Motivation. Thomae, Hans (Hrsg.). Göttingen (Verl. für Psychologie Hogrefe) 1965. 9o7 Seiten
(Handbuch der Psychologie. 2. Band)
Seite 123-2o2

B368 G r a u m a n n , Carl Friedrich
Grundzüge der Verhaltensbeobachtung
in: Fernsehen in der Lehrerbildung. Neue Forschungs-ansätze in Pädagogik, Didaktik und Psychologie. Meyer, Ernst (Hrsg.). München (Manz Verl.) 1966. 175 Seiten
(Pädagogik - Didaktik - Methodik. Band 7)
Seite 86-1o7

B369* G r e e n w o o d , Ernest
Das Experiment in der Soziologie
in: A89
Seite 171-22o

B37o* G r e i p l , Erich
Indikatoren, absatzwirtschaftliche
in: A884
Spalte 83o-835

B371 G r e n f e l l , Newell
Marktforschung in Malaysia
in: A6
Seite 112-114

B372* G r i e s e , Joachim
Initialisierung und Überwachung von Prognosemodellen
in: A249
Seite 119-13o

B373* G r i e s e , Joachim / M a t t , Günther
Prognosen mit Hilfe einer Kombination von schrittweiser Regressionsanalyse und exponentieller Glättung (adaptive Einflußgrößenkombination)
in: A249
Seite 147-179

B374* G r i e s m e i e r , Josef
Erhebung, statistische
in: Handwörterbuch der Sozialwissenschaften. zugleich Neuauflage des Handwörterbuchs der Staatswissenschaften. Dritter Band. Beckerath, Erwin von u.a. (Hrsg.). Stuttgart/Tübingen/Göttingen (Verl. G. Fischer/ Mohr Siebeck/Vandenhoeck & Ruprecht) 1961. 8o3 Seiten
Seite 3oo-3o5

B375* G r i m m , Rolf
Marktforschung im Verlagswesen
in: A29
Seite 765-782

B376* G r o h , Gisbert
Marktsegmentierung
in: A884
Spalte 14o8-142o

B377 G r o s s , Günter F.
Die Organisation der Konkurrenz-Beobachtung. München (Gesellschaft f. Führungstechnik) o.J. o.Pag.
(als Manuskript gedruckt)

B378 G r o s s , Herbert
Motivforschung - nur ein weiteres Werkzeug der Marktforscher
in: Packard, Vance. Die geheimen Verführer. Frankfurt a.M./Berlin (Ullstein Verl.) 1962. 2o7 Seiten
(The Hidden Persuaders)
Seite 2o5-2o7

B379* G r ü n w a l d , Rolf
Empirische Wirtschaftsforschung im Rahmen der Gemeinwirtschaft
in: Kultur und Wirtschaft. Eine Festgabe zum 7o. Geburtstag von Wilhelm Vershofen. Bergler, Georg (Hrsg.). o. O. (Verl. A. Nauck) 1949. 435 Seiten
Seite 133-146

B38o G r ü n w a l d , Rolf
Bedarf und Wettbewerb als Faktoren der Marktbildung dargestellt am Beispiel Österreichs. Wien (Institut f. Industrieforschung) 196o. 16 Seiten
(Beiträge zur Markt- und Verbrauchsforschung. Heft 1)
(Sonderabdruck aus: Der Mensch im Markt. Eine Festschrift zum 6o. Geburtstag von Georg Bergler. Vershofen, Wilhelm/ Meyer, Paul W./ Moser, Hans/ Ott, Werner [Hrsg.]. Berlin [Verl. Duncker & Humblot] 196o. 464 Seiten. Seite 359-374)

B381* G r ü n w a l d , Rolf
Vershofen und die Marktforschung
in: A38
Seite 38-44

B382* G ü t t n e r , Gisela
Identifikationsmodelle und Konsumverhalten
in: A451
Seite 198-219

B383 G u t h , Ernst
Marktforschung und Absatzschwankungen
in: Dynamische Betriebsführung. Elastische Anpassung der Unternehmung an die Dynamik der Märkte. Vorträge des 12. deutschen Betriebswirtschafter-Tages. Deutsche Gesellschaft für Betriebswirtschaft (Hrsg.). Berlin (Deutscher Betriebswirte-Verl.) 1959. 275 Seiten
Seite 3o-39

B384* G u t h , Ernst
Zur Psychologie des Arbeiters
in: B48
Seite 161-177

B385* H a a r l a n d , H. P. / N i e s s e n , H.-J.
Die Bedeutung von Antizipationsvariablen für das Kauf- und Sparverhalten auf der Mikro- und Makroebene
in: B45
Seite 61-87

B386* H a a v e l m o , Trygve
Methoden der Messung der Grenzneigung zum Konsum
in: A3o4
Seite 4o5-413

B387* H a b i s r e i t i n g e r , Horst H.
Der Mensch im Markt ?
in: B48
Seite 179-189

B388* H a e d r i c h , Günther
Marktforschung und Werbeplanung
in: Absatzpolitik und Distribution. Karl Christian Behrens zum 6o. Geburtstag. Bidlingmaier, Johannes/ Jacobi, Helmut/ Uherek, Edgar W. (Hrsg.). Wiesbaden (Betriebswirtschaftl. Verl. Gabler) 1967. 455 Seiten (Betrieb und Markt -Studienreihe-. Sonderband)
Seite 113-121

B389* H ä u s e r , Karl
Bedürfnis, Bedarf, Gut, Nutzen
in: Handwörterbuch der Betriebswirtschaft. Grochla, Erwin/ Wittmann, Waldemar (Hrsg.). 4. Auflage. Stuttgart (C.E. Poeschel Verl.) 1974. 1696 Spalten (Enzyklopädie der Betriebswirtschaftslehre. Band I/1)
Spalte 449-463

B39o* H a f e r m a l z , Otto
Marktforschung und Absatzmethode
in: B388
Seite 155-174

B391* H a f e r m a l z , Otto
Stichprobenausschöpfung bei demoskopischen Befragungen
in: B28o
Seite 227-248

B392* H a f e r m a l z , Otto
Schriftliche Befragung
in: A28
Seite 479-5o1

B393* H a f t e r , Lilian / B a u m , Joachim
Produkttest
in: A9o4
Seite 37-43

B394* H a g o o d , Margaret Jarman / P r i c e , Daniel O.
Lehrstücke aus der Theorie des Wahrscheinlichkeits-Samples
in: A111
Seite 211-229

B395* H a h n , Dietger
Prognose und Unternehmungsplanung
in: B97
Seite 27-41

B396 H a h n , Toni
Motivation
in: B26
Seite 298-3o3

B397 H a h n , Toni
Motivforschung
in: B26
Seite 3o3-3o5

B398 H a l l e r v o n H a l l e r s t e i n ,
Dorothea Freifrau
Produktionsgüter-Marktforschung im Rahmen der EWG
in: A3
Seite 84-89

B399 H a l l w a c h s , Henning
Beobachtungsverfahren in der Tourismusforschung
in: A828
Seite 19o-196

B4oo* H a m b i t z e r , Manfred
Jugendliche und Konsumverhalten
in: A45o
Seite 61-85

B4o1 H a n a u , Arthur
Entwicklung und Stand der landwirtschaftlichen Marktforschung in Deutschland
in: Gedenkschrift zur Verleihung des Justus-von-Liebig-Preises 196o der gemeinnützigen Stiftung F.V.S. zu Hamburg durch die Landwirtschaftliche Fakultät der Christian-Albrechts-Universität, Kiel, an Arthur Hanau und Roderich Plate. o.O.(o.Verl.)o.J. 5o Seiten
Seite 15-34

B4o2 H a n a u , Arthur
Friedrich Aereboe als Initiator der landwirtschaftlichen Marktforschung
in: Friedrich Aereboe. Würdigung und Auswahl aus seinen Werken aus Anlaß der 1oo. Wiederkehr seines Geburtstages. Hanau, Arthur/ Rolfes, Max/ Wilbrandt, Hans/ Woermann, Emil (Hrsg.). Hamburg/Berlin (Verl. P. Parey) 1965. 365 Seiten
Seite 162-198

B4o3* H a n r i e d e r , Manfred
Testmarketing
in: A9o4
Seite 331-339

B4o4* H a n s e n , Klaus
Prognose mit Hilfe der Theorie der linearen Filter
in: A249
Seite 239-252

B4o5* H a r d e r , Theodor
Bemerkungen zum Problem der Objektneutralität von Methoden
in: A5
Seite 95-1oo

B4o6 * H a r d e r , Theodor
Fragen des Marktforschers an den Mathematiker
in: A7
Seite 1o5-11o

B4o7* H a r d e r , Theodor
Sozialwissenschaftliche Prognosen im Lichte des Mikro-Makro-Problems
in: A1o
Seite 46-62

B4o8 H a r t m a n n , Klaus Dieter
Meinungen über Urlaubslandschaften und Urlaubsorte
in: A828
Seite 76-1o1

B4o9 H a r t m a n n , Klaus Dieter
Meinungen über Urlaubsunterkünfte, insbesondere über das Camping
in: A828
Seite 59-75

B41o* H a s e l o f f , Otto Walter
Über Diffusion von Produkten und Ideen (Zur Theorie und Technik des Innovativen Marketing). o.O. (Bundesverband deutscher Marktforscher BVM) um 1973. 33 Seiten (Vorträge zur Marktforschung. 22)

B411* H a s e l o f f , Otto Walter
Motivforschung und Markterkundung
in: A4
Seite 26-32

B412 H a s e l o f f , Otto Walter
Marktforschung und unternehmerische Entscheidungsplanung
in: A821
22 Seiten

B413 H a s e l o f f , Otto Walter
Einige operationale Verfahren und Arbeitsvorhaben in den Bereichen der Markt- und Werbeforschung
in: A6
Seite 11-24

B414 H a s e l o f f , Otto W(alter)
Zukunftsperspektiven der Marktforschung
in: A822
34 Seiten

B415* H a s e l o f f , Otto Walter
Zukunftsperspektiven der Marktforschung
in: A7
Seite 59-89

B416* H a s e l o f f , Otto Walter
Motivation
in: Handwörterbuch der Organisation. Grochla, Erwin (Hrsg.). Stuttgart (C.E. Poeschel Verl.) 1969. 1886 Spalten
Spalte 1o1o-1o26

B417* H a s e l o f f , Otto Walter
Moderne Methoden der Markt- und Werbeforschung
in: Planung und Entscheidung. Berlin (Colloquium-Verl.) 197o. 153 Seiten
(Forschung und Information. Band 5. Schriftenreihe der RIAS-Funkuniversität)
Seite 84-96

B418* H a s e l o f f , Otto Walter
Marktforschung und Motivationstheorie
in: A28
Seite 91-146

B419 H a u f f , Manfred G.
Theorie und Praxis wohnungswirtschaftlicher Marktforschung
in: B28
Seite 91-123

B42o* H a u p t , Klaus
Marktforschung, psychologische
in: A9o3
Seite 745-753

B421* Haushaltspanel. Instrument der Markt-Diagnose. Markt-Beobachtung. Absatz-Kontrolle. Markt-Planung. GFM Gesellschaft für Marktforschung (Hrsg.). Hamburg (GFM) o.J. 28 Seiten

B422* H a w l e y , Amos H.
Theorie und Forschung in der Sozialökologie
in: A69
Seite 51-81

B423* H e c k h a u s e n , H.
Motivation der Anspruchsniveausetzung
in: Motivation menschlichen Handelns. Thomae, Hans (Hrsg.). 8. Auflage. Köln (Verl. Kiepenheuer & Witsch) 1975. 539 Seiten
(Neue Wissenschaftliche Bibliothek. Psychologie. Band 4)
Seite 231-25o

B424* H e i n e n , Edmund
Determinanten des Konsumentenverhaltens - Zur Problematik der Konsumentensouveränität
in: Zur Theorie des Absatzes. Erich Gutenberg zum 75. Geburtstag. Koch, Helmut (Hrsg.). Wiesbaden (Betriebswirtschaftl. Verl. Gabler) 1973. 48o Seiten
Seite 81-13o

B425* H e i n e n , Edmund
Marktverhalten der Anbieter
in: A884
Spalte 1438-1449

B426 H e i n r i c h , Peter
Öffentliche Meinung
in: B26
Seite 276-279

B427 H e i n r i c h s , Hanna
Die Frau als Auskunftsperson
in: A1
Seite 2o-27

B428* H e l m , Meinhard
Zeitreihenprognose mit Hilfe autoregressiver Modelle.
in: A249
Seite 265-28o

B429* H e l t e n , Elmar
Wahrscheinlichkeitsrechnung
in: A176
Seite 9-39

B43o* H e n k e l , Konrad
Transparenz des Marktes
in: A553
Seite XXIII-XXVIII

B431 H e n n i g , Werner
Einige Fragen des Aufbaus von Interviewfragebogen und der Interviewerausbildung
in: A77
Seite 74-89

B432 H e n n i g , Werner
Gütekriterien als Präzisionsbedingungen sozialwissenschaftlicher Forschungsmethoden
in: A77
Seite 243-263

B433 H e n n i g , Werner
Persönlichkeitsfragebogen als psychodiagnostische Meßinstrumente
in: A77
Seite 9o-117

B434* H e n r y , Harry
Was ist Motivforschung ?
in: A3o4
Seite 256-265

B435* H e n s m a n n , J.
Prognoseverfahren im Marketing
in: B227
Seite 193-198

B436* H e n s m a n n , Jan
Weltmarktbeobachtung
in: A884
Spalte 22o1-2211

B437* H e r k n e r , Werner
Inhaltsanalyse
in: A95
Seite 158-191

B438* H e r p p i c h , Hans Günter
Marktforschung für Dienstleistungen
in: A9o3
Seite 715-722

B439* H e r z , Thomas A.
Vorhersagestudien
in: A289
Seite 131-156

B44o* H e s s , Eva-Maria
Die Problematik der Stichtaguntersuchungen
in: A28
Seite 271-284

B441 H e s s , E. M. / A s i m u s , H. D.
Klassifizierung der Befragten nach sozio-ökonomischen Merkmalen
in: ESOMAR WAPOR Congress 1969. Brüssel (ESOMAR) o.J. 617 Seiten
Seite 95-11o

B442* H e s s e , Jürgen
Befragung
in: A884
Spalte 326-331

B443* H e s s e , Jürgen
Sozialforschung, empirische, und Absatzwirtschaft
in: A884
Spalte 1897-19o5

B444* H e s s e , Jürgen
Umweltprognose
in: A9o4
Seite 357-366

B445 H e u e r , (Gerd F.)
Marktforschung aus der Sicht einer Werbeagentur
in: A815
11 Seiten

B446 H e u e r , G(erd) F.
Gedanken zur Zusammenarbeit zwischen Werbeagentur und Marktforschungs-Institut
in: A816
2 Seiten

B447 H e u e r , Gerd F.
Marktforschung und Werbung
in: Der Beruf des Werbefachmanns in der veränderten Welt von morgen. Lorenz, Karl Joachim (Hrsg.). Köln-Braunsfeld (Verlagsges. R. Müller) 1971. 118 Seiten
Seite 41-49

B448 H e y m a n n , H. W.
Der Verbraucher und seine Gewohnheiten im Jahre 197o (Panel-Diskussion)
in: Unser Markt 197o. 12. Internationale Studientagung Rüschlikon 2.-5. September 1963. Düsseldorf/Wien (Econ-Verl.) 1964. 142 Seiten
(Schriftenreihe der Stiftung "Im Grüene". Band 27)
Seite 63-69

B449* H i l b e r , Günter
Mittelfristige Prognose mit Hilfe der Indikatormethode
in: A249
Seite 2o9-216

B45o H i l d , S.
Motivforschung
in: A814
23 Seiten

B451 H i l d e b r a n d t , Werner
Die Anlage einer Zeitungsleseranalyse
in: A832
Seite 178-18o

B452 H i l p e r t , Friedrich
Marktforschungsinstitute und ihre Zusammenarbeit mit dem betrieblichen Marktforscher
in: A3
Seite 62-68

B453 H i l p e r t , F(riedrich) / N e u b e c k , G.
Neue Wege der Absatzforschung im Produktionsgüterbereich
in: A818
15 Seiten

B454 H i n z e , Franz
Buchmarkt-Forschung
in: Buchhandel und Wissenschaft. Uhlig, Friedrich (Hrsg.). Gütersloh (C. Bertelsmann Verl.) 1965. 192 Seiten (Schriften zur Buchmarktforschung. 5)
Seite 173-187

B455 H i n z e , Franz
Wandlungen am Buchmarkt. Die Entwicklung des Taschenbuchmarktes in Deutschland
in: B329
Seite 185-2oo

B456 H i r s c h b e r g , Walter
Aufgaben und Ziele einer ethnologischen Marktforschung
in: Festschrift Leopold G. Scheidl zum 6o. Geburtstag I. Teil. Baumgartner, Heinz/ Beckel, Lothar/ Fischer, Hans/ Mayer, Ferdinand/ Zwittkovits, Franz (Hrsg.). Wien (Verl. F. Berger) 1965. 395 Seiten (Wiener Geographische Schriften)
Seite 51-55

B457 H ö g e r , Armin
Möglichkeiten des Testmarketings
in: Papers ESOMAR Congress 1966 4.-8. September 1966. Kopenhagen (o.Verl.) o.J. getr. Pag.
19 Seiten

B458* H ö g e r , Armin
Marktforschung für Konsumgüter
in: A9o3
Seite 733-744

B459* H ö g e r , Armin
Die Organisation der Marktforschung im Unternehmen
in: A29
Seite 9o9-934

B46o* H ö h n , Elfriede
Test
in: Handwörterbuch der Sozialwissenschaften. zugleich Neuauflage des Handwörterbuchs der Staatswissenschaften. Zehnter Band. Beckerath, Erwin von u.a. (Hrsg.). Stuttgart/Tübingen/Göttingen (Verl. G. Fischer/Mohr Siebeck/Vandenhoeck & Ruprecht) 1959. 643 Seiten
Seite 342-345

B461* H o e l l i g e , Wilfried A.
Marktforschung im Fremdenverkehr
in: A863
Seite 187-194

B462 H o e l l i g e , Wilfried A.
Die Praxis der betrieblichen Marketing-Forschung
in: B3
Seite 68-72

B463 H ö r s c h g e n , Hans
Verbraucher- und Konkurrenzanalyse
in: Der Filialbetrieb als System. Das Cornelius-Stüssgen-Modell. Nieschlag, Robert/ Eckardstein, Dudo von (Hrsg. im Auftrage der Cornelius Stüssgen AG). Köln (Verl. Ges. f. Selbstbedienung) 1972. 467 Seiten
Seite 413-444

B464 H o f f m a n n , Herbert
Über die Imageforschung bei den Verkehrsmitteln
in: A828
Seite 41-5o

B465* H o f m a n n , Hellmut W.
Aufbereitung der Daten
in: A29
Seite 321-366

B466 H o f s t ä t t e r , Peter R.
Der gelernte Verbraucher
in: Verbraucher und Werbung - heute und morgen. Die Vorträge der Bundestagung BDW Köln 196o. Bund Deutsche Werbeberater und Werbeleiter (Hrsg.). Essen (Wirtschaf und Werbung Verlagsges.) 196o. 91 Seiten
Seite 39-58

B467* H o f s t ä t t e r , Peter R.
Faktorenanalyse
in: A67
Seite 2o4-272

B468 H o h m a n n , Ludwig
Marktforschungsinstitute und Werbeagenturen - eine kritische Betrachtung
in: A6
Seite 83-91

B469* H o l m , Kurt
Die Frage
in: A96
Seite 32-91

B47o* H o l m , Kurt
Kausalität
in: A96
Seite 22-31

B471* H o l m , Kurt
Das Modell des Untersuchungsgegenstandes
in: A96
Seite 14-21

B472* H o l m , Kurt
Zweck und Verlauf einer Befragung
in: A96
Seite 9-13

B473* H o l m , Kurt
Ablochung der Daten und automatische Fehlersuche
in: A97
Seite 22-45

B474* H o l m , Kurt
Anmerkung zu den Computer-Programmen, insbesondere zu den Algol-Programmen
in: A97
Seite 65-76

B475* H o l m , Kurt
Einführung in die Matrixalgebra
in: A97
Seite 219-249

B476* H o l m , Kurt
Die Erstellung einer Korrelationsmatrix
in: A97
Seite 155-218

B477* H o l m , Kurt
Schritte der Auswertung und Wahl der Auswertungsverfahren
in: A97
Seite 77-85

B478* H o p p e , F.
Das Anspruchsniveau
in: B423
Seite 217-23o

B479 H o s a n g , H.
Verwertung von Ergebnissen der Verbrauchs- und Verkaufsforschung im eigenen Unternehmen
in: A814
5 Seiten

B48o H u c k e n b e c k , Herbert
Gewohnheit
in: B6
Seite 382-383

B481* H u c k e n b e c k , Herbert
Gewohnheit
in: B171
Seite 31o-311

B482* H ü t t e l , Klaus
Untersuchungen zur permanenten Produktforschung
in: A29
Seite 563-597

B483* H ü t t e n r a u c h , Roland
Warentest
in: A9o4
Seite 651-658

B484* H ü t t n e r , Manfred
Auswahlverfahren, Statistische
in: A9o2
Seite 185-2oo

B485* H ü t t n e r , Manfred
Haushalts-Panel
in: A884
Spalte 797-8o5

B486* H ü t t n e r , Manfred
Panelforschung
in: A9o3
Seite 1o33-1o39

B487* H ü t t n e r , Manfred
Sekundärstatistische Marktforschung
in: A9o4
Seite 123-137

B488 H u h l e , Fritz
Sparwille und Sparfähigkeit als Komponenten der Spartätigkeit. Zur Entwicklung des privaten Kontensparens.
in: Beiträge zur Theorie des Sparens und der wirtschaftlichen Entwicklung. Wilsdorf, Manfred (Redaktion).
Berlin (Verl. Duncker & Humblot) 1958. 227 Seiten
(Untersuchungen über das Spar-, Giro- und Kreditwesen. Schriften des Instituts für das Spar-, Giro- und Kreditwesen. Band 1)
Seite 85-1o4

B489* H u n d h a u s e n , Carl
Einige Berichte über Gegenstand, Verfahren und Ergebnisse der Meinungsforschung in den Vereinigten Staaten von Amerika
in: B379
Seite 165-2o1

B49o H u n d h a u s e n , C(arl)
Marktforschung als Grundlage der Absatzplanung
in: Planungsrechnung und Rationalisierung. Theorie und Praxis der Plankostenrechnung und der Betriebsplanung. Arbeitsgemeinschaft Planungsrechnung (AGPLAN) (Hrsg.). Wiesbaden (Betriebswirtschaftl. Verl. Gabler) 1953.
167 Seiten
Seite 29-38

B491* H u n d h a u s e n , Carl
Inhaltsanalyse
in: A884
Spalte 883-887

B492* H u p p e r t , Walter
Marktforschung als Verbandsaufgabe
in: A863
Seite 173-175

B493* H u p p e r t , Walter
Arbeiten zur Marktforschung im Zentralverband der Elektrotechnischen Industrie e.V.
in: A8o2
Seite 21-33

B494* Institut für Sozialforschung
Sozialforschung, empirische
in: Handwörterbuch der Sozialwissenschaften. zugleich Neuauflage des Handwörterbuchs der Staatswissenschaften. Neunter Band. Beckerath, Erwin u.a. (Hrsg.).
Stuttgart/Tübingen/Göttingen (Verl. G. Fischer/Mohr Siebeck/Vandenhoeck & Ruprecht) 1956. 8oo Seiten
Seite 419-435

B495 IRES-Marketing
Bekanntheit und Bedeutungsumfeld des Begriffs "Marktforschung" in der Öffentlichkeit. Ergebnisse einer Umfrage auf repräsentativ-statistischer Basis.
Düsseldorf (IRES-Marketing) 197o. 16 Seiten

B496 I r l e , Martin
Tests
in: B6
Seite 1145-1148

B497* I r l e , Martin
Tests
in: B7
Seite 845-847

B498* J a c k e l , Bernhard / H e h l , Klaus
Einzelhandels-Panel
in: A884
Spalte 547-553

B499* J a c o b i , Helmut
Der Wandel im Einzelhandel in markttheoretischer und marktfeldpsychologischer Sicht
in: Wandel im Handel. Festschrift zum 1ojährigen Bestehen der Beamten-Einkaufs eGmbH Koblenz. Behrens, Karl Christian (Hrsg.). 2. Auflage Wiesbaden (Betriebswirtschaftl. Verl. Gabler) 1966. 224 Seiten
(Betrieb und Markt - Studienreihe - Band VI)
Seite 123-135

B5oo* J a e c k , Horst-Joachim
Marktforschung, regionale
in: A884
Spalte 1368-1375

B5o1 J ä g g i , Gregor
Marktforschung in einer international wirkenden Unternehmung der Konsumgüterindustrie
in: B3
Seite 63-67

B5o2* J a h o d a , Marie / D e u t s c h , Morton / C o o k , Stuart W.
Beobachtungsverfahren
in: A89
Seite 77-96

B5o3* J a h o d a , Marie / D e u t s c h , Morton / C o o k , Stuart W.
Die Technik der Auswertung: Analyse und Interpretation
in: A111
Seite 271-289

B5o4 J a n i , Paul
Grundsätzliches zur betrieblichen Marktforschung
in: A83o
Seite 1-6

B5o5* J a n i , Paul
Betriebliche Marktforschung
in: A825
Seite 23-27

B5o6 J a u c h , Hans-Joachim
Stichprobe
in: B26
Seite 458-463

B5o7* J e p h c o t t , J(onathan) St. G.
Stichprobenauswahl in der Marktforschung
in: A29
Seite 179-23o

B5o8* J e r k e , Adolf
Entwicklung der Marktforschung
in: A28
Seite 13-28

B5o9 J e t t e r , Ulrich
Einige zusätzliche Bemerkungen über Wert und Grenzen repräsentativer Auswahlmethoden
in: A832
Seite 117-126

B51o J e t t e r , Ulrich
Marktforschung angesichts der Grenzen des Wachstums
in: B363
Seite 1-41

B511* J o h a n n s e n , Uwe
Exploration
in: A9o2
Seite 615-62o

B512* J o h a n n s e n , Uwe
Image
in: A884
Spalte 8o9-825

B513 J o n e s , Emily Lewis
Südostasien - eine Aufgabe
in: A3
Seite 9o-96

B514 J o n e s , H. Gwynne
Gewohnheit
in: B168
Spalte 787-796

B515 J o n g e , W. J. de
Zum derzeitigen internationalen Stand auf dem Gebiet der quantitativen Messungen des Konsums
in: A814
5 Seiten

B516 J o n g e , W. J. de
Erweiterte Anwendungsmöglichkeiten für quantitative Messungen
in: A815
7 Seiten

B517 J o n g e , W. J. de
Marktforschung in Holland und Belgien
in: A816
5 Seiten

B518 J o n z e c k , Bruno
Marktverhältnisse um 197o - für Haushalt-Großgeräte
in: Der Haushalt-Großgeräte-Markt von morgen. Ergebnisse einer Tagung der NEFF-Werke am 5./6. Oktober 1964 in Bretten. Neff, Alfred (Hrsg.). Düsseldorf/ Wien (Econ-Verl.) 1965. 2oo Seiten
Seite 137-15o

B519 J u n g j o h a n n , H. D.
Interviewerauswahl, Interviewerschulung und Interviewerkontrolle
in: A819
8 Seiten

B52o* J u s t , Volker
Probleme der Erforschung von Absatz und Produktionsprogramm unter Berücksichtigung zunehmender Sättigung - dargestellt am Beispiel des deutschen Pkw-Marktes
in: A248
Seite 31-37

B521* K a a s , Klaus P.
Innovationsbereitschaft, Markentreue und Kaufvolumen der Käufer als Grundlage einer Umsatzprognose
in: A472
Seite 213-235

B522* K a a s , Klaus P.
Diffusionstheorie und Absatzwirtschaft
in: A884
Spalte 464-468

B523* K a d e , Gerhard
Zur Methodologie wirtschaftlicher Prognose
in: A248
Seite 69-74

B524 K a p f e r e r , Clodwig
Berufsnormen in der Marktforschung
in: A832
Seite 138-154

B525* K a p f e r e r , Clodwig
Die Rolle der Verbände in der Marktforschung
in: A8o2
Seite 7-2o

B526 K a p f e r e r , Clodwig
Möglichkeiten und Grenzen der Marktforschung
in: B242
Seite 161-166

B527* K a p f e r e r , Clodwig
Marktdaten, statistische
in: A884
Spalte 1328-1343

B528* K a p f e r e r , Clodwig
Statistik, amtliche, und Absatzwirtschaft
in: A884
Spalte 1919-1927

B529* K a p l i t z a , Gabriele
Die Stichprobe
in: A96
Seite 136-186

B53o* K a r s t e n , Werner
Die praktische Anwendung der Kaufkraft-Kennziffer für die Absatzplanung in der Mineralölwirtschaft
in: A825
Seite 147-149

B531* K a t o n a , George
Kaufkraft, Einstellungen und Wünsche der neuen Käuferschichten
in: Die neuen Käuferschichten. Das Verhältnis von Hersteller und Verteiler. Düsseldorf/Wien (Econ-Verl.) 1966. 183 Seiten
(Schriftenreihe der Stiftung "Im Grüene". Band 31/32)
(14. Internationale Studientagung Rüschlikon 5.-8. Juli 1965)
Seite 27-37

B532* K a t o n a , G(eorge)
Über das rationale Verhalten der Verbraucher
in: A48o
Seite 61-77

B533* K a t z , Daniel
Die Ausdeutung der Ergebnisse: Probleme und Gefahren
in: A111
Seite 319-331

B534 K a t z , Elihu
Die Verbreitung neuer Ideen und Praktiken
in: B271
Seite 99-116

B535* K a t z , E(lihu) / L a z a r s f e l d , P(aul) F.
Meinungsführer beim Einkauf
in: A48o
Seite 1o7-121

B536 K a u f m a n n , Peter
Marktforschung
in: B267
Seite 75-79

B537 K a u f m a n n , Peter
Marktforschung
in: Handbuch der Schweizerischen Volkswirtschaft. Band II Ausgabe 1955. Schweizerische Gesellschaft für Statistik und Volkswirtschaft (Hrsg.). Bern (Benteli-Verl.) 1955. 694 Seiten
Seite 164-167

B538* K e l c h , Kai
Praktische Verwertbarkeit der Panelergebnisse
in: A28
Seite 451-461

B539 K e l l e r e r , Hans
Wesen, Wert und Grenzen des Stichprobenverfahrens für die empirische Sozialforschung
in: A832
Seite 1o3-116

B54o* K e l l e r e r , Hans
Korrelationsanalyse
in: B146
Seite 198-2o5

B541* K e l l e r e r , Hans
Stichprobenverfahren
in: B46o
Seite 193-2o1

B542 K e l l e r e r , H(ans)
Quota- und Random-Verfahren in der Marktforschung
in: A819
9 Seiten

B543* K e l l e r e r , Hans
Statistik
in: Handbuch der Wirtschaftswissenschaften. Band II: Volkswirtschaft. Hax, Karl/ Wessels, Theodor (Hrsg.). 2. Auflage Köln/Opladen (Westdeutscher Verl.) 1966. 774 Seiten
Seite 385-465

B544* K e n d a l l , William D.
Wirksame Darstellung der Informationen aus Voraussagen
in: A258
Seite 1oo-113

B545 K e n t l e r , Helmut
Der Rollenbegriff in der Tourismusforschung
in: A828
Seite 132-135

B546* K i e s e r , Alfred
Produktinnovation
in: A884
Spalte 1733-1743

B547* K i e s o w , Horst
Mathematische Techniken und Modelle
in: B227
Seite 16o-167

B548 K i l l i a s , Lorenz
Marktforschung für Produktionsgüter
in: B3
Seite 56-62

B549 K i n d , Werner
Rationalisierung durch Marktforschung
in: A814
12 Seiten

B55o K i n d , W(erner)
Zur Situation der Marktforschung in Deutschland und in der Welt
in: A816
3 Seiten

B551* K i r s c h h o f e r - B o z e n h a r d t , Andreas von / K a p l i t z a , Gabriele
Der Fragebogen
in: A96
Seite 92-126

B552* K i r s c h h o f e r - B o z e n h a r d t , Andreas von / K a p l i t z a , Gabriele
Das Interviewernetz
in: A96
Seite 127-135

B553 K l a t t , Sigurd
Experimente in Wirtschaft und Gesellschaft
in: Hamburger Jahrbuch für Wirtschafts- und Gesellschaftspolitik. 15. Jahr. Ortlieb, Heinz-Dietrich/ Molitor, Bruno/ Krone, Werner (Hrsg.). Tübingen (Verl. Mohr Siebeck) 197o. 379 Seiten
(Veröffentlichungen der Hochschule für Wirtschaft und Politik und des HWWA - Institut für Wirtschaftsforschung - Hamburg)
Seite 84-1oo

B554 K l e b s , Friedrich
Massenbefragungen als Mittel der Verbrauchsforschung
in: A556
Seite 47-51

B555 K l e i n , Heinrich J.
Aufgaben und Möglichkeiten für die betriebliche Marktforschung im Europäischen Markt
in: Gegenwartsaufgaben des Führungsnachwuchses in der Wirtschaft. Ein Bericht über eine Tagung. Albrecht, Karl (Hrsg.). Düsseldorf (Econ-Verl.) 1961. 161 Seiten
(Schriftenreihe der Rudolf Poensgen-Stiftung. Heft 3)
Seite 69-92

B556 K l e i n i n g , Gerhard
Image
in: B6
Seite 444-447

B557* K l e i n i n g , Gerhard
Bedeutungs-Analyse (symbolic analysis)
in: B171
Seite 78-79

B558 * K l e i n i n g , Gerhard
Image
in: Wörterbuch der Soziologie. Band 2. Bernsdorf, Wilhel (Hrsg.). Frankfurt a.M. (Fischer Taschenbuch Verl.) 1972. Seite 313-623
(Fischer Handbücher)
Seite 357-36o

B559 K l e m e n t , Hans-Werner
Praktische Verfahren der Absatzprognose
in: A812
Seite 11-18

B56o* K l i n g e m a n n , Hans D. / M o c h m a n n , Ekkehard
Sekundäranalyse
in: A289
Seite 178-194

B561 K l i n g e m a n n , H(ans) D. / P a p p i , F. U.
Möglichkeiten und Probleme bei der Kumulation von Umfragen
in: B12
Seite 477-497

B562 K l i n g e m a n n , Hans D. / P a p p i , Franz Urban
Möglichkeiten und Probleme bei der Kumulation von Umfragen
in: Sozialwissenschaftliches Jahrbuch für Politik. Band 1. Wildenmann, Rudolf (Hrsg.). München/Wien (G. Olzog Verl.) 1969. 26o Seiten
Seite 173-19o

B563 K l i n k m ü l l e r , Erich
Über die Konsumentenkaufkraft der Mark und des Dollar
in: Beiträge zur Theorie und Praxis von Wirtschaftssystemen. Festgabe für Karl C. Thalheim zum 7o. Geburtstag. Förster, Wolfgang/ Lorenz, Detlef (Hrsg.). Berlin (Verl. Duncker & Humblot) 197o. 4o1 Seiten
Seite 123-15o

B564 K l i n z i n g , Klaus
Image
in: B26
Seite 2o8

B565 K l o p s c h , W. / K ü h l , O.
Ein System für mittelfristige Umsatzschätzungen bei kurzlebigen Verbrauchsgütern
in: B441
Seite 371-388

B566* K l o s t e r f e l d e , Helmuth
Verlagsmarktforscher und Verkaufsberater. Neue Spezialisten in den Verlagen als Folgeerscheinung der Leseranalyse
in: Media-Forschung in Deutschland. Festschrift für Ernst Braunschweig. Baierbrunn (Media-Micro-Census) 1968. 125 Seiten
(Arbeitsgemeinschaft Leseranalyse. Schriften Band 1)
Seite 52-55

B567* K l u c k h o h n , Florence
Die Methode der teilnehmenden Beobachtung in kleinen Gemeinden
in: A89
Seite 97-114

B568 K l u g e , W.
Vernunft oder Einbildung, Gründe für Kauf und Verbrauch
in: A815
5 Seiten

B569* K n a p p , Hans G.
Prognose und Entscheidung im Marketing
in: B28o
Seite 1o5-123

B57o K o b , Janpeter
Werkzeug, Konsumgut, Machtsymbol. Zur Soziologie des Automobils
in: Hamburger Jahrbuch für Wirtschafts- und Gesellschaftspolitik. 11. Jahr. Ortlieb, Heinz-Dietrich/ Molitor, Bruno (Hrsg.). Tübingen (Verl. Mohr Siebeck) 1966. 283 Seiten
(Veröffentlichungen der Akademie für Wirtschaft und Politik und des Hamburgischen Welt-Wirtschafts-Archivs)
Seite 184-192

B571 K o c h , Gisela
Bedürfnis
in: B26
Seite 53-55

B572 K o c h , Manfred
Beitrag zur Erforschung der Motivation im wirtschaftlichen Verhalten
in: A811
Seite 1-9

B573* K o e h n , G.
Marktforschung als Bestandteile der Reklame und Unternehmungsführung
in: Koehn, G. Werbepsychologie und Management. Zürich (Studio-Verl.) o.J. 36 Seiten
(Schriftenreihe 'Werbung'. Band III)
Seite 21-35

B574 K ö n i g , René
Die Unternehmerentscheidungen im Fluß sozialer Wandlungen - Die Funktion der Markt- und Meinungsforschung im gesamtgesellschaftlichen Kommunikationsprozeß -
in: A819
7 Seiten

B575* K ö n i g , René
Die Rolle der Familie in der Gestaltung des Konsums
in: Die Finanzen des privaten Haushalts. Festschrift für Walter Kaminsky. Schneider, Franz (Hrsg.). Frankfurt a.M. (F. Knapp Verl.) 1969. 251 Seiten
Seite 57-65

B576 K ö n i g , René
Mode
in: B6
Seite 717-718

B577* K ö n i g , René
Beobachtung und Experiment in der Sozialforschung
in: A89
Seite 17-47

B578* K ö n i g , René
Praktische Sozialforschung
in: A111
Seite 13-33

B579* K ö n i g , René
Die Beobachtung
in: A66
Seite 1-65

B58o* K ö n i g , René
Mode
in: Handwörterbuch der Betriebswirtschaft. Grochla, Erwin/ Wittmann, Waldemar (Hrsg.). 4. Auflage Stuttgart (C.E. Poeschel Verl.) 1975. Spalte 1697-3382 (Enzyklopädie der Betriebswirtschaftslehre. Band I/2)
Spalte 2695-27oo

B581 K ö p p e r t , Willi
Marktforschung
in: B26
Seite 272-273

B582* K ö t t e r , Herbert
Gedanken zur Agrarmarktstrategie in der Massenkonsumgesellschaft aus der Sicht der empirischen Sozialforschung
in: A725
Seite 169-179

B583* K o l m s , Heinz
Konsum
in: B146
Seite 142-149

B584* K o o l w i j k , Jürgen van
Die Befragungsmethode
in: A129
Seite 9-23

B585* K o o l w i j k , Jürgen van
Das Quotenverfahren: Paradigma sozialwissenschaftlicher Auswahlpraxis
in: A176
Seite 81-99

B586* K o r t z f l e i s c h , H. von
Neuheiten erfolgreich einführen
in: RKW-Praktikum. Marktorientierte Unternehmensführung. o.O. (RKW Rationalisierungs-Kuratorium der Deutschen Wirtschaft) um 1969. getr. Pag.
36 Seiten

B587* K o r t z f l e i s c h , H. von
Neue Produkte - Neue Märkte systematisch finden
in: B586
42 Seiten

B588 K r a s e m a n n , Ilse
Skalierung
in: B26
Seite 398-4o4

B589 K r e c k , Johs.
Organisation der betrieblichen Marktforschung
in: A83o
Seite 7-12

B59o* K r e i k e b a u m , Hartmut
Das Prestigeelement im Investitionsverhalten. Ein Beitrag zur Investitionstheorie.
in: A433
Seite 9-1o4

B591* K r e l l e , Wilhelm
Elastizität von Angebot und Nachfrage
in: B374
Seite 176-183

B592* K r e u t z , Henrik / T i t s c h e r , Stefan
Die Konstruktion von Fragebögen
in: A129
Seite 24-82

B593 K r i c k e , Manfred
Korrelations- und Regressionsanalyse
in: B3oo
Seite 1o72-1o8o

B594* K r o e b e r - R i e l , Werner
Psychologische und soziologische Ansatzpunkte der verhaltensorientierten Absatztheorie
in: A472
Seite 9-19

B595* K r o e b e r - R i e l , Werner
Theoretische Konstruktionen und empirische Basis in mikroökonomischen Darstellungen des Konsumentenverhaltens
in: A472
Seite 21-3o

B596* K r o e b e r - R i e l , Werner
Zur Prognoserelevanz von Einstellungswerten, die durch einfache Ratings gemessen werden. Eine Problemskizze.
in: A48o
Seite 92-1o6

B597* K r o e b e r - R i e l , Werner
Absatztheorie, verhaltensorientierte
in: A884
Spalte 159-167

B598* K r o e b e r - R i e l , Werner /
T r o m m s d o r f , Volker
Markentreue beim Kauf von Konsumgütern - Ergebnisse einer empirischen Untersuchung
in: A472
Seite 57-82

B599* K r o h n , Hans-Broder
Marktforschung und gemeinsame Agrarpolitik der EWG
in: A725
Seite 3o5-314

B6oo* K r o m p h a r d t , Wilhelm
Nachfrage
in: B82
Seite 497-5oo

B6o1* K r o p f f , Hanns F. J.
Humanistische Volkskunde als Mittel zur Wesensdeutung
in: B379
Seite 2o3-247

B6o2 K r o p f f , H(anns) F. J.
Markt- und Meinungsforschung
in: Deutsches Marktbuch 195o/51. Reutlingen (Storch Verl.) o. J. 22o Seiten
Seite 47-74

B6o3 K r o p f f , H(anns) F. J.
Triumph, Krise und Problematik der Meinungsforschung
in: B6o2
Seite 75-87

B6o4* K u e h n , A. A.
Die Produktwahl der Konsumenten als Lernprozeß
in: A48o
Seite 156-17o

B6o5 K ü h n , Markus
Methode und praktische Erfahrungen der Untersuchungen
in: Neuloh, Otto. Der neue Betriebsstil. Untersuchungen über Wirklichkeit und Wirkungen der Mitbestimmung.
Tübingen (Verl. Mohr Siebeck) 196o. 398 Seiten
(Soziale Forschung und Praxis. Band 14)
Seite 3o6-331

B6o6 K ü n g , Emil
Mode
in: B311
Spalte 79o-794

B6o7* K u h l m a n n , Eberhard
Informationsverhalten der Konsumenten
in: A884
Spalte 876-883

B6o8* K u h l m a n n , Eberhard
Markttransparenz
in: A884
Spalte 142o-1427

B6o9 K u n z , Gerhard
Beobachtung
in: B6
Seite 89-97

B61o K u n z , Gerhard
Experiment
in: B6
Seite 238-245

B611 K u n z , Gerhard
Forschungstechniken
in: B6
Seite 295-299

B612 K u n z , Gerhard
Interview
in: B6
Seite 498-514

B613 K u n z , Gerhard
Motivforschung
in: B6
Seite 721-724

B614* K u n z , Gerhard
Beobachtung
in: B171
Seite 85-99

B615* K u n z , Gerhard
Experiment
in: B171
Seite 193-2o6

B616* K u n z , Gerhard
Forschungstechniken
in: B171
Seite 246-248

B617* K u n z , Gerhard
Interview
in: B558
Seite 396-41o

B618* K u n z , Gerhard
Motivforschung
in: B558
Seite 56o-563

B619 L a b a t , E.
Besondere Momente der Marktforschung in Frankreich
in: A816
4 Seiten

B62o* L a b u d d e , Hans-Jürgen
Zur kartographischen Kaufkraft-Darstellung
in: A825
Seite 141-144

B621* L a k a s c h u s , Carmen
Zielgruppenbestimmung
in: A9o4
Seite 869-874

B622 L a n g , Kurt
Vertriebsstatistik
in: Handbuch der Verkaufsplanung und Verkaufskontrolle
Verkaufsleiter-Handbuch II. München (Verl. Moderne
Industrie). 1961. 44o Seiten
Seite 367-427

B623* L a n g e , Bertram J.
Der amerikanische Verbraucher von heute und morgen.
Eine Projektion auf Grund der Ergebnisse einer Untersuchung der Zeitschrift "LIFE" über Verbraucher-Ausgaben
in: A916
Seite 25-35

B624 L a n g e , Manfred
Produkt- und Preistest
in: B122
Seite 772-782

B625* L a n g e , Manfred
Produkt- und Preistest
in: B124
Seite 2751-2758

B626 L a n g e l ü t k e , Hans
Das Konjunkturtestverfahren und die Möglichkeiten einer Quantifizierung seiner Ergebnisse
in: A832
Seite 9o-96

B627* L a n g e n , Heinz / W e i n t h a l e r , Fritz
Prognose mit Hilfe von Verweilzeitverteilungen
in: A249
Seite 1o2-118

B628* L a n t e r m a n n , Friedrich W.
Innerbetriebliche Daten als Quellen von Sekundäranalysen
in: A28
Seite 733-743

B629* L a u e n s t e i n , Helmut / W ö h l k e n , Egon
Nachfrageanalyse
in: A884
Spalte 1545-1558

B63o* L a u e r , Hermann
Marktforschung im Dienste des Vertriebs
in: A29
Seite 655-689

B631* L a v i n g t o n , M. R.
Ein Mikrosimulationsmodell der Nachfragereaktionen beim Konsumgütermarketing
in: A48o
Seite 332-358

B632* L a z a r s f e l d , Paul F. / R o s e n b e r g , M. / T h i e l e n s , W.
Die Panel-Befragung
in: A111
Seite 253-268

B633* L e i b e n s t e i n , Harvey
Mitläufer-, Snob- und Veblen-Effekte in der Theorie der Konsumentennachfrage
in: A3o4
Seite 231-255

B634* L e i c h u m , Hans
Gemeinschafts-Marktforschung außerhalb des Verbandes (dargestellt am Beispiel des Instituts für Textil-Marktforschung e.V. Frankfurt am Main)
in: A8o2
Seite 116-129

B635* L e i ß l e r , Joachim
Statistik und Mathematik für den Verkaufsleiter
in: A9o9
Seite 1437-147o

B636* L e i t h e r e r , Eugen
Das ganzheitliche Moment in der Ausbildung des Marktforschers
in: B58
Seite 5o7-515

B637 L e i t h e r e r , Eugen
Der Bedarf als zentraler Ertragsfaktor
in: Beiträge zur betriebswirtschaftlichen Ertragslehre
Riebel, Paul (Hrsg.). Opladen (Westdeutscher Verl.)
1971. 271 Seiten
Seite 1o1-117

B638* L e i t h e r e r , Eugen
Marktforschung
in: B58o
Spalte 2617-2627

B639 L e i t n e r , Dietrich
Marktforschung für die Markenartikel-Industrie
in: A815
8 Seiten

B64o L e i t n e r , D(ietrich)
Verfahren der quantitativen Messung in verschiedenen Ländern
in: A816
9 Seiten

B641* L e m p f u h l , Rolf-S.
Marktuntersuchungen im Dienste des gewerblichen Rechtsschutzes
in: A9
Seite 36-5o

B642 L e n z , Dietrich
Möglichkeiten und Probleme der Markt- und Absatzforschung im landwirtschaftlichen Bereich
in: A1
Seite 42-49

B643 L e n z , Friedrich
Wirtschaftslage und öffentliche Meinung Westdeutschlands im Spiegel der modernen Massenbefragungen
in: A556
Seite 7-34

B644 L e n z , Friedrich
Entwicklung der Sozialstrukturen und deren Analyse als Aufgabe der empirischen Sozialforschung
in: A822
15 Seiten

B645* L e n z , Friedrich
Entwicklung der Sozialstrukturen und deren Analyse als Aufgabe der empirischen Sozialforschung
in: A7
Seite 17-39

B646* L e n z , Friedrich
Meinungsforschung, Grenzen und Möglichkeiten
in: A7
Seite 9-16

B647 L e s s i n g , Hellmut
Von der teilnehmenden zur beteiligten Beobachtung: Zur Kritik der positivistischen Beobachtungslehre
in: A828
Seite 199-2o4

B648 L e u e , G.
Transformation technischer Prognosen in Marktvorhersagen für die Computer-Industrie
in: Technische Prognosen in der Praxis. Methoden, Beispiele, Probleme. Blohm, Hans/ Steinbuch, Karl (Hrsg.). Düsseldorf (VDI-Verl.) 1972. 197 Seiten
Seite 77-83

B649* L e v y , Sidney J. / M o o r e , Harriett Bruce
Projektive Techniken der Motivforschung
in: A538
Seite 165-174

B65o* L e w a n d o w s k i , Rudolf
Prognosen und Informationssysteme im Marketingbereich
in: A248
Seite 43-68

B651* L e w i n , K.
Der reale Zusammenhang zwischen Quasibedürfnis und echten Bedürfnissen
in: B423
Seite 145-148

B652 * L i l i e n s t e r n , Rühle von
Der französische Markt und die deutsche Industrie
in: A9
Seite 51-63

B653 L i n d e m a n n , F.
Verteilung der Getränkenachfrage im Lebensmittel-Einzelhandel unter regionalen und handelsstrukturellen Gesichtspunkten
in: A823
Seite 21-61

B654* L i n d e m a n n , Fritz
Das Einzelhandels-Panel
in: A863
Seite 232-237

B655* L i n d w o r s k y , J.
Zur Klärung des Begriffes Motiv
in: B423
Seite 37-39

B656* L i n h a r d t , Hanns
Objektivation und Subjektivation der Beziehungen von Mensch und Markt
in: B48
Seite 191-2o7

B657* L i n h a r d t , Hanns
Marktorganisation
in: B416
Spalte 959-967

B658 L i n k , Franz
Verbraucherpanel
in: B128
Seite 11o7-1112

B659* L i n k , Franz
Verbraucherpanel
in: B124
Seite 3181-3185

B66o* L i n k e r , Wolfgang
Fehlerquellen bei der Planung demoskopischer Erhebungen
in: B28o
Seite 2o9-226

B661* L i n k e r , Wolfgang
Experiment und Analyse in der demoskopischen Marktforschung
in: A28
Seite 325-353

B662* L i p p i t t , Ronald
Die Strategie der sozialpsychologischen Forschung
in: A89
Seite 287-297

B663 L i s o w s k y , A.
Verbraucher-Befragungen
in: B267
Seite 79-81

B664 L i s o w s k y , Arthur
Individuum und Kollektiv als Marktfaktoren
in: Individuum und Gemeinschaft. Festschrift zur Fünfzigjahrfeier der Handels-Hochschule St. Gallen (Verl. der Fehr'schen Buchh.) 1949. 628 Seiten (St. Galler Wirtschaftswissenschaftliche Forschung. Band 7)
Seite 115-146

B665 L i s o w s k y , Arthur
Wirtschaftliche Marktforschung
in: A832
Seite 52-64

B666 L i s o w s k y , Arthur
Die betriebswirtschaftliche und volkswirtschaftliche Bedeutung der Marktforschung
in: Grundprobleme der Betriebswirtschaftslehre. Ausgewählte Schriften von Arthur Lisowsky. Zürich/St. Gallen (Polygraphischer Verl.) 1954. 374 Seiten (St. Galler Wirtschaftswissenschaftliche Forschungen. Band 9)
Seite 287-366

B667* L i t t l e , I. M. D.
Eine Neuformulierung der Theorie des Konsumentenverhaltens
in: A3o4
Seite 173-186

B668* L ö f f l e r , Erhard
Modell zum Einsatz eines Dokumentationsprogramms für statistische Auswertung und Integration in den Arbeitsablauf - Kommunikation Auftraggeber-Rechenzentrum -
in: A11
Seite 61-68

B669* L o e s c h , Hans Joachim von
Gedanken zur Marktforschung über Musikhören und Hörerverhalten
in: A5
Seite 1oo-1o9

B67o L ö s c h , Hans-Peter
Gegenwärtige und zukünftige Entwicklungstendenzen der inländischen Textilnachfrage
in: Textilwirtschaft im Strukturwandel. Tübingen (Verl. Mohr Siebeck) 1966. 384 Seiten
(Schriften zur angewandten Wirtschaftsforschung. Band 1o)
(Aus Anlaß des 25-jährigen Bestehens der Forschungsstelle für Allgemeine und Textile Marktwirtschaft an der Universität Münster)
Seite 23o-3o7

B671* L o h , Dieter
Die Bedeutung der Marktforschung im Marketing
in: A9o7
Seite 51-92

B672 L o h m e i e r , F(ritz)
Über den Warentest - ein Querschnitt durch seine Möglichkeiten und Grenzen
in: A814
18 Seiten

B673 L o h m e i e r , Fritz
Typen und Prinzipien des Warentests in ihrer praktischen Anwendung
in: A815
11 Seiten

B674 L o h m e i e r , Fritz
Marktforschung im Bereich der Konsumgüter
in: B217
Seite 56-67

B675 L o h m e i e r , F(ritz)
Möglichkeiten regional begrenzter Erhebungen in der Verbrauchsforschung, dargestellt am Beispiel des Einzugsbereiches eines Einzelhandelsgeschäftes
in: A816
5 Seiten

B676 L o h m e i e r , Fritz
Marktforschung und Formgestaltung
in: A2
Seite 44-52

B677 L o h m e i e r , F(ritz)
Möglichkeiten und Grenzen des Preistests
in: A818
8 Seiten

B678 L o h m e i e r , Fritz
Zum Markenkenntnis-Test
in: A3
Seite 38-42

B679* L o h m e i e r , Fritz
Marktforschung für Einzelhandelsgeschäfte
in: A4
Seite 39-45

B68o* L o h m e i e r , Fritz
Aspekte zum Namenstest
in: A5
Seite 8o-9o

B681* L o h m e i e r , Fritz
Marktforschung für Konsumgüter durch Institute
in: A862
Seite 259-281

B682 L o p i n s k i , Hans
Auswertung der Statistik für die Marktbeobachtung.
Stuttgart (Verl. W. Kohlhammer) 1954
Heft 1: Allgemeiner Überblick. 12 Seiten
B682a Heft 2: Betriebsstatistik. 15 Seiten
B682b Heft 3: Branchenstatistik. 16 Seiten
B682c Heft 4: Allgemeine Wirtschaftsstatistik. 23 Seiten
(Marktbeobachtung im Betrieb. Reihe C)
(Schriften zur Anwendung statistischer Methoden in der Industrie)
(Deutsche Statistische Gesellschaft)

B683 L u c a e , Gustav
Durchführung einer Markt-Analyse für den Export in einem Industriezweig. Stuttgart (Verl. W. Kohlhammer) 1954. 23 Seiten
(Marktbeobachtung im Betrieb. Reihe E. Praktische Beispiele aus der Marktbeobachtung. Heft 1)
(Schriften zur Anwendung statistischer Methoden in der Industrie)
(Deutsche Statistische Gesellschaft)

B684 L u c k , David
Marketing-Forschung in Nordamerika
in: B3
Seite 45-49

B685 L u d w i g , Rolf
Auswahlverfahren
in: A77
Seite 274-286

B686 L u d w i g , Rolf
Statistische Auswertungsmethoden
in: A77
Seite 287-334

B687 L u d w i g , Rolf
Statistische Methoden zur Prüfung der Gütekriterien
in: A77
Seite 264-273

B688 L ü t t i c h a u , Hannibal Graf /
F l o c k e n h a u s , Karl-Friedrich
Probleme der Marktforschung in Entwicklungsländern
in: A2
Seite 82-88

B689* L ü t z , Margot
Welchem Bedarf begegnet die Unternehmung im Markt ?
in: A46
22 Seiten

B69o L u h m a n n , Niklas
Öffentliche Meinung
in: Luhmann, Niklas. Politische Planung. Aufsätze zur Soziologie von Politik und Verwaltung. Opladen (Westdeutscher Verl.) 1971. 256 Seiten
Seite 9-34

B691 L u k a s c z y k , Kurt
Einstellungen
in: B6
Seite 211-215

B692* L u k a s c z y k , Kurt
Einstellungen
in: B171
Seite 175-178

B693 L u p f e r , Klaus
Bauwirtschaft und Wohnungsmarkt
in: B17
Seite 163-173

B694 L u z a t t o - F e g i z , Pierpaolo
Marktforschung in Italien
in: A816
3 Seiten

B695* L y d a l l , Harold
Altersbedingte Veränderungen der Sparneigung
in: A3o4
Seite 414-42o

B696* M a c c o b y , Eleanor E. / M a c c o b y , Nathan
Das Interview: ein Werkzeug der Sozialforschung
in: A111
Seite 37-85

B697* M a c G o w a n , Thomas G.
Wann und wie sollen Voraussagen überprüft und revidiert werden ?
in: A258
Seite 15o-168

B698* M ä h l , Jürgen
Verbrauch, privater
in: A884
Spalte 2o2o-2o27

B699 M a g y a r , Kasimir M.
Produkt-, Marken- und Firmenimage
in: B119
Seite 1221-1231

B7oo* M a g y a r , Kasimir M.
Produkt-, Marken- und Firmenimage
in: B124
Seite 2724-2732

B7o1* M a h n k e , Karl Georg
Darstellung, statistische
in: Handwörterbuch der Sozialwissenschaften. zugleich Neuauflage des Handwörterbuchs der Staatswissenschaften. Zweiter Band. Beckerath, Erwin von u.a. (Hrsg.). Stuttgart/Tübingen/Göttingen (Verl. G. Fischer/Mohr Siebeck/Vandenhoeck & Ruprecht) 1959. 654 Seiten
Seite 544-548

B7o2 M a h n k e , Karl Georg
Über die Bedeutung der "Branchenbeobachtung"
in: B29
Seite 311-322

B7o3 M a h n k e , Karl Georg
Graphische Darstellung. Deutsche Statistische Gesellschaft (Hrsg.). Stuttgart (Verl. W. Kohlhammer) 1954
16 Seiten
(Marktbeobachtung im Betrieb. Reihe A. Statistische Methoden und graphische Darstellung. Heft 2)
(Schriften zur Anwendung statistischer Methoden in der Industrie. I. Marktbeobachtung im Betrieb)

B7o4 M a h r , Werner
Konsumwandlung als ökonomisches Problem
in: Civitas. Jahrbuch für christliche Gesellschaftsordnung. Erster Band. Heinrich Pesch Haus Mannheim (Hrsg.). Vogel, Bernhard/ Krauss, Heinrich/ Molt, Peter (Schriftleitung). Mannheim (Pesch Haus Verl.) 1962. 229 Seiten
Seite 161-176

B7o5* M a i s e r , Peter
Zur Bedeutung der Marktforschung für die Konjunktur-stabilisierung
in: A4
Seite 55-58

B7o6* M a k r i d a k i s , Spyros / W h e e l w r i g h t , Steven C.
Quantitative und technologische Methoden der Prognosen und Planungssysteme. o. O. (Bundesverband deutscher Marktforscher BVM) o. J. 52 Seiten
(Vorträge zur Marktforschung. 2o/21)

B7o7 M a n g o l d , Werner
Gruppendiskussionsverfahren
in: B6
Seite 4o1-4o3

B7o8 M a n g o l d , Werner
Qualitative Methoden
in: B6
Seite 859

B7o9 M a n g o l d , Werner
Quantitative Methoden
in: B6
Seite 86o

B71o* M a n g o l d , Werner
Gruppendiskussionsverfahren
in: B558
Seite 326-327

B711* M a n g o l d , Werner
Gruppendiskussionen
in: A66
Seite 228-259

B712* M a n g o l d , Werner
Gruppendiskussionsverfahren
in: A28
Seite 513-524

B713* M a n z , Wolfgang
Die Beobachtung verbaler Kommunikation im Laboratorium
in: A95
Seite 27-65

B714* M a r r , Rainer
Absatzprognose
in: A884
Spalte 88-1o1

B715* M a r r , Rainer
Projektionen im Handel
in: A884
Spalte 1783-1791

B716 M a r s c h a l l , Gudela
Wandlungen in bezug auf die Gesundheitspflege
in: A384
Seite 99-116

B717 M a u s , Heinz
Empirische Sozialforschung
in: B6
Seite 22o-224

B718* M a y e r , Kurt
Bevölkerungslehre und Demographie
in: A69
Seite 1-5o

B719* M e e r k a m p , Fritz
Möglichkeiten der betrieblichen Marktforschung
in: A5
Seite 4o-46

B72o* M e f f e r t , Heribert / F r e t e r , Hermann
Käuferverhalten
in: A9o3
Seite 15-31

B721* M e i m b e r g , Paul
Marktforschung in der Wirtschaftlichen Vereinigung Zucker e. V.
in: A8o2
Seite 99-115

B722 M e i s s n e r , Alfred
Organisation von Befragungen, Ansatz [richtig: Einsatz] und Schulung von Aussenmitarbeitern
in: A8o5
Seite 72-78

B723 M e n g e s , Günter
Statistik und Wirtschaftsprognose
in: Umrisse einer Wirtschaftsstatistik. Blind, Adolf (Hrsg.). Festgabe für Paul Flaskämper zum 8o. Geburtstag. Hamburg (Verl. F. Meiner) 1966. 364 Seiten
Seite 50-71

B724* M e n g e s , Günter
Stichproben
in: A884
Spalte 1927-1944

B725 M e n g e s , Günther
Die touristische Konsumfunktion Deutschlands 1924-1957
in: Fremdenverkehr in Theorie und Praxis. Festschrift für Walter Hunziker zum 6o. Geburtstag. dargebracht vom Schweizerischen Fremdenverkehrsverband und der Schweizer Reisekasse. Bern (Schweiz. Fremdenverkehrsverband) 1959. 2o8 Seiten
Seite 124-139

B726 *M e r e d i t h , James B.
Kurzfristige, mittelfristige und langfristige Voraussagen
in: A258
Seite 135-149

B727 M e r t e n s , Annelis
Ergebnisse der Konsumforschung
in: A8o5
Seite 8o-89

B728* M e r t e n s , Peter
Mittel- und langfristige Absatzprognose auf der Basis von Sättigungsmodellen
in: A249
Seite 181-2o8

B729* M e r t e n s , Peter
Prognoserechnung - Einführung und Überblick
in: A249
Seite 15-19

B73o* M e r t e n s , Peter
Zur Simulation als Hilfsmittel der Prognose
in: A249
Seite 299-3o4

B731 M e r z , Ferdinand
Experiment
in: B 168
Spalte 556-563

B732* M e s e b e r g , Dietrich
Das Haushalts-Panel für Gebrauchsgüter
in: A863
Seite 226-231

B733* M e s e b e r g , Dietrich
Bestimmung und Deckung des Informationsbedarfs durch Marktforschung
in: B227
Seite 87-89

B734* M e y e r , Carl W.
Absatzanalyse
in: A884
Spalte 22-26

B735 M e y e r , Fritz W.
Die Haushaltung in der Nationalökonomie
in: Ordo. Jahrbuch für die Ordnung von Wirtschaft und Gesellschaft. 18. Band. Böhm, Franz/ Lutz, Friedrich A. Meyer, Fritz W. (Hrsg.). Düsseldorf/München (Verl. H. Küpper vormals G. Bondi) 1967. 55o Seiten
Seite 279-298

B736* M e y e r , Gudrun
Psychologische Aspekte der Geschäftswahl
in: A45o
Seite 1o6-12o

B737 M e y e r , Paul W.
Regionale Verbrauchsstrukturen
in: Raum und Gesellschaft. Referate und Ergebnisse der gemeinsamen Tagung der Forschungsausschüsse "Raum und Gesellschaft" und "Großstadtprobleme". Bremen (W. Dorn Verl.) 1952. 186 Seiten
(Forschungs- und Sitzungsberichte der Akademie für Raumforschung und Landesplanung. Band I, 195o)
Seite 95-1oo

B738* M e y e r , Paul W.
Marktforschung
in: A883
Seite 167-2o3

B739* M e y e r , Paul W.
Über die Kennziffern der Kaufkraft
in: A825
Seite 123-138

B74o M e y e r , P(aul) W.
Marktforschung als wissenschaftliche Aufgabe und die praktischen Konsequenzen für die Vereinheitlichung
in: A81o
Seite 62-68

B741* M e y e r , Paul W.
Verhaltensbeobachtung und Stimmungsanalyse. Ein Beitrag zu den Methoden der Marktforschung
in: B48
Seite 375-385

B742* M e i e r [richtig: Meyer] , Paul W.
Methodische Probleme der Panelforschung
in: A28
Seite 433-44o

B743* M e y e r , Paul W.
Marktforschung und Wirtschaftsforschung
in: B97
Seite 17-25

B744* M e y e r , Paul W.
Marktmodell
in: A884
Spalte 1387-1395

B745* M e y e r , Wolfgang
Biographie und Konsumverhalten
in: A45o
Seite 239-267

B746 M e y e r , Wolfgang
Befragungsverfahren in der Tourismusforschung
in: A828
Seite 171-189

B747 M e y e r , Wolfgang
Der Einfluß von Urlaubsreisen auf Freizeit- und Konsumgewohnheiten
in: A828
Seite 142-153

B748 M e y e r - D o h m , Peter
Arbeitszeitverkürzung und Verbraucherverhalten
in: Arbeitszeit und Freizeit. Nürnberger Hochschulwoche 8. - 1o. Februar 1961. Berlin (Verl. Duncker & Humblot) 1961. 223 Seiten
(Nürnberger Abhandlungen zu den Wirtschafts- und Sozialwissenschaften. Heft 15)
Seite 41-61

B749 M e y e r - D o h m , Peter
Der private Haushalt im Prozeß der Bedarfsdifferenzierung
in: Strukturwandlungen einer wachsenden Wirtschaft. Erster Band. Neumark, Fritz (Hrsg.). Berlin (Verl. Duncker & Humblot) 1964. 526 Seiten
(Schriften des Vereins für Socialpolitik. Neue Folge Band 3o/I)
Seite 67-1oo

B75o* M e y e r - D o h m , Peter
Das Interesse des Verbrauchers
in: B531
Seite 123-13o

B751 M e y e r h ö f e r , W.
Vertriebswege bei Getränken - Strukturveränderungen und Entwicklungstendenzen -
in: A823
Seite 1-18

B752* M i s e s , Ludwig von
Markt
in: B82
Seite 131-136

B753* M i s h a n , E. J.
Theorien des Konsumentenverhaltens: eine zynische Betrachtung
in: A3o4
Seite 2o3-216

B754* M o c h m a n n , Ekkehard
Automatisierte Textverarbeitung
in: A95
Seite 192-2o2

B755* M ö b i u s , Georg
Marktforschung und Werbeerfolgskontrolle
in: B388
Seite 123-136

B756* M ö l l e r , Hans
Markt, Marktformen und Marktverhaltensweisen
in: Handwörterbuch der Betriebswirtschaft. Band III. Seischab, Hans/ Schwantag, Karl (Hrsg.). 3. Auflage Stuttgart (C. E. Poeschel Verl.) 196o. 5396 Spalten
Spalte 3894-39o5

B757* M ö l l e r , Hans
Markt, Marktformen und Marktverhaltensweisen
in: B58o
Spalte 26o4-2617

B758 M o m m s e n , Ernst Wolf
Marktforschung - ein Instrument des Marktkapitals
in: Die Unternehmung bei wachsender Integration der Märkte. Eine Herausforderung an die Betriebswirtschaft Vorträge des 18. Deutschen Betriebswirtschafter-Tages. Deutsche Gesellschaft für Betriebswirtschaft (Hrsg.). Berlin (Deutsche Ges. f. Betriebswirtschaft) 1965. 4o6 Seiten
Seite 43-52

B759 M o r g a n , R.
Marktforschung in Australien
in: A818
3 Seiten

B76o* Die Motorisierung am Beginn ihrer zweiten Entwicklungs phase. Zehn Jahre bestätigen PKW-Prognose der Deutsche Shell AG. Zweitwagen beeinflussen die künftige Entwicklung. o. O. (Deutsche Shell) 1971. 2o Seiten (Aktuelle Wirtschaftsanalysen Deutsche Shell Aktiengesellschaft 5)

B761 Motorisierungsprognose und Verkehrsraum.
Deutsche Shell (Hrsg.).
Hamburg (Deutsche Shell Wirtschaft- und Marktforschung 1963. 9 Seiten
(Sonderdruck)

B762* Die Motorisierung geht weiter. Prognose des PKW-Bestandes. o.O. (Deutsche Shell) 1975. 22 Seiten (Aktuelle Wirtschaftsanalysen Deutsche Shell Aktiengesellschaft 7)

B763* Die Motorisierung in Bund und Ländern bis 1985 sowie die strukturelle Zusammensetzung der künftigen PKW-Besitzer. o. O. (Deutsche Shell) 1969. 2o Seiten (Aktuelle Wirtschaftsanalysen Deutsche Shell Aktiengesellschaft 2)

B764* M u e l l e r , Herbert F.
Die Bedeutung der Verbrauchsforschung in der Energiewirtschaft
in: B379
Seite 269-281

B765 M ü l l e r , J. Heinz / W a l l r a f f , Hermann J./ S t ü s s e r , Rolf
Bedürfnis und Bedarf
in: Staatslexikon Recht Wirtschaft Gesellschaft. 1. Band. Görres-Gesellschaft (Hrsg.). 6. Auflage Freiburg (Verl. Herder) 1957. 1246 Spalten
Spalte 974-984

B766* M ü l l e r , Jürgen
Die schriftliche Befragung - Hilfsmittel der unternehmerischen Marktforschung oder nicht?
in: A38
Seite 156-173

B767* M ü l l e r , Jürgen
Welches ist der richtige Absatzweg?
in: A47
41 Seiten

B768 M ü l l e r , Walter
Lebenshaltungsniveau und Konsumverhalten
in: Strukturwandlungen der Schweizerischen Wirtschaft und Gesellschaft. Festschrift für Fritz Marbach zum 7o. Geburtstag. Behrendt, Richard F./ Müller, Walter/ Sieber, Hugo/ Weber, Max (Hrsg.). Bern (Verl. Stämpfli) 1962. 618 Seiten
Seite 287-3o9

B769 M ü l l e r - G r o t e , P.
Erfahrungen aus einer mehrstufigen Paneluntersuchung mit mündlichen Interviews
in: B12
Seite 617-633

B77o M ü l l e r - H e u m a n n , G(ünther)
Die Kritik des Consumerism an der Marktforschung
in: B363
Seite 113-131

B771* M ü l l e r - H e u m a n n , Günther
Die Herausforderung der Marketing-Forschung durch den Consumerism
in: A18
Seite 43-53

B772* M ü n z n e r , Hans
Verfahren der deskriptiven Statistik
in: A28
Seite 571-6oo

B773* M ü n z n e r , Hans
Verfahren der induktiven Statistik - Schätz- und Prüfverfahren -
in: A28
Seite 6o1-642

B774* M u g g l i n , Gustav
Die Bedürfnisse der Jugend
in: B531
Seite 49-53

B775* M u n t e , Herbert
Marktforschung zwischen Wissenschaft und Praxis
in: B254
Seite 18-31

B776 M u r r a y , Henry A.
Bedürfnis
in: B168
Spalte 237-239

B777* N a u t a , Fred (A.)
Anwendung der Panelbefragung für Hörer- und Seherforschung
in: A29
Seite 159-177

B778* N e h n e v a j s a , Jiri
Analyse von Panel-Befragungen
in: A66
Seite 191-227

B779* N e h n e v a j s a , Jiri
Soziometrie
in: A66
Seite 26o-299

B78o N e m s c h a k , Franz
Der private Konsum in der wachsenden Wirtschaft (am Beispiel Österreichs). Wien (Österr. Inst. für Wirtschaftsforschung) 1961. 22 Seiten
(Vorträge und Aufsätze. Heft 17)

B781 N e u b e c k , Günter
Die EMNID-Standard-Erhebungen
in: A1
Seite 27-32

B782 N e u b e c k , Günter
Das Gruppengespräch in der Marktforschung
in: A2
Seite 37-43

B783 N e u b e c k , Günter
Die Primär-Erhebung im Bereich der Produktionsgüter-Marktforschung
in: A3
Seite 69-77

B784 N e u b e c k , G(ünter)
Absicherung von absatzwirtschaftlichen Maßnahmen durch Produktionsgüter-Marktforschung
in: A819
2 Seiten

B785* N e u b e c k , Günter
Notwendigkeit und Möglichkeiten der internationalen Marktforschung
in: A5
Seite 67-72

B786 N e u b e c k , Günter
Internationale Marktforschung, Aufgaben und Beispiel einer Lösung
in: A6
Seite 1o3-1o7

B787* N e u b e c k , Günter
Praktische Marktforschung und Meinungsforschung in Südostasien
in: A5
Seite 133-141

B788 N e u h a u s e r , Gertrud
Zur Frage der Konsumneigung in der wachsenden Wirtschaft
in: Methoden und Probleme der Wirtschaftspolitik. Gedächtnisschrift für Hans-Jürgen Seraphim. Ohm, Hans (Hrsg.). Berlin (Verl. Duncker & Humblot) 1964.
383 Seiten
Seite 21-39

B789 N e u m a n n , Erich Peter
Politische und soziale Meinungsforschung in Deutschland
in: A832
Seite 44-51

B79o N e u n d ö r f e r , Ludwig
Das soziographische Erhebungsverfahren
in: A832
Seite 157-161

B791* N e u r a t h , Paul
Grundbegriffe und Rechenmethoden der Statistik für Soziologen
in: A68
Seite 1-261

B792 N i c o l a s , Marcel
Meinungsforschung, Konjunkturtest und Repräsentativbefragung als Mittel der wirtschaftswissenschaftlichen Erkenntnis.
Deutsches Institut für Wirtschaftsforschung (Hrsg.). Berlin (Verl. Duncker & Humblot) 1954. 23 Seiten
(Sonderhefte Neue Folge Nr. 28. Reihe B:Vorträge)

B793 N i c o l a s , Marcel
Lebenshaltung und Lebensstandard
in: B6
Seite 624-626

B794 N i e l s e n , Arthur C.
Marktforschung. Vergangenheit. Gegenwart. Zukunft. Charles Coolidge Parlin Gedächtnis-Rede. Frankfurt a. M. (Nielsen Comp. Marketing Service) 1964 (Vorwort). 3o Seiten

B795* N ö c k e r , Joseph
Ernährung im Alter
in: B531
Seite 55-66

B796* N o e l l e , Elisabeth
Umfrageforschung - Demoskopie
in: A551
Seite IX-XIII

B797 N o e l l e , Elisabeth
Öffentliche Meinung und Soziale Kontrolle. Tübingen (Verl. Mohr Siebeck) 1966. 28 Seiten
(Recht und Staat in Geschichte und Gegenwart. Eine Sammlung von Vorträgen und Schriften aus dem Gebiet der gesamten Staatswissenschaften. 329)

B798* N o e l l e , Elisabeth
Öffentliche Meinung und soziale Kontrolle
in: A552
Seite XXV-XLV

B799 N o e l l e - N e u m a n n , Elisabeth
Motivforschung in ihrem Verhältnis zur Meinungsforschung und Marktforschung
in: A829
Seite 83-98

B8oo N o e l l e - N e u m a n n , Elisabeth
Kunden oder Klienten ? - Über das Verhältnis zwischen Marktforschungs-Instituten und ihren Auftraggebern
in: A831
Seite 28-39

B8o1 N o e l l e - N e u m a n n , Elisabeth
Europäische Marktforschung
in: Europas Märkte wachsen zusammen. Aktuelle Möglichkeiten für die Unternehmerpraxis. Stuttgart (Forkel Verl.) 1961. 28o Seiten
Seite 149-164

B8o2* N o e l l e - N e u m a n n , Elisabeth
Umfrageforschung
in: B11
Spalte 5488-5495

B8o3 N o e l l e - N e u m a n n , Elisabeth
Stipendienplätze in zehn Instituten. Bericht über ein deutsches Modell der Ausbildung von Marktforschern
in: B457
14 Seiten

B8o4 N o e l l e - N e u m a n n , Elisabeth
Meinungsforschung
in: B119
Seite 6o9-617

B8o5 N o e l l e - N e u m a n n , Elisabeth
Meinungsforschung
in: B65
Spalte 527-535

B8o6* N o e l l e - N e u m a n n , (Elisabeth)
Zukunftsanforderungen an die Marktforschung oder Nachdenken über die Marktforscher. o.O. (Bundesverband deutscher Marktforscher BVM) um 1973. 12 Seiten
(Vorträge zur Marktforschung. 25)

B8o7* N o e l l e - N e u m a n n , Elisabeth
Fragen an die Zukunft
in: A553
Seite XLI-XLIV

B8o8* N o e l l e - N e u m a n n , Elisabeth
Probleme des Fragebogenaufbaus
in: A28
Seite 243-253

B8o9* N o w a c k , Arthur
Prognose bei unregelmäßigem Bedarf
in: A249
Seite 81-93

B81o* N o w o t n y , Helga / K n o r r , Karin D.
Die Feldforschung
in: A289
Seite 82-112

B811 N ü s e r , Wilhelm
Der EMNID-Interviewer - Werdegang, Arbeitsweise, Arbeitsbedingungen
in: A3
Seite 16-22

B812 N u t t i n , Joseph R.
Motivation
in: B65
Spalte 579-589

B813 N y d e g g e r , Alfred
Erforschung von Auslandsmärkten
in: Betriebswirtschaftliche Probleme des Exports. Bern (Verl. P. Haupt) 1965. 137 Seiten (Schriftenreihe der Forschungsstelle für den Handel an der Hochschule St. Gallen. Band 8)
Seite 27-4o

B814 O c k e l m a n n , E.
Stochastische Prozesse und ihre Anwendung in der modernen Marktforschung
in: A815
3 Seiten

B815* O e l k e , Hans
Marktforschungsinstitute
in: A9o3
Seite 755-764

B816 O e r t e r , Rolf
Motivation
in: Experimentelles Praktikum. Objektivierende Funktionsmethoden. Arnold, W. (Hrsg.). 7. Auflage Stuttgart (G. Fischer Verl.) 1972. 358 Seiten (Psychologisches Praktikum. Leitfaden für psychologische Übungen. Band 1)
Seite 37-81

B817 O l e s c h , Theodor
Betriebliche Marktforschung als Mittel zur Absatzplanung und Absatzkontrolle
in: TFB. Taschenbuch für den Betriebswirt 196o.
Schnaufer, Erich/ Rode, Gerhard (Bearbeiter). Berlin/ Baden-Baden (Deutscher Betriebswirte-Verl.) 196o.
1337 Seiten
Seite 22o-24o

B818 O r t l i e b , Heinz-Dietrich / S c h m a h l , Hans-Jürgen
Prognose der wirtschaftlichen Entwicklung als Entscheidungshilfe für die Unternehmung
in: Aktive Konjunkturpolitik der Unternehmung.
Jacob, H. (Hrsg.). Wiesbaden (Betriebswirtschaftl. Verl. Gabler) 1967. 175 Seiten
(Schriften zur Unternehmensführung. Band 2)
Seite 13-36

B819* O s b o r n e , Donald W.
Marktforschung für neue Produkte
in: A29
Seite 599-653

B82o O s g o o d , Charles E.
Eine Entdeckungsreise in die Welt der Begriffe und Bedeutungen
in: B271
Seite 39-54

B821 O s m e r , Diedrich
Das Gruppenexperiment des Instituts für Sozialforschung
in: A832
Seite 162-171

B822 O t t , Werner
Fragen der Marktforschung
in: TFB. Taschenbuch für den Betriebswirt 1954.
Steinbring, W./ Schnaufer, Erich/ Rode, Gerhard (Schriftleitung und Bearbeitung).
Berlin/Stuttgart (Deutscher Betriebswirte-Verl.)1954.
1211 Seiten
Seite 96-116

B823* O t t , Werner
Georg Bergler und die Gesellschaft für Konsumforschung nach dem Kriege
in: B48
Seite 387-392

B824* O t t , Werner
Marktforschung
in: A9o9
Seite 551-611

B825* O t t , Werner
Die Bedeutung der Marktforschung für die Wirtschaft
in: A29
Seite 19-3o

B826* O t t , Werner
Befragungsmethoden in der Marktforschung
in: A9o2
Seite 219-226

B827 O t t , Werner
Marktforschung
in: Moderne Verkaufsförderung. Das Buch zur Umsatzsteigerung. München (Verl. Moderne Industrie) 1959. 428 Seiten
Seite 43-78

B828 O t t , Werner
Marktforschung für Konsumgüter
in: B119
Seite 479-494

B829* P a g è s , Robert
Das Experiment in der Soziologie
in: A67
Seite 273-342

B83o* P a m p e , Klaus Dirk
Die Zielgruppendefinitionen
in: B68
Seite 1463-1481

B831* P a r f i t t , J. H. / C o l l i n s , B. J. K.
Prognose des Marktanteils eines Produktes auf Grund von Verbraucherpanels
in: A48o
Seite 171-2o7

B832* P a r t e n , Mildred
Grundformen und Probleme des Samples in der Sozialforschung
in: A111
Seite 181-21o

B833* P a t e y , Richard L.
Ausarbeitung und Koordinierung der Voraussagen bei den Corning Glass Works
in: A258
Seite 169-183

B834* P a t z i g , Hans Günther
Marktforschung und Marktbeobachtung durch Kammern und Verbände
in: A862
Seite 3o7-324

B835 P a u l , H.
Psychologische Forschung als Teilaspekt einer gesamtheitliche Marktforschung
in: A818
5 Seiten

B836 P a u l , H.
Absicherung einzelner Maßnahmen des Marketing durch Studiotests
in: A819
6 Seiten

B837 P f ä n d e r , Alexander
Motive und Motivation
in: Pfänder, Alexander. Phänomenologie des Wollens. Eine psychologische Analyse. Motive und Motivation. Spiegelberg, Herbert (Hrsg.). 3. Auflage München (Verl. J. A. Barth) 1963. 155 Seiten
(Alexander Pfänders gesammelte Schriften)
Seite 123-155

B838* P f e i f f e r , Werner / S t a u d t , Erich
Innovation
in: B58o
Spalte 1943-1953

B839* P f e i f f e r , Werner / S t a u d t , Erich
Voraussage, technologische
in: A884
Spalte 213o-214o

B84o* P f l ü g e r , W.
Verbandsmarktforschung in der Heiz- und Kochgeräte-Industrie
in: A8o2
Seite 34-42

B841* P i c o t , Arnold
Verbrauch, öffentlicher
in: A884
Spalte 2o11-2o2o

B842 P i n t h e r , Arnold
Grundprobleme der Beobachtungsmethode
in: A77
Seite 118-137

B843 P l a t e , Roderich
Marktforschung und Agrarpolitik
in: B4o1
Seite 35-5o

B844 * P l a t e , Roderich
Angebotsschwankungen bei Agrarprodukten: Ursachen und Gegenmittel
in: A725
Seite 2o7-221

B845 P o h l , Gregor
Marktforschungsuntersuchungen zur Entwicklung von Nescafé "Neu" und Nescafé "Gold"
in: B457
3o Seiten

B846* P o h l h a u s e n , Henn
Innovationsanalyse - ein neues Element in der Markt- und Absatzforschung
in: B 3o1
Seite 41-62

B847* P o m p l , Josef
Der gegenwärtige Stand der Marktforschung in Österreich
in: Werbepolitik. Beiträge zur Werbelehre aus Theorie und Praxis. Swoboda, Friedrich (Hrsg.). Wien/Köln/Graz (Verl. H. Böhlaus Nachf.) 1974. 3o2 Seiten
Seite 1o4-114

B848* P o r e p , Irmgard
Die Erforschung des Verbraucherverhaltens
in: B68
Seite 1439-1462

B849* P o r e p , Irmgard
Marktforschung für die Werbung
in: A29
Seite 691-712

B85o P o s e r u n d G r o ß - N a e d l i t z , Ingeborg von
Wandlungen in der Vorratswirtschaft der Familienhaushalte
in: A384
Seite 137-163

B851 P r i n z i n g , A.
Absatzplanung auf der Grundlage von Marktforschungsergebnissen
in: A819
7 Seiten

B852* P r i t z l , Heinz
Wandlungen des Verbrauchs - dargestellt am Beispiel des Bierabsatzes
in: B48
Seite 2o9-216

B853 P r o e b s t i n g , Helmut
Statistik in der Marktforschung
in: B723
Seite 265-274

B854* P r o e s l e r , Hans
Über Meinungsforschung
in: B 379
Seite 155-163

B855 Prognose des Kraftfahrzeugbestandes bis 1975. Zusammenfassung der Ergebnisse von Prognosestudien der einzelnen Kraftfahrzeugarten.
Deutsche Shell Aktiengesellschaft (Hrsg.).
o. O. (Deutsche Shell Wirtschafts- und Marktforschung) 1961. 25 Seiten

B856* Prognose des PKW-Bestandes. Die Motorisierung im Spannungsfeld von Eigendynamik und Bremsfaktoren.
o.O. (Deutsche Shell) 1973. 13 Seiten
(Aktuelle Wirtschaftsanalysen Deutsche Shell Aktiengesellschaft 6)

B857* P u i n , Frank
Verhaltensforschung
in: A884
Spalte 2o46-2o55

B858* Q u i t t , Helmut
Technische Aufbereitung des Erhebungsmaterials
in: A28
Seite 367-4o2

B859* R a a b , Erich
Probleme der Frageformulierung
in: A28
Seite 255-27o

B86o* R a d k e , Magnus
Absatzkennzahlen
in: A9o2
Seite 13-22

B861* R a f f é e , Hans
Konsumentenverhalten
in: A884
Spalte 1o25-1o44

B862 R a g n i t z , K.
Faktoren- und Cluster-analytische Ansätze zur Marktsegmentation und Verbrauchertypologie
in: B441
Seite 53-66

B863 R a l i s , Max
Läßt sich die öffentliche Meinung wissenschaftlich erforschen?
in: Aus der Werkstatt des Sozialforschers. Solms, Max Graf zu (Hrsg.). Frankfurt a. M. (Verl. G. K. Schauer) 1948. 194 Seiten
(Civitas Gentium. Quellenschriften und Monographien zur Soziologie und Kulturphilosopie III)
Seite 124-134

B864* R a n d e l , Robert E.
Unterschiedliche Methoden der Voraussage bei New Departure
in: A258
Seite 2o2-212

B865 R a s m u s s e n , A.
Wie sieht unser Markt im Jahre 197o aus? (Panel-Diskussion)
in: B448
Seite 89-111

B866* R e b e r , Gerhard
Motivation
in: B58o
Spalte 2716-2723

B867 R e e s , J. van
Über Erfahrungen auf internationaler Marktforschungsebene
in: A816
3 Seiten

B868* R e h m , Otmar
Absatzprognose
in: A9o2
Seite 23-35

B869 R e i c h e n a u , Charlotte von
Der "homo extraordinatus"
in: Studien zur Soziologie. I. Band. Festgabe für Leopold von Wiese aus Anlaß der Vollendung seines 7o. Lebensjahres. Geck, L. H. Ad./ Kempski, Jürgen von/ Meuter, Hanna (Hrsg.). Mainz (Int. Universum Verl.) 1948. 192 Seiten
Seite 119-132

B87o R e i c h e n a u , Charlotte von
Abhängigkeit und Selbständigkeit in der Konsumwirtschaf
in: Abhängigkeit und Selbständigkeit im sozialen Leben. Zweiter Teil. Wiese, Leopold von (Hrsg.). Köln/Opladen (Westdeutscher Verl.) 1951. 583 Seiten
Seite 526-543

B871 R e i g r o t z k i , Erich
Betriebsumfragen
in: A832
Seite 65-69

B872* R e i l i n g h , H. D. de Vries
Soziographie
in: A69
Seite 142-161

B873* R e m b e c k , Max
Die Unternehmung als zentraler Ansatzpunkt für Marktforschung und Markterkundung
in: A38
Seite 1o6-124

B874* R e m b e c k , Max
Marktforschung und Markterkundung für den Einzelhandel
in: Betriebsberatung. Brücke zwischen Handelsforschung und Handelspraxis. Betriebswirtschaftliche Beratungsstelle für den Einzelhandel (BBE) in Verbindung mit der Hauptgemeinschaft des Deutschen Einzelhandels (Hrsg.). Köln (BBE/HdE) 1969. 12o Seiten
(Sonderschrift Nr. 5o der Schriften zur Berufs- und Betriebsförderung im Einzelhandel aus Anlaß des 65. Geburtstages von Emil Leihner)
Seite 17-19

B875* R e m b e c k , Max
Marktforschungsinstitute
in: A884
Spalte 1375-1382

B876* R e m b e c k , Max
Was ist Marktforschung und wem dient sie?
in: A46
49 Seiten

B877* R e m p p , J. M.
Die voraussichtliche Entwicklung des privaten Verbrauchs in Frankreich in kurz- und mittelfristiger Sicht
in: B45
Seite 51-6o

B878 R e n n a u , H.
Probleme der Marktforschung im Bereich der Produktions- und Investitionsgüter-Industrie
in: A814
2 Seiten

B879* R e n t s c h , Frank
Markt
in: A884
Spalte 13o1-13o7

B88o* R e s c h k a , Willibald
Einige Aspekte der verbalen Interaktion im Interview
in: A128
Seite 143-185

B881* R i e c k e , Hans-Joachim
Gedanken über die Beziehungen zwischen Agrarhandel und landwirtschaftlicher Marktforschung
in: A725
Seite 315-321

B882 R i e s m a n , David
in Zusammenarbeit mit Roxborough, Howard
Laufbahnen und Konsumverhalten
in: Riesman, David. Wohlstand wofür? Essays. Frankfurt a. M. (Suhrkamp Verl.) 1966. 451 Seiten (Abundance for what? And other Essays. Aus dem Amerikanischen von Gert H. Müller)
Seite 18-47

B883 R i f f a u l t , H(élène)
Marktforschung in Afrika
in: A818
5 Seiten

B884 R i f f a u l t , Hélène / H o f f m a n n , Michel
Meinungs- und Marktforschung in Zentralafrika
in: A6
Seite 1o7-111

B885 R i n g , Erp
Über demoskopische Umfragen im Bereich des Ästhetischen
in: Systematische Farbgestaltung. Studientagung der Gesellschaft für Licht, Farbe, Form und Material - Farbenzentrum - vom 26. bis 28. Mai 1968 in Freudenstadt. Görsdorf, Kurt (Hrsg.). Stuttgart (Deutsche Verlags-Anst.) 1969. 56 Seiten
Seite 36-38

B886 R i n g e l , Karlrobert
Fragen der Auslandsmarktforschung
in: TFB. Taschenbuch für den Betriebswirt 1957. Steinbring, W./ Schnaufer, Erich/ Rode, Gerhard (Schriftleitung und Bearbeitung). Berlin/Stuttgart (Deutscher Betriebswirte-Verl.) 1957. 116o Seiten
Seite 366-397

B887* R o b e r t s o n , Thomas S.
Soziale Faktoren bei innovativem Verhalten
in: A451
Seite 299-321

B888 R ö h r e r , Klaus
Marktforschung und Versicherung. München (o. Verl.)
o. J. 23 Seiten
(Schriftenreihe des Seminars für Versicherungsbetriebslehre an der Universität München. Heft 4)
(Sonderdruck aus der "Versicherungswirtschaft". Nr. 17 und 18/196o)

B889 R o g g e , Peter G.
Prognosen
in: B119
Seite 1269-1287

B89o R o g h m a n n , Klaus
Methoden der empirischen Soziologie
in: Methoden der Sozialwissenschaften. München/Wien (R. Oldenbourg Verl.) 1967. 258 Seiten
(Enzyklopädie der geisteswissenschaftlichen Arbeitsmethoden. 8. Lieferung)
Seite 163-223

B891 R o g h m a n n , Klaus
Auswahlverfahren
in: B6
Seite 62-69

B892 R o g h m a n n , Klaus
Auswertung
in: B6
Seite 69-7o

B893 R o g h m a n n , Klaus
Sekundäranalyse
in: B6
Seite 918-919

B894 R o g h m a n n , Klaus
Skalierungsverfahren
in: B6
Seite 933-94o

B895* R o g h m a n n , Klaus
Auswahlverfahren
in: B171
Seite 6o-67

B896* R o g h m a n n , Klaus
Auswertung
in: B171
Seite 67-68

B897* R o g h m a n n , Klaus
Sekundäranalyse
in: B7
Seite 684

B898* R o g h m a n n , Klaus
Skalierungsverfahren
in: B7
Seite 696-7o1

B899* R o l l e , Jürgen
Angst und Luxus
in: B48
Seite 217-221

B9oo* R o l o f f , Sighard
Marktsegmentierung mit Hilfe des Bayes'schen Klassifizierungsverfahrens als Grundlage der Absatzprognose
in: A472
Seite 237-268

B9o1* R o l o f f , Sighard
Skalierung, multidimensionale
in: A884
Spalte 1879-1884

B9o2 R o m a c k e r , B.
Probleme der Produktplanung
in: B648
Seite 125-130

B9o3* R o t h , Erwin
Die Faktorenanalyse in der Marktforschung
in: A45o
Seite 282-325

B9o4* R o t h e n b e r g , Jerome
Wiedersehen mit der Konsumentensouveränität und Entdeckung der Vorteile der Wahlfreiheit
in: A3o4
Seite 47o-485

B9o5* R o t h h a a r , Peter
Konsumentennachfrage, Ermittlung der
in: A884
Spalte 1o2o-1o25

B9o6 R o t t m a n n , Hansjörg
Die Marktforschung im Dienste des Unternehmers
in: Betriebswirtschaftliche Probleme. III. Ausgabe.
Zürich (Buchverl. Neue Zürcher Zeitung) 1966.
1o4 Seiten
(Aus der "Betriebswirtschaftlichen Beilage" der
Neuen Zürcher Zeitung)
Seite 25-28

B9o7* R u b e r g , Carl
Haushalt, privater
in: Handwörterbuch der Betriebswirtschaft. Band II. Seischab, Hans/ Schwantag, Karl (Hrsg.). 3. Auflage Stuttgart (C.E. Poeschel Verl.) 1958. 359o Spalten
Spalte 2653-2654

B9o8* R u c z i n s k i , Erich M.
Experiment in der Marktforschung
in: A9o2
Seite 6o5-613

B9o9 R u d i n g e r , G. / S c h m i d t - S c h e r z e r , R.
Möglichkeiten eines multivariaten Ansatzes in der psychologischen Tourismusforschung
in: A828
Seite 2o5-211

B91o R ü c k m a n n , Kurt
Meinungsforschung
in: B26
Seite 279-28o

B911 R ü h l , G.
Prognosen über Warenverkehr und Marktverhalten
in: B648
Seite 1o1-113

B912* R ü h l e v o n L i l i e n s t e r n , Hans
Die Interdependenz von Marktforschung und Unternehmungsplanung
in: A38
Seite 14o-154

R ü h l e v o n L i l i e n s t e r n s. auch B652

B913* R ü t t l e r , Norbert (Helmut)
Quellen der Auslandsmarktforschung
in: A29
Seite 881-9o7

B914* R u g g , Donald / C a n t r i l , Hadley
Die Formulierung von Fragen
in: A111
Seite 86-114

B915 S a a d é , Habib J.
Marktforschung im Libanon
in: A819
3 Seiten

B916* S a c k m a n n , Franz
Marktforschung und wirtschaftliche Steuerung
in: B22
Seite 12-16

B917 S a h m , August
Motivation
in: B119
Seite 737-747

B918* S a n d i g , Curt
Bedarfsforschung
in: Vom Markt des Betriebes zur Betriebswirtschaftspolitik. Bedarf - Beschaffung - Absatz. Arbeiten von Curt Sandig als Festschrift zum 7o. Geburtstag.
Geist, Manfred (Hrsg.). Stuttgart (C.E. Poeschel Verl.) 1971. 17o Seiten
Seite 1-81

B919* S a n d i g , Curt
Grundriß der Beschaffung
in: B918
Seite 82-113

B92o* S a n d i g , Curt
Bedarf, Bedarfsforschung
in: A884
Spalte 313-326

B921 S a u e r m a n n , Heinz
Konsumfunktion und Konsumentenverhalten im Tourismus
in: B725
Seite 154-175

B922* S c h ä f e r , Erich
Marktforschung
in: B82
Seite 147-161

B923 S c h ä f e r , Erich
Von den Anfängen der Marktforschungslehre und von ihrem Verhältnis zur Betriebswirtschaftslehre
in: Wissenschaft und Praxis. Festschrift zum zwanzigjährigen Bestehen des Westdeutschen Verlages 1967. Köln/Opladen (Westdeutscher Verl.) 1967. 391 Seiten
Seite 245-25o

B924 S c h a e f e r , Manfred / K n u t h , Günther
Ein Fall aus der Praxis: Methoden einer sozialpsychologischen Studie der Leserschaft der "1o-Pf-Bild-Zeitung"
in: A811
Seite 2o-33

B925 S c h a t t e , Karl-Heinz
Test
in: B26
Seite 476

B926 S c h e l s k y , Helmut
Zukunftsaspekte der industriellen Gesellschaft
in: Hamburger Jahrbuch für Wirtschafts- und Gesellschaftspolitik. 1. Jahr. Ortlieb, Heinz-Dietrich (Hrsg.). Tübingen (Verl. Mohr Siebeck) 1956. 254 Seiten (Veröffentlichungen der Akademie für Gemeinwirtschaft Hamburg)
Seite 34-41

B927* S c h e n k , Hans Otto
Markttransparenz
in: A9o3
Seite 825-833

B928* S c h e r e r , Klaus R.
Beobachtungsverfahren zur Mikroanalyse non-verbaler Verhaltensweisen
in: A95
Seite 66-1o9

B929* S c h e r e r , Klaus R.
Ausgewählte Methoden der empirischen Sprachforschung
in: A95
Seite 11o-157

B93o S c h e r h o r n , Gerhard
Verbrauch, Verbraucher
in: B6
Seite 1224-1227

B931* S c h e r h o r n , Gerhard
Aufgaben der sozialökonomischen Verhaltensforschung. Thesen zur Diskussion
in: A834
Seite 9-12

B932* S c h e r h o r n , Gerhard
Verbrauch, Verbraucher
in: B7
Seite 885-888

B933* S c h e r h o r n , Gerhard
Gibt es eine Hierarchie der Bedürfnisse? Thesen zur Entwicklung der Bedarfe in der Konsum- und Arbeitswelt
in: B45
Seite 291-342

B934* S c h e r h o r n , Gerhard
Marktforschung und Marktsoziologie
in: A28
Seite 63-72

B935* S c h e r k e , Felix
Die geheimen Verführer und der Mensch im Markt
in: B48
Seite 313-319

B936* S c h e u c h , Erwin K.
Meinungsforschung
in: B82
Seite 277-285

B937 S c h e u c h , Erwin K.
Über die Entwicklung der Umfrageforschung zur Führungsunterlage
in: A822
22 Seiten

B938* S c h e u c h , Erwin K.
Über die Entwicklung der Umfrageforschung zur Führungsunterlage
in: A7
Seite 39-58

B939 S c h e u c h , Erwin K.
Sozialforschung
in: B128
Seite 387-398

B94o* S c h e u c h , Erwin K.
Der Einfluß des Verwenderverhaltens auf die Produktgestaltung
in: A588
Seite 35-49

B941* S c h e u c h , Erwin K.
Entwicklungsrichtungen bei der Analyse sozialwissenschaftlicher Daten
in: A65
Seite 161-237

B942* S c h e u c h , Erwin K.
Das Interview in der Sozialforschung
in: A66
Seite 66-19o

B943* S c h e u c h , Erwin K.
Auswahlverfahren in der Sozialforschung
in: A67
Seite 1-96

B944 S c h e u c h , Erwin K.
Konsum-Dynamik
in: Unifranck Weihnachtsblätter 1974. Ludwigsburg (Unifranck) 1974. 72 Seiten
Seite 6-13

B945 S c h e u c h , Erwin K.
Der Charakter des Konsums in modernen Industriegesellschaften - Ein Beitrag zur Soziologie des Konsums
in: Hamburger Jahrbuch für Wirtschafts- und Gesellschaftspolitik. 2o. Jahr. Ortlieb, Heinz-Dietrich/ Molitor, Bruno/ Krone, Werner (Hrsg.). Tübingen (Verl. Mohr Siebeck) 1975. 312 Seiten (Veröffentlichungen der Hochschule für Wirtschaft und Politik und des HWWA - Institut für Wirtschaftsforschung - Hamburg)
Seite 111-128

B946 S c h e u c h , Erwin K. / M o c h m a n n , Ekkehard
Sozialforschung
in: Angewandte Informatik. Mertens, Peter (Hrsg.). Berlin/New York (Verl. W. de Gruyter) 1972. 198 Seiten (Sammlung Göschen. Band 5o13)
Seite 142-157

B947 S c h e u c h , Erwin K. / R o g h m a n n , Klaus
Inhaltsanalyse
in: B6
Seite 459-463

B948 S c h e u c h , Erwin K. / R o g h m a n n , Klaus
Meinungsforschung
in: B6
Seite 687-689

B949* S c h e u c h , Erwin K. / R o g h m a n n , Klaus
Inhaltsanalyse
in: B558
Seite 367-37o

B95o* S c h e u c h , Erwin K. / R o g h m a n n , Klaus
Meinungsforschung
in: B558
Seite 538-563

B951 S c h e u c h , Erwin K. / R ü s c h e m e y e r , Dietrich
Meinungsforschung
in: B311
Spalte 642-647

B952* S c h e u c h , Erwin K. / Z e h n p f e n n i g , Helmut
Skalierungsverfahren in der Sozialforschung
in: A67
Seite 97-2o3

B953* S c h e u e r m a n n , Walter P. H.
Verbandsmarktforschung und Absatzberater
in: A863
Seite 183-186

B954 S c h e u n e m a n n , F.
Marktforschung in der Ebene der Produktionsmittel
in: A814
2 Seiten

B955 S c h i l c h e r , Rudolf
Bedürfnis und Bedarf
in: B6
Seite 81-83

B956 S c h i l c h e r , Rudolf
Luxus
in: B6
Seite 648-649

B957* S c h l ä g e r , Werner
Einführung in die Zeitreihenprognose bei saisonalen Bedarfsschwankungen und Vergleich der Verfahren
in: A249
Seite 61-79

B958 S c h l e i p , Karl-Georg
Situation und Aufgabe der betrieblichen Marktforschung
in: A6
Seite 92-97

B959 S c h m i d - R i s s i , Jacob
Einkaufsmarktforschung
in: Einkaufsleiter-Handbuch. Degelmann, Alfred (Hrsg.). München (Verl. Moderne Industrie) 1965. 843 Seiten
Seite 181-2oo

B96o S c h m i d t , Gustav A.
Marktforschung im Bereich der Produktionsmittel und der langlebigen Konsumgüter. Zürich (Ges. für Marktforschung) o. J. 35 Seiten
(Dok. No. 94)
(Als Manuskript des Vortrags vom 17. Mai 196o gedruckt)

B961 S c h m i d t , Gustav Adolf
Unternehmerische Information auf europäischer Ebene
in: A821
9 Seiten

B962* S c h m i d t , Klaus-Dieter
Einkommensverteilung und Einkommensschichtung in Baden-Württemberg
in: A38
Seite 46-95

B963* S c h m i d t , Kurt
Zur Geschichte der Lehre von den Kollektivbedürfnissen
in: Systeme und Methoden in den Wirtschafts- und Sozialwissenschaften. Erwin von Beckerath zum 75. Geburtstag. Kloten, Norbert/ Krelle, Wilhelm/ Müller, Heinz/ Neumark, Fritz (Hrsg.). Tübingen (Verl. Mohr Siebeck) 1964. 732 Seiten
Seite 335-362

B964* S c h m i d t , Rudolf (W.)
Sekundärstatistische Marktforschung
in: A29
Seite 33-61

B965 S c h m i d t , Werner
Statistische Analysen 196o
in: B191
Seite 264-275

B966* S c h m i d t c h e n , Gerhard
Soziologische Kritik der Marktforschung
in: Schmidtchen, Gerhard. Marktforschung in soziologischer Perspektive. Zwei Vorträge. Itzehoe (Verl. Hansen & Hansen) o. J. 56 Seiten
(Vorträge zur Marktforschung. 13/14)
(Bundesverband deutscher Marktforscher BVM)
Seite 5-31

B967* S c h m i d t c h e n , Gerhard
Motivforschung und Soziologie
in: B966
Seite 32-56

B968* S c h m i d t c h e n , Gerhard
Test der Anzeigenwirkung durch Feldexperimente.
o. O. (Bundesverband deutscher Marktforscher BVM) o. J. 48 Seiten
(Vorträge zur Marktforschung. 18)

B969 S c h m i d t c h e n , G(erhard)
Welche Marktentwicklungen lassen sich vorhersagen?
in: A824
Seite 1o-21

B97o S c h m i d t c h e n , Gerhard
Sozialforschung
in: Staatslexikon Recht Wirtschaft Gesellschaft.
8. Band. Görres-Gesellschaft (Hrsg.). 6. Auflage
Freiburg (Verl. Herder) 1962. 1214 Spalten
Spalte 279-287

B971* S c h m i d t c h e n , Gerhard
Marktforschung und Gesellschaft. o. O. (Bundesverband deutscher Marktforscher BVM) um 1972. 24 Seiten
(Vorträge zur Marktforschung. 19)

B972* S c h m i d t c h e n , Gerhard
Sozialforschung
in: A9o4
Seite 245-263

B973 S c h m i d t - K e s s e n , Wilhelm
Der Einfluß von Urlaubsreisen auf die physische und psychische Gesundheit
in: A828
Seite 139-141

B974 S c h m i d t - S c h e r z e r , R. / R u d i n g e r , G.
Motive - Erwartungen - Wünsche in Bezug auf Urlaub und Verreisen
in: A828
Seite 9-19

B975* S c h m i d t - Ü l l n e r , Heinz
Ausbildungsmöglichkeiten in der Absatz- und Vertriebsforschung. Eine Untersuchung der Deutschen Gruppe der Internationalen Handelskammer. Herne (Verl. Neue Wirtschafts-Briefe) 1961. 17 Seiten
(NWB-Berufsdienst. Heft 6)

B976* S c h m i e r e r , Christian
Tabellenanalyse
in: A97
Seite 86-154

B977* S c h m i t t , Günther
Zur frühen Geschichte der landwirtschaftlichen Marktforschung in Deutschland
in: A725
Seite 17-4o

B978 S c h m i t t , Peter H.
Die Aufbereitung der Ergebnisse
in: A562
Seite 89-98

B979 S c h m i t t , Peter H.
Die Entwicklung einer Studie
in: A562
Seite 55-6o

B98o S c h m i t t , Peter H.
Fragebogengestaltung
in: A562
Seite 61-79

B981 S c h m i t t , Peter H.
Das Interview
in: A562
Seite 81-88

B982* S c h m i t z , Eugen
Die amtliche Kraftfahrzeug-Statistik und ihre Möglichkeiten für die Marktforschung
in: A825
Seite 1o1-11o

B983 S c h m i t z , E(ugen) / K r ä m e r , Helga
Absterbeordnungen für Kraftfahrzeuge. ihre Problematik, Berechnung und Anwendung. 2. Auflage Essen (Rheinisch-Westfäl. Inst. für Wirtschaftsforschung) 1962.
19 Seiten
(Rheinisch-Westfälisches Institut für Wirtschaftsforschung. Schriftenreihe, Neue Folge. Nr. 2o)

B984 S c h m ö l d e r s , Günter
Ökonomische Verhaltensforschung
in: Ordo. Jahrbuch für die Ordnung von Wirtschaft und Gesellschaft. 5. Band. Böhm, Franz/ Lutz, Friedrich A./ Meyer, Fritz W. (Hrsg.). Düsseldorf/ München (Verl. H. Küpper vormals G. Bondi) 1953.
397 Seiten
Seite 2o3-244

B985* S c h m ö l d e r s , Günter
Ökonomische Verhaltensforschung
in: Baade, Fritz. Gesamtdeutschland und die Integration Europas/ Schmölders, Günter. Ökonomische Verhaltensforschung. Sitzung am 22. Mai 1957 in Düsseldorf. Köln/Opladen (Westdeutscher Verl.) 1957. 69 Seiten (Arbeitsgemeinschaft für Forschung des Landes Nordrhein-Westfalen. Heft 71)
Seite 39-56

B986 S c h m ö l d e r s , Günter
Thesen zum Thema: Volkswirtschaftslehre und Psychologie - Faktoren und Imponderabilien
in: A457
Seite 15-22

B987 S c h m ö l d e r s , Günter
Zehn Jahre sozialökonomische Verhaltensforschung in Köln
in: Ordo. Jahrbuch für die Ordnung von Wirtschaft und Gesellschaft. 14. Band. Böhm, Franz/ Lutz, Friedrich A./ Meyer, Fritz W. (Hrsg.). Düsseldorf/München (Verl. H. Küpper vormals G. Bondi) 1963. 437 Seiten
Seite 259-273

B988 S c h m ö l d e r s , Günter
Sozialökonomische Verhaltensforschung
in: B6
Seite 1o36-1o37

B989* S c h m ö l d e r s , Günter
Der private Haushalt als Gegenstand der Verhaltensforschung
in: B575
Seite 45-56

B99o* S c h m ö l d e r s , Günter
Marktforschung und Wirtschaftstheorie
in: A28
Seite 51-61

B991 S c h m ö l d e r s , Günter
Bedürfnis und Bedarf in sozialökonomischer Betrachtung
in: Sozialverhalten bei Mensch und Tier. Ein Symposion der Akademie der Wissenschaften und der Literatur. Schmölders, Günter/ Brinkmann, Gerhard (Hrsg.). Berlin (Verl. Duncker & Humblot) 1975. 268 Seiten (Beiträge zur Verhaltensforschung. Heft 19)
Seite 15-3o

B992* S c h m u c k e r , Helga
Nachfrageanalyse, empirische
in: B82
Seite 5oo-5o4

B993 S c h m u c k e r , Helga
Die langfristigen Strukturwandlungen des Verbrauchs der privaten Haushalte in ihrer Interdependenz mit den übrigen Bereichen einer wachsenden Wirtschaft
in: B749
Seite 1o6-183

B994* S c h m u c k e r , Helga
Der Aussagewert von haushaltsstatistischem Material für die Verbrauchsforschung und die ökonometrische Nachfrageanalyse
in: A3o4
Seite 363-394

B995* S c h m u c k e r , Helga / S c h w e i t z e r , Rosemarie von
Der landwirtschaftliche Haushalt im Umstrukturierungsprozeß der Landwirtschaft
in: A725
Seite 183-2o6

B996* S c h n e e b e r g e r , Hans
Punkt-, Intervallprognose und Test auf Strukturbruch mit Hilfe der Regressionsanalyse
in: A249
Seite 131-146

B997* S c h n e e w i n d , Klaus A.
Zur Psychologie der menschlichen Sprechstimme. Ein Beitrag zur psychologischen Funkspotanalyse
in: A45o
Seite 2o4-238

B998 S c h n e i d e r , Hans K.
Versuch einer Prognose des Wohnungsneubaubedarfs bis zum Jahre 2ooo
in: Wohnungswirtschaft und Städtebau in der Zukunft. Münster (Inst. für Siedlungs- und Wohnungswesen der Westfäl. Wilhelms-Univ. Münster) 1968. 168 Seiten (Beiträge und Untersuchungen. Neue Folge der "Materialiensammlung für Wohnungs- und Siedlungswesen". Band 71)
Seite 31-57

B999 S c h n e i d e r , Lothar
Wandlungen der Ernährung in ihrer hauswirtschaftlichen Bedeutung
in: A384
Seite 117-136

B1ooo* S c h ö n e , Dino
Auftraggebereffekt und Erfolg von Mahnschreiben bei einer postalischen Umfrage
in: A128
Seite 187-279

B1oo1 S c h ö n p f l u g , U.
Bedürfnis
in: Historisches Wörterbuch der Philosophie. Ritter, Joachim (Hrsg.). Band 1. Darmstadt (Wissenschaftl. Buchges.) 1971. 1o36 Spalten
Spalte 765-771

B1oo2 S c h ö t t l e - B o u r b o n , Helene
Abhängigkeit und Selbständigkeit auf dem grauen und schwarzen Markt
in: B87o
Seite 512-525

B1oo3 S c h o l t e n , Sigrid
Industrie und Warentest
in: A622
Seite 9-36

B1oo4* S c h r a d e r , Karl Wolfgang
Marktforschung und Preispolitik
in: B388
Seite 95-112

B1oo5* S c h r a d e r , Karl
Ein marketingpsychologisches Modell der Bedürfnisse
in: B28o
Seite 133-148

B1oo6* S c h r e i b e r , Klaus
Marktforschung und Marktdynamik. Die Bedeutung neuerer Entwicklungen der Wettbewerbstheorie für die Marktforschung
in: B499
Seite 59-73

B1oo7* S c h r e i b e r , Klaus
Standardisierte und nicht-standardisierte Interviews
in: A28
Seite 237-241

B1oo8* S c h r e i b e r , Rolf
Beschaffung und Aufbereitung von Sekundärstatistiken
in: B227
Seite 198-2o6

B1oo9* S c h r ö d e r , Michael
Einführung in die kurzfristige Zeitreihenprognose und Vergleich der einzelnen Verfahren
in: A249
Seite 21-71

B1o1o S c h r o e d e r , Roland
Prognosen, Methoden und Absatzplanung
in: Zielbewußte Marktanpassung - planmäßige Markterweiterung. Vorträge der Wiesbadener Tagung vom 1o. bis 12. April 1965. Deutsche Gesellschaft für Betriebswirtschaft (Hrsg.). Berlin (Deutsche Ges. für Betriebswirtschaft) 1965. 165 Seiten (Masch. vervielf.)
Seite 21-37

B1o11 S c h ü c k l e r , Georg
Irrwege moderner Meinungsforschung. Zu >Umfragen in der Intim-Sphäre<. Köln-Klettenberg (Volkswartbund) 1965. 23 Seiten

B1o12* S c h u h m a n n , Karl
Absatzwirtschaftliche Kennzahlen
in: B227
Seite 174-18o

B1o13 S c h u h m a n n , Karl
Kaufkraftvergleiche
in: B3oo
Seite 842-846

B1o14* S c h u h m a n n , Karl
Ermittlung von Marktindikatoren
in: A28
Seite 661-669

B1o15* S c h u h m a n n , Karl
Kaufkraftkennziffern und Kaufkraftkarte
in: A9o3
Seite 55-58

B1o16* S c h u h m a n n , Karl
Kaufkraftvergleiche
in: B124
Seite 1774-1778

B1o17* S c h u l z , Roland
Der Markttest
in: B227
Seite 188-193

B1o18* S c h u l z , Roland
Diffusionsforschung
in: A9o2
Seite 379-39o

B1o19 S c h u m e r , Florence / Z u b i n , Joseph
Projektive Verfahren
in: B65
Spalte 845-851

B1o2o* S c h w ä b l e , Martin
Verarbeitung von Daten
in: A29
Seite 287-319

B1o21 S c h w e n z n e r , J(ulius) E(rik)
Marktforschung und Werbung
in: Rationeller Werben. VDMA Verein Deutscher Maschinenbau-Anstalten (Hrsg.). 2. Auflage Frankfurt a. M. (Maschinenbau-Verl.) 1955. 32 Seiten
Seite 1o-2o

B1o22 S c h w e n z n e r , J(ulius) E(rik)
Die Bedeutung der betriebs- und marktgerechten Programmierung und Interpretation der Forschungsarbeiten für die erfolgreiche Unternehmensführung
in: A824
Seite 1-8

B1o23 S c h w e n z n e r , J(ulius) E(rik)
Programmierung und Planung
in: A831
Seite 4o-52

B1o24* S c h w e n z n e r , Julius Erik
Marktforschung
in: B756
Spalte 39o5-3914

B1o25* S c h w e n z n e r , J(ulius) E(rik)
Verbandsmarktforschung und Marktforschungsinstitute
in: A863
Seite 176-178

B1o26 S c h w e n z n e r , J(ulius) E(rik)
Einführung des Panel-Gedankens in der Industrie- Marktforschung
in: ESOMAR WAPOR Congress 1967. Brüssel (ESOMAR) o. J.
883 Seiten
Seite 587-598

B1o27* S c h w e n z n e r , Julius Erik
Organisatorische und praktische Probleme bei Panel-Untersuchungen
in: A28
Seite 441-449

B1o28* S c i t o v s k y , Tibor
Zum Prinzip der Konsumentensouveränität
in: A3o4
Seite 486-494

B1o29* S c o t t , Alfred C.
Auffinden und Bewerten der grundlegenden Daten für Verkaufsvoraussagen
in: A258
Seite 63-78

B1o3o S e e b e r g , Stella
Langlebige Haushaltsgüter und Haushaltsinvestitionen
in: A384
Seite 49-96

B1o31 S e i d e n f u s , Hellmuth St(efan)
Marktforschung und Verkehrswirtschaft
in: Verkehr und Wirtschaft. Festschrift für Otto Most. Zentral-Verein für deutsche Binnenschiffahrt (Hrsg.). Duisburg-Ruhrort (Binnenschiffahrts-Verl. vormals Rhein-Verl.) 1961. 257 Seiten
Seite 195-213

B1o32* S e i d e n f u s , Hellmuth Stefan
Verhaltensforschung, sozialökonomische
in: Handwörterbuch der Sozialwissenschaften. zugleich Neuauflage des Handwörterbuchs der Staatswissenschaften. Elfter Band. Beckerath, Erwin von u.a. (Hrsg.). Stuttgart/Tübingen/Göttingen (Verl. G. Fischer/ Mohr Siebeck/ Vandenhoeck & Ruprecht) 1961. 658 Seiten
Seite 95-1o2

B1o33 S e i s e r , Kurt
Besonderheiten des Industriebetriebes und ihr Einfluß auf die Absatzmarktforschung. Wien (Österr. Gewerbeverl.) 1955. 17 Seiten
(Wirtschaftswissenschaftliche Schriftenreihe. Dissertationen der Hochschule für Welthandel)
(Teildruck aus der Diss. Wien 1955 u. d. T.: Die Bedeutung der Absatzmarktforschung für den Industriebetrieb)

B1o34 S e i t z , Willi
Fragebogen
in: B816
Seite 3o6-321

B1o35* S h e a t s l e y , Paul B.
Die Kunst des Interviewens
in: A111
Seite 125-142

B1o36* S h e t h , Jagdish N.
Eine zusammenfassende Übersicht zum Käuferverhalten
in: A451
Seite 143-197

B1o37* S i e b e r t s , Hermann
Kennzahlen, absatzwirtschaftliche
in: A884
Spalte 995-1oo1

B1o38* S i g l , Hans
Die Meinungsbildner
in: B68
Seite 1483-1493

B1o39 S i l b e r e r , P.
Erfolgsfaktoren der Marktuntersuchung
in: B267
Seite 82-83

B1o4o S i t t e n f e l d , Hans
Anwendungsbereiche der Markt- und Meinungsforschung
in: A562
Seite 11-28

B1o41 S i t t e n f e l d , Hans
Arbeitsmethoden der Meinungsforschung
in: A562
Seite 29-4o

B1o42 S i t t e n f e l d , Hans
Die Auswahl der Befragten
in: A562
Seite 41-53

B1o43 S i t t e n f e l d , Hans
Auswertung und Bericht
in: A562
Seite 99-111

B1o44 S i t t e n f e l d , Hans
Punktgruppenanalyse
in: A832
Seite 198-2o2

B1o45 S i t t e n f e l d , Hans
Marktforschung und Werbeforschung
in: Handbuch des Werbeleiters. München (Verl. Moderne Industrie) 196o. 1o29 Seiten
Seite 871-91o

B1o46* S i t t e n f e l d , Hans
Grundfragen der Panelforschung
in: A863
Seite 2o7-218

B1o47* S i t t e n f e l d , Hans
Die wichtigsten Quellen der betrieblichen Marktforschung
in: A863
Seite 15o-156

B1o48* S i t t e n f e l d , Hans
Netzplantechnik in der Marktforschung
in: Netzplantechnik im Marketing. Disch, Wolfgang K. A. (Bearbeiter). Hamburg (Verl. Weltarchiv) 1968. 216 Seiten
(Veröffentlichungen des Hamburgischen Welt-Wirtschaft Archivs)
Seite 113-133

B1o49* S i t t e n f e l d , Hans
Planung einer Befragung (unter besonderer Berücksichtigung der Netzplantechnik)
in: A28
Seite 163-172

B1o5o* S i t t e n f e l d , Hans / A n d e r s e n , Eduard / W e n d t , Friedrich
in Zusammenarbeit mit Kapferer, C.
Methoden und Techniken der Markt- und Meinungsforschung
in: A863
Seite 145-149

B1o51* S k o w r o n n e k , Karl
Der Käufer von morgen
in: B48
Seite 223-236

B1o52* S m i t h , R. Blair
Erhöhte Genauigkeit der Voraussagen durch gute Organisation
in: A258
Seite 51-62

B1o53 S m o l e n s k y , (Peter)
Kunden werben und behalten, Marktforschung im Handelsbetrieb
in: Im Ringen um das Gleichgewicht zwischen Staatsmacht und Wirtschaftsfreiheit. Deutscher Industrie- und Handelstag (Hrsg.). Frankfurt a. M. (Deutscher Industrie- und Handelstag) 1954 (Vorwort). 179 Seiten (Schriftenreihe Deutscher Industrie- und Handelstag. Heft 28)
Seite 32-49

B1o54 S m o l e n s k y , Peter
Erforschung des Verbrauchs und Schaffung neuer Käufermärkte
in: Betriebswirtschaftliche Aufgaben bei steigender Konjunktur. 8. Deutscher Betriebswirtschafter-Tag. Berlin (Deutsche Ges. für Betriebswirtschaft in Verb. mit dem Verb. Deutscher Diplom-Kaufleute) 1955. 213 Seiten
Seite 69-72

B1o55 S m o l e n s k y , Peter
Methoden der Marktforschung
in: B3
Seite 35-38

B1o56 S o b o t s c h i n s k i , Arnim
Aspekte einer Wohnungsbedarfsprognose bis 1975. (Referat anläßlich der Jahreshauptversammlung am 29./3o. April 1965 der Gesellschaft für Wohnungs- und Siedlungswesen Hamburg). Hamburg (Ges. für Wohnungs- und Siedlungswesen) o. J. 24 Seiten

B1o57 S o b o t s c h i n s k i , Arnim
Die Statistik des Verbrauchs der privaten Haushalte
in: B723
Seite 245-264

B1o58 S o l l e , Reinhold
Der feldtheoretische Ansatz
in: B18
Seite 133-179

B1o59* S o m m e r , Werner
Inhaltsanalyse
in: A28
Seite 525-545

B1o6o S o p p , Hellmut
Aufgaben der Psychologie in der Meinungsforschung
in: A8o5
Seite 3o-37

B1o61 S o p p , Hellmut
Ergänzung von Querschnittsbefragungen durch die Tiefenpsychologie
in: A832
Seite 76-78

B1o62* S p e c h t , Karl Gustav
Aufgaben, Möglichkeiten und Standort der Verbraucherforschung
in: B121
Seite 15-24

B1o63 S p e c h t , Günter
Selbst-Image des Konsumenten und Marketing-Management
in: Instrumente der Unternehmensführung. Hax, Karl/ Pentzlin, Kurt (Hrsg.). München (C. Hanser Verl.) 1973. 3o7 Seiten
Seite 1o9-128

B1o64 S p i e g e l , Bernt
Image
in: B65
Spalte 163-164

B1o65 S p i e g e l , Bernt
Marktpsychologie
in: B65
Spalte 494-5oo

B1o66* S p i e g e l , B(ernt)
Marktpsychologie
in: A9o3
Seite 793-796

B1o67 S p i l k e r
Möglichkeiten der künftigen Zusammenarbeit zwischen amtlicher Statistik und Marktforschung
in: A817
18 Seiten

B1o68* S p i n n e r , H. F.
Modelle und Experimente
in: B416
Spalte 1ooo-1o1o

B1o69 S t a c k e l b e r g , K(arl) von
Organisatorische und methodische Grundlagen von Repräsentativ-Verfahren und ihre Anwendungsmöglichkeiten im Rahmen der Konsumforschung
in: A8o5
Seite 5-11

B1o7o S t a c k e l b e r g , K(arl) von
Praktische Anwendungs- und Auswertungsmöglichkeiten von Repräsentativ-Verfahren für die Wirtschaft
in: A8o6
Seite 39-42

B1o71 S t a c k e l b e r g , K(arl) von
Die Frage und ihre Formulierung
in: A8o6
Seite 91-95

B1o72 S t a c k e l b e r g , K(arl) G(eorg) von
Das allgemeine Bild der derzeitigen Konsumvoraussetzungen
in: A8o7
Seite 25-53

B1o73 S t a c k e l b e r g , K(arl) von
Zum Beginn einer deutschen Meinungsforschung
in: A556
Seite 5-6

B1o74 S t a c k e l b e r g , Karl von
Die Frage und ihre Formulierung
in: A832
Seite 172-177

B1o75 S t a c k e l b e r g , Karl Georg von
Sonderprobleme der Marktforschung
in: Wirtschaftliche Betriebsführung - die deutsche Unternehmeraufgabe. 7. Deutscher Betriebswirtschafter-Tag. Berlin (Deutsche Ges. für Betriebswirtschaft in Verb. mit dem Verband Deutscher Diplom-Kaufleute) 1954. 249 Seiten
Seite 156-161

B1o76 S t a c k e l b e r g , Karl Georg von
Erfahrungen aus fast 1o Jahren
in: A814
18 Seiten

B1o77 S t a c k e l b e r g , K(arl) G(eorg) von
Entwicklungstendenzen in der Marktforschung
in: A816
1o Seiten

B1o78 S t a c k e l b e r g , K(arl) G(eorg) Baron von
Praktische Erfahrungen der EMNID-Institute im Bereich der Markt- und Meinungsforschung
in: A81o
Seite 29-38

B1o79 S t a c k e l b e r g , Karl Georg von
Entwicklungen auf internationaler Marktforschungs-Ebene
in: A3
Seite 5-7

B1o8o* S t a c k e l b e r g , Karl-Georg von
Methoden zum Voranschlag des künftigen Verbrauchs von Elektro-Haushaltsgeräten auf europäischer Basis
in: A4
Seite 46-48

B1o81* S t a c k e l b e r g , K(arl) G(eorg) von
Weltweite Aspekte der Marktforschung und der Sozialforschung
in: A5
Seite 5-1o

B1o82* S t a c k e l b e r g , K(arl) G(eorg) von
Marktforschung und Gemeinschaftsrationalisierung
in: A5
Seite 55-59

B1o83 S t a c k e l b e r g , K(arl) G(eorg) Freiherr von
Ungenutzte Möglichkeiten der Exportmarktforschung
in: A6
Seite 98-1o2

B1o84 S t a c k e l b e r g , K(arl) G(eorg) Freiherr von
Die Werbewirkungsprognose als Aufgabe der Marktforschung
in: A6
Seite 5-11

B1o85* S t a c k e l b e r g , Karl·Georg Freiherr von
Das wirtschaftliche Image der Nationen
in: A7
Seite 11o-116

B1o86* S t a c k e l b e r g , Karl-Georg Freiherr von
Randnotizen zum Thema "2o Jahre EMNID-Institute"
in: A7
Seite 5-8

B1o87* S t a c k e l b e r g , Karl Georg Graf von
Marktforschung, Organisation und Technik der
in: A884
Spalte 1363-1368

B1o88 S t a c k e l b e r g , K(arl) G(eorg) von /
D r e s c h e r , S(iegfried) H. /
F l o c k e n h a u s , K. F. / H i l d , S. /
H u n d e r t , J. / L o h m e i e r , F.
Motivation-Research oder Activation-Research?
in: A816
16 Seiten

B1o89 S t a c k e l b e r g , K(arl) G(eorg) von /
W ü l k e r , G.
Absicherung der europäischen und überseeischen Absatzplanung durch Marktforschung
in: A819
9 Seiten

B1o9o* S t ä g l i n , Rainer
Die Input-Output-Rechnung als Hilfsmittel der Prognose
in: A249
Seite 281-297

B1o91 S t a h l b e r g , Max
Die Marktforschung in der Versicherungswirtschaft
in: Rohrbeck. Die kleineren Versicherungsvereine in Deutschland. Stahlberg, Max. Die Marktforschung in der Versicherungswirtschaft. Feddersen, Berend. Die Zuführung zur Altersrückstellung in der privaten Krankenversicherung. Heubeck, Georg. Der Arbeitsplatzwechsel und seine Wirkung auf die Finanzierung von Versorgungseinrichtungen. Weißenburg (Mathematischer Tabellen-Verl. R. Fischer) 195o. 87 Seiten
(Zeit- und Forschungsfragen der Versicherungswirtschaft. Heft 5)
Seite 19-37

B1o92 S t a p e l , J.
Zur Entwicklung der internationalen Marktforschung in den letzten 1o Jahren
in: A817
11 Seiten

B1o93 S t a p e l , J.
Konsumpioniere und ihre Bedeutung
in: A818
7 Seiten

B1o94* S t e f f e n h a g e n , Hartwig
Industrielle Adoptionsprozesse als Problem der Marketingforschung
in: A9o5
Seite 1o7-125

B1o95* S t e i n , Otto
Bedarf und Bedürfnis
in: Handwörterbuch der Sozialwissenschaften. zugleich Neuauflage des Handwörterbuchs der Staatswissenschaften. Erster Band. Beckerath, Erwin von u. a. (Hrsg.). Stuttgart/Tübingen/Göttingen (Verl. G. Fischer/ Mohr Siebeck/ Vandenhoeck & Ruprecht) 1956. 784 Seiten
Seite 7o7-718

B1o96 S t e i n b e r g , Heinz
Dem Leser auf der Spur? Versuch einer Zwischenbilanz empirischer Bemühungen um das Buch
in: B329
Seite 1o7-119

B1o97 S t e l t z e r , W.
Public Relations und Meinungsforschung
in: A816
6 Seiten

B1o98* S t e l z l , Ingeborg
Experimentelle Versuchsanordnungen
in: A176
Seite 138-175

B1o99 S t e r n , Horst
Organisation der Marktforschung in einer Werbeagentur
in: A83o
Seite 13-16

B11oo* S t e r n , Horst W. E.
Einzelhandelspanel
in: A9o2
Seite 525-539

B11o1* S t e r n , Horst W. E.
Handels-Panelforschung als Instrument der Marktbeobachtung
in: A28
Seite 463-475

B11o2* S t e w a r t , William B.
Die praktische Verwendung der Mathematik bei Voraussagen
in: A258
Seite 79-99

B11o3 S t ö r k , G.
Assoziationsversuche in der Repräsentativ-Befragung
in: A8o6
Seite 97-1o5

B11o4 S t o l j a r o w , Vitali
Experiment
in: B26
Seite 115-116

B11o5 S t r a u ß , Wolfgang
Der Buchhandel und seine potentiellen Kunden. Eine soziologische Betrachtung. Vortrag auf der Bundesoffenen Werbe- und Vertriebstagung des Verbandes der Verleger und Buchhändler in Baden-Württemberg, Herrenalb 1963. Hamburg (Verl. für Buchmarktforschung) 1963. Seite 149-184
(Berichte des Instituts für Buchmarktforschung 6)

B11o6* S t r e i s s l e r , Erich
Konsumtheorien
in: A884
Spalte 1o86-11o4

B11o7* S t r i t z k y , Otto von
Lebenszyklen von Produkten
in: A9o3
Seite 281-291

B11o8* S t r o n g , Lydia
Erhebung über Verkaufsvoraussagen in der Praxis
in: A258
Seite 213-239

B11o9* S t r o s c h e i n , Fritz-Reinhard
Marktforschung und Produktgestaltung
in: B388
Seite 137-154

B111o* S t r o s c h e i n , Fritz-Reinhard
Marktforscher und Marktforschung in der Unternehmens-
praxis
in: B28o
Seite 195-2o7

B1111* S t r o s c h e i n , Fritz-Reinhard
Fragebogen
in: A884
Spalte 6o3-612

B1112* S t r o s c h e i n , Fritz-Reinhard
Berichterstattung und Präsentation
in: A28
Seite 4o3-411

B1113 S t r o t h m a n n , Karl Heinz
Marktforschung für Rohstoffe und Investitionsgüter
in: B217
Seite 48-56

B1114 S t r o t h m a n n , K(arl) H(einz)
Erhebungsmethoden in der Produktionsgütermarktfor-
schung
in: A816
11 Seiten

B1115 S t r o t h m a n n , K(arl) H(einz)
Marktforschung im Gemeinsamen Markt unter dem
Aspekt der Typenbeschränkung
in: A81o
Seite 39-61

B1116 S t r o t h m a n n , K(arl)-H(einz)
Marktforschung im Gemeinsamen Markt als Grundlage
marktgerechter Rationalisierung
in: A824
Seite 55-76

B1117 S t r o t h m a n n , Karl-Heinz
Marktforschung und Anzeigenwerbung für Produktionsgüter
in: A1
Seite 79-84

B1118 S t r o t h m a n n , K(arl) H(einz)
Absicherung der Werbestrategie durch EMNID-Faktoren-
analyse
in: A819
7 Seiten

B1119* S t r o t h m a n n , Karl-Heinz
Prognostische Aussagen auf Grund von Primär-Erhebungen in der industriellen Marktforschung
in: A4
Seite 49-55

B112o* S t r o t h m a n n , Karl-Heinz
Über den Zusammenhang von Marktforschung und Wahl der Absatzmittler im Markenartikelvertrieb
in: A862
Seite 117-143

B1121 S t r o t h m a n n , Karl-Heinz
Neue Märkte für die Grundstoffindustrie - ist hier Absatzplanung möglich?
in: A6
Seite 24-27

B1122* S t r o t h m a n n , Karl-Heinz
Das Informations- und Entscheidungsverhalten einkaufsentscheidender Fachleute der Industrie als Erkenntnisobjekt der industriellen Markt- und Werbeforschung
in: A38
Seite 174-187

B1123* S t r o t h m a n n , Karl-Heinz
Marktforschung für Investitionsgüter
in: A29
Seite 783-795

B1124 S t r o t h m a n n , Karl-Heinz / N e u b e c k , Günter
Der Spezialinterviewer in der Produktionsgüter-Marktforschung
in: A2
Seite 28-37

B1125* S t r ü m p e l , Burkhard
Konsumentenverhalten und wirtschaftliche Entwicklung
in: A834
Seite 62-78

B1126 S t ü s s e r , Rolf P.
Konsum
in: Staatslexikon Recht Wirtschaft Gesellschaft. 4. Band. Görres-Gesellschaft (Hrsg.). 6. Auflage Freiburg (Verl. Herder) 1959. 1248 Spalten
Spalte 1245-1248

B1127 * S t u m m , Rudi
Das Haushalts-Panel für Verbrauchsgüter
in: A863
Seite 219-225

B1128* S t u r m , Manfred / V a j n a , Thomas
Planung und Durchführung von Zufallsstichproben
in: A176
Seite 4o-8o

B1129 S u t h o f f , K.
Verwertung von Marktforschungsergebnissen für die Werbeplanung
in: A816
3 Seiten

B113o S u t h o f f , Karl
Zur Prognose der quantitativen Entwicklung des Fernsehgeschäftes
in: A812
Seite 26-34

B1131* S z c z e p a n s k i , Jan
Die biographische Methode
in: A69
Seite 226-339

B1132* T a c k e , Walter
Organisatorische und kalkulatorische Probleme in der Marktforschung
in: A4
Seite 99-1o4

B1133* T a c k e , Walter
Zur Kosten- und Preisproblematik bei Marktforschungsuntersuchungen
in: A5
Seite 11o-113

B1134* T a c k e , Walter
Idee, Konzeption, Durchführung und Ergebnisse einer Standarderhebung bei Angehörigen der steuerberatenden Berufe
in: A8
Seite 51-6o

B1135 T a c k e , Walter
Ernährungsgewohnheiten - gestern, heute und morgen
in: A12
Seite 3o-55

B1136* T e i t e l m a n , Samuel
Vorschätzungen und Potentiale. Die Rolle von Annahmen und Beurteilungen aus Erfahrungen bei Verkaufsvorschätzung
in: A916
Seite 49-61

B1137 T e n n s t ä d t , Friedrich
Kontrollen des repäsentativen Charakters der Stichproben bei Bevölkerungsumfragen
in: A832
Seite 2o3-2o6

B1138* T e u f e l - O t t e r s b a c h , Annegrete
Wie läßt sich die Konkurrenz erforschen?
in: A47
7o Seiten

B1139 T h a l h e i m , Karl C.
Bedürfnis und Bedarf im Sowjetkommunismus
in: Sozialökonomie in politischer Verantwortung. Festschrift für Joachim Tiburtius. Triebenstein, Olaf (Hrsg.). Berlin (Verl. Duncker & Humblot) 1964. 414 Seiten
Seite 111-118

B114o T h i e n e s , Otmar
Marktforschung und wirtschaftliche Steuerung aus der Sicht des Unternehmers
in: B231
Seite 1o-32

B1141* T h i l o , U.
Verbandsmarktforschung im Deutschen Stahlbau-Verband
in: A8o2
Seite 59-98

B1142 T h o m a e , Hans
Motivformen
in: B367
Seite 2o5-228

B1143 T h o m a s , Erwin
Handel und Warentest
in: A622
Seite 37-58

B1144* T h ü m e n , Karl-Heinrich von
Die Entwicklung der Motorisierung in Westdeutschland
in: A825
Seite 75-99

B1145* T i e t z , Bruno
Die Möglichkeiten und Grenzen der Imageforschung im Einzelhandel
in: B874
Seite 2o-35

B1146* T i e t z , Bruno
Gesamtwirtschaftliche Projektionen zur Nachfrage nach Einzelhandelswaren
in: A48o
Seite 211-232

B1147* T i e t z , Reinhard
Experimente in den Wirtschaftswissenschaften
in: B389
Spalte 1351-1363

B1148 T i l l m a n n , Karl Georg
Meinungen über Urlaubsverkehrsmittel
in: A828
Seite 51-58

B1149* T i m a e u s , Ernst
Untersuchungen im Laboratorium
in: A289
Seite 195-229

B115o* T i m m , Walter
Wandlungen und Gewohnheiten des Verbrauchs
in: B121
Seite 243-273

B1151* T i m n e r , Detlev
Verpackungsgestaltung und Zigarettengeschmack
in: A45o
Seite 121-147

B1152 T o d t , Horst
Eine theoretische Untersuchung der Marktstruktur des Beherbergungswesens
in: B725
Seite 193-2o8

B1153 T o p f , W.
Absicherung der Unternehmerentscheidungen durch Marktforschung
in: A819
1o Seiten

B1154* T o p r i t z h o f e r , E.
Modelle des Kaufverhaltens: Ein kritischer Überblick
in: B156
Seite 35-73

B1155* T o p r i t z h o f e r , E.
Möglichkeiten einer Beurteilung der Wirkung absatzpolitischer Maßnahmen auf der Basis einer Analyse der Käuferfluktuationen
in: A48o
Seite 294-315

B1156* T r ä g e r , Wolfgang
Probleme und Methoden der Absatzprognose und Umsatzplanung. o. O. (o. Verl.) o. J. 33 Seiten
(Schriftenreihe der Nestlé Unternehmungen Deutschland Nr. 2)
(Vortrag am 29.6.1972 an der Nürnberger Akademie für Absatzwirtschaft)

B1157* T r a u t h , Peter J.
Der Verbraucher
in: B68
Seite 1393-1395

B1158 T r a u t m a n n
Ein Wort an die Marktforschung
in: A815
3 Seiten

B1159* T r a u t m a n n , W. P.
Beschaffungsmarktforschung
in: A9o2
Seite 261-267

B116o* T r u x , Walter
Ein gemischt deterministisch-stochastisches Prognoseverfahren
in: A249
Seite 95-99

B1161* T s c h a m m e r - O s t e n , Berndt
Haushalt, privater
in: A884
Spalte 777-791

B1162* U e b e l , Friedrich
Geschlechtsspezifische Aspekte im Einkaufsverhalten technischer Gebrauchsgüter
in: A45o
Seite 268-281

B1163* U e n k , Renate
Markt- und Meinungsforschung - Entscheidungshilfe oder Manipulation? o. O. (Bundesverband deutscher Marktforscher BVM) um 1973. 24 Seiten
(Vorträge zur Marktforschung. 24)

B1164* U l r i c h , Werner
Kurzeinführung in die Fragestellung der multivariaten Analyse (Faktorenanalyse, Clusteranalyse, mehrdimensionale Skalierung)
in: Perspektiven des Marketing im Handel. New Patterns in Marketing of Retailing. Blümle, Ernst-Bernd/ Ulrich, Werner (Hrsg.). Freiburg(Schweiz) (Universitätsverl.) 1974. 155 Seiten
(Oekonomische Kolloquien. 2)
Seite 127-142

B1165 U m b r e i t , Werner
Marktuntersuchungen auch für Kunden
in: A3
Seite 77-83

B1166* U r b s c h a t , Rudolf
Telefonische Befragung
in: A28
Seite 5o1-511

B1167* Verbände in der Marktforschung
in: A863
Seite 171-172

B1168* Die Verbrauchergewohnheiten der einzelnen Altersklassen. Paneldiskussion. Risse, Roland (Leitung)
in: B531
Seite 39-47

B1169 Verdoppelung des PKW-Bestandes bis 1965. Prognose der PKW-Entwicklung bis einschließlich 1975. Deutsche Shell Aktiengesellschaft (Hrsg.)
o.O. (Deutsche Shell Wirtschafts- und Marktforschung) 1959. 5 Seiten
(Sonderdruck)

B117o V e r s h o f e n , Wilhelm
Marktforschung
in: B35
Seite 13-26

B1171 V e r s h o f e n , Wilhelm
Der unbefriedigte Verbraucher
in: Sozialisierung. Unternehmerinitiative und Produktivität in Europa. Barkeley, R./ Buquet, Léon/ Duttweiler, Gottlieb (Hrsg.). Darmstadt (C. W. Leske Verl.) 1955. 32o Seiten
(Lebendige Wirtschaft. Band 8)
Seite 19o-2o8

B1172 V e r s h o f e n , Wilhelm
Werbung und Marktforschung
in: B298
Seite 7-2o

B1173* V e r s h o f e n , Wilhelm
Vita brevis im modernen Markt
in: B48
Seite 23-29

B1174 V i e r t e l , O(swald) / L u c a s , S(usanne)
Ergebnisse einer Hausfrauenbefragung über Wascheinrichtungen und Waschmethoden in städtischen Haushalten. Köln/Opladen (Westdeutscher Verl.) 1956.
23 Seiten
(Forschungsberichte des Wirtschafts- und Verkehrsministeriums Nordrhein-Westfalen. Nr. 236)

B1175* V o g e l , Gisbert
Landwirtschaftliche Marktforschung - landwirtschaftliche Beratung - landwirtschaftliche Praxis
in: A725
Seite 323-331

B1176* V o g g , Erich
Möglichkeiten der Marktforschung in Auslandsmärkten
in: A29
Seite 863-88o

B1177* V o l t m e r , Dieter
Der Kleinwagenmarkt
in: A825
Seite 113-117

B1178* W a c h h o l z , Friedbert
Marktforschung für den Handel
in: A9o3
Seite 7o1-713

B1179* W a g n e r , Hans-Ulrich
Durchführung einer Exportmarktforschung auf der Basis von Sekundärmaterial
in: A863
Seite 157-161

B118o W a l t e r s p i e l , Georg
Marktformen des Hotelbetriebes
in: Führungsprobleme personenbezogener Unternehmen. Gedenkschrift zum 75. Geburtstag von Karl Friedrich Rößle. Karl-Rößle-Vereinigung (Hrsg.). Stuttgart (C.E. Poeschel Verl.) 1968. 295 Seiten
Seite 263-277

B1181 W a l z , Werner
Image hilft verkaufen!
in: Verkehrsmärkte der Bahn. Probleme und Prognosen. Ein Kompendium des Güterverkehrs. Walz, Werner/ Waitz, Hans Hermann (Hrsg.). Darmstadt (Hestra-Verl.) 1972. 17o Seiten
Seite 123-133

B1182 W a n g e n h e i m , Jobst von
Die Absatzprognose in der Grundstoffindustrie unter besonderer Berücksichtigung der Verhältnisse in der Eisen- und Stahlindustrie
in: A812
Seite 19-25

B1183* W e b e r , Adolf
Marktstruktur und Absatzprobleme
in: A725
Seite 241-261

B1184* W e b e r , Karl
Prognose und Prognoseverfahren
in: B58o
Spalte 3188-32o3

B1185* W e b e r , Pierre
Zeitreihen-Analyse
in: A28
Seite 671-689

B1186* W e i d m a n n , Angelika
Die Feldbeobachtung
in: A95
Seite 9-26

B1187 W e i g t , Ernst
Entwicklungsländer und ihre Bedarfsstruktur unter dem Gesichtspunkt der Exportmarktforschung
in: B456
Seite 126-139

B1188 W e i s k e r , Jürgen
Grundsätze der Interviewerschulung
in: A562
Seite 143-151

B1189 W e i s k e r , Jürgen
Interviewerkontrolle
in: A562
Seite 152-16o

B119o W e i s k e r , Jürgen
Der Interviewer und das Interview bei Repräsentativerhebungen
in: A832
Seite 181-189

B1191 W e i s k e r , Jürgen / L ö c h n e r , Heinz
Anleitungen zur Durchführung von Interviews
in: A562
Seite 115-143

B1192 W e i s s , Albin
Marktforschung für Investitionsgüter
in: B119
Seite 469-478

B1193* W e i s s b a r t h , Reinhold
Bedarfsanalyse und -prognose
in: A9o2
Seite 2o7-217

B1194 W e l l e n r e u t h e r , Helmut
Marktform und Marktverhalten in der Textilwirtschaft
in: B67o
Seite 27-54

B1195* W e l l e r , Thorismund
Nachfrage
in: B756
Spalte 4o61-4o65

B1196* W e n d t , Friedrich
Ausfälle - ein Stichprobenproblem der Marktforschung
in: B566
Seite 1o6-11o

B1197* W e n d t , Friedrich
Verfahren aus Operations Research und Ökonometrie
in: A28
Seite 691-719

B1198 W e s e m a n n , Hans Otto
Bestimmungsgründe des Verbraucherverhaltens
in: Bund für Lebensmittelrecht und Lebensmittelkunde. Referate gehalten in der Mitgliederversammlung am 21. Juni 1968 in Bad Godesberg. Hamburg/Berlin/Düsseldorf (B. Behr's Verl.) 1968. 76 Seiten (Schriftenreihe des Bundes für Lebensmittelrecht und Lebensmittelkunde. Heft 62)
Seite 21-37

B1199* W e t t s c h u r e c k , Gert
Stichprobentransformation. Kellektivierungs- und Individualisierungseffekte in der demoskopischen Marktforschung
in: B28o
Seite 249-264

B12oo* W e t t s c h u r e c k , Gert
Methodologische Aspekte der demoskopischen Marktforschung
in: A28
Seite 29-48

B12o1* W e t t s c h u r e c k , Gert
Grundlagen der Stichprobenbildung in der demoskopischen Marktforschung
in: A28
Seite 173-2o5

B12o2* W e t t s c h u r e c k , Gert
Indikatoren und Skalen in der demoskopischen Marktforschung
in: A28
Seite 285-324

B12o3* W i c k e r t , Günter
Fragebogen-Beispiel aus einer Untersuchung im Europamarkt
in: Girard, A./ Jönsson, Bo/ Politz, Alfred/ Wickert, Günter. Arbeiten zur Markt- und Meinungsforschung. Eine Auswahl aktueller Original-Beiträge. Tübingen (Demokrit-Verl.) 196o. 5o Seiten
(Internationale Beiträge zur Markt- und Meinungsforschung. Band 3)
Seite 33-5o

B12o4* W i e k e n , Klaus
Die schriftliche Befragung
in: A129
Seite 146-161

B12o5* W i l b r a n d t , Hans
Welternährung und Marktforschung
in: A725
Seite 1o5-126

B12o6* W i l h e l m , Herbert
Marktforschung und Markttheorie
in: A38
Seite 96-1o5

B12o7* W i l h e l m s , Christian
Der Statistical Guide im Dienste der Marktforschung.
in: A863
Seite 162-17o

B12o8* W i l i t z k i , Günter
Ökoskopische Marktforschung im Ausland
in: B28o
Seite 289-295

B12o9* W i l k , Liselotte
Die postalische Befragung
in: A96
Seite 187-2oo

B121o* W i l k - K e t e l s , Gudrun
Psychologische Probleme der Interview-Situation
in: A28
Seite 225-236

B1211* W i l l e k e , Rainer J.
Marktformen
in: B82
Seite 136-147

B1212 W i l l e k e , Rainer J.
Markt
in: B311
Spalte 538-543

B1213 W i l s d o r f , Steffen H.
Auswertung
in: B26
Seite 45-46

B1214 W i l s d o r f , Steffen H.
Paneluntersuchung
in: B26
Seite 326-327

B1215 W i l s o n , Glenn D.
Einstellung
in: B168
Spalte 447-454

B1216 W i n k l e r , Andreas
Kommt dem Image-Begriff eine entscheidende Bedeutung in der modernen Absatzforschung zu?
in: B1o26
Seite 469-487

B1217* W i n k l e r , Andreas
Marktforschung bei Endverbraucher
in: A29
Seite 5o9-562

B1218* W i s w e d e , Günter
Konsumsoziologie
in: A884
Spalte 1o8o-1o86

B1219* W i s w e d e , Günter
Mode und Absatzwirtschaft
in: A884
Spalte 1497-15o4

B122o* W i s w e d e , Günter
Motivations- und Verhaltensforschung
in: A9o3
Seite 931-941

B1221* W i s w e d e , Günter
Motivforschung
in: A884
Spalte 1522-1534

B1222* W i s w e d e , Günter
Verbraucher
in: A884
Spalte 2o27-2o35

B1223* W i s w e d e , Günter
Verbrauchsforschung
in: A884
Spalte 2o39-2o46

B1224* W i s w e d e , Günter
Sozialstruktur und Konsum
in: A9o4
Seite 265-274

B1225* W i t t e , Eberhard
Empirische Forschung in der Betriebswirtschaftslehre
in: B389
Spalte 1264-1281

B1226* W ö h l k e n , Egon
Grundfragen zu Vorausschauen in der landwirtschaftlichen Marktforschung
in: A725
Seite 223-24o

B1227 W o h l m a n n , Rainer
Soziale und kulturelle Bedingungen für die Reisegewohnheiten verschiedener Bevölkerungsgruppen
in: A828
Seite 2o-37

B1228* W o l d , Herman
Die Ziele und Wege der Nachfrageanalyse
in: A3o4
Seite 151-172

B1229 W o l f , Edgar
Entwicklungsaussichten am deutschen Markt
in: B622
Seite 131-183

B123o* W o r p i t z , Hans Georg
Probleme der Grundlagenforschung aus der Sicht der Werbe-Agentur
in: A4
Seite 33-38

B1231* W o r p i t z , Hans
Die Marktforschung als Grundlage der betrieblichen Absatzpolitik
in: B586
38 Seiten

B1232* W r a n g e l l , Peter Frh. von
Zur Entwicklung der Verbraucherstimmung
in: A5
Seite 47-54

B1233* W ü l k e r , Gabriele
Fragebogen in Asien. Organisation und Möglichkeiten der Markt- und Meinungsforschung
in: A5
Seite 12o-132

B1234 W ü l k e r , G(abriele)
Marktforschung und Sozialforschung in den Entwicklungsländern als wichtigste Zukunftsaufgabe
in: A817
7 Seiten

B1235 W ü l k e r , G(abriele)
Marktforschung in Südost-Asien
in: A818
7 Seiten

B1236 W ü l k e r , Gabriele
Bevölkerungsprobleme der Entwicklungsländer - eine Gefahr
in: A6
Seite 114-121

B1237 W u f f l i , Heinz R.
Banken und öffentliche Meinung
in: Schweizer Banken in der Welt von morgen. Schuster, Leo (Hrsg.). Bern/Stuttgart (Verl. P. Haupt) 1975. 383 Seiten
(Bankwirtschaftliche Forschungen. Band 25)
Seite 79-1o1

B1238 Z a h n , Ernest
Strategische Konsumforschung in großen Unternehmen. Gedanken zur Praxis und Theorie.
in: Militanter Humanismus. Von den Aufgaben der modernen Soziologie. Silbermann, Alphons (Hrsg.). Frankfurt a. M. (S. Fischer Verl.) 1966. 354 Seiten
Seite 265-29o

B1239* Z a h n , Ernest
Die Umschichtungen in der Bevölkerungsstruktur
in: B531
Seite 11-26

B124o* Z a n d e r , Alvin
Systematische Beobachtung kleiner Gruppen
in: A89
Seite 129-147

B1241 Z a r n , Gerhard
Über die Aufstellung von Verschlüsselungslisten
in: A832
Seite 195-197

B1242* Z a r t h , Hans R(udolf)
Erschließung von Auslandsmärkten mit Hilfe der der Marktforschung
in: A29
Seite 837-862

B1243* Z e i s e l , Hans
Probleme der Aufschlüsselung
in: A111
Seite 29o-318

B1244* Z e l l e r , Wilhelm
Der österreichische Mikrozensus. Instrument der Konsum- und Marktforschung
in: B847
Seite 115-135

B1245 Z e r r a h n , Kurt
Das aktuelle Marktbild für Haushalt-Großgeräte
in: B518
Seite 17-42

B1246* Z e t t e r b e r g , Hans L.
Theorie, Forschung und Praxis in der Soziologie
in: A65
Seite 1o3-16o

B1247* Z u r N i e d e n , Walter
Marktforschung für den Handel
in: A29
Seite 737-764

# Teil 3
# Ergänzende Titel

## 1. Abschnitt: Nachzutragende Titel

C1* B o y d , Harper W. jun. / L e v y , Sidney J.
Neue Dimensionen in der Konsumentenanalyse
in: A9o6
Seite 183-2o8

C2* C o l e m a n , Richard P.
Die Bedeutung der sozialen Schichtung im Verkauf
in: A9o6
Seite 226-238

C3* Concepte. Bilder. Leitbilder. Lebensstile. Methodenbericht durchgeführt im Auftrage der Zeitschriften HÖRZU und FUNKUHR von "delta-Marketingforschung". Konstanz am Bodensee [Vorbemerkung] (Delta Marketingforschung [Vorbemerkung]) 1975 [Vorbemerkung]. 427 Seiten

C4* F e g e b a n k , Barbara
Die Informationslage des Privathaushalts bei Güterbeschaffung. Versuch ihrer Analyse und Bewertung. Berlin (Verl. Duncker & Humblot) 1975. 137 Seiten
(Beiträge zur Ökonomie von Haushalt und Verbrauch. Heft 11)

C5 G a d o m s k i , Reinhard
Die Problematik der Produktentwicklung. Diss. Berlin 1964. 157 Seiten

C6* K o t l e r , Philip
Verhaltensmodelle für die Käuferanalyse
in: A9o6
Seite 158-18o

C7 K r o e b e r - R i e l , Werner
Theoretische Konstruktionen und empirische Basis in mikroökonomischen Darstellungen des Konsumentenverhaltens
in: Wissenschaftstheorie und Betriebswirtschaftslehre. Eine methodologische Kontroverse. Dlugos, Günter/ Eberlein, Gerald/ Steinmann, Horst (Hrsg.). Düsseldorf (Bertelsmann Universitätsverl.) 1972. 244 Seiten
(Wissenschaftstheorie der Wirtschafts- und Sozialwissenschaften. Band 2)
Seite 2o9-219

C8 Wie man Kunden gewinnt. Eine Untersuchung der Industrie- und Handelskammer zu Koblenz über Verbrauchererwartungen beim Wareneinkauf. Koblenz (Industrie- und Handelskammer) 1975. 7 Seiten (Masch. vervielf.)

C9* M a r t i n e a u , Pierre
Die psychologische "Etikettierung" des Produktes
in: A9o6
Seite 342-349

C1o M a r t u s , Dieter
Die Planung der Lebensdauer eines Produktes. Diss. München 1973. 256 Seiten

C11 N e u m a n n , Uwe (E.)
Kurzfristige Absatzprognosen. Bochum (Verl. Brockmeyer) 1974. 322 Seiten
(Bochumer wirtschaftswissenschaftliche Studien. Band 4)
(zugleich Diss. Bochum 1971)

C12* N e w m a n , J. W.
Kenntnisse über den Verbraucher - Ein Überblick
in: A9o6
Seite 148-157

C13* P a t t o n , Arch
Der Produktkreislauf
in: A9o6
Seite 332-341

C14 R i e g e r , Horst Rolf Walt.
Der Güterbegriff in der Theorie des Qualitätswettbewerbs. Ein Beitrag zur Reduktion der subjektiven Qualität auf ihre psychologischen Grundlagen. Berlin (Verl. Duncker & Humblot) 1962. 96 Seiten
(Volkswirtschaftliche Schriften. 67)
(zugleich Diss. Mannheim)

C15* S c h m u t z l e r , Olaf / D a l i c h o w , Karl-Heinz / K r i e g e r , Henning
Statistische Methoden in der Markt- und Bedarfsforschung. Berlin (Verl. Die Wirtschaft) 1975. 247 Seiten

C16a S c h u g , Walter
Ziele und Methoden der Exportmarktforschung im Agrarbereich
in: Agrarexport als Aufgabe. Festschrift zum 5o. Geburtstag von Helmut Fahrnschon. Alfred Strothe Verlag (Hrsg.). Hannover (A. Strothe Verl.) 1973. 124 Seiten
S. 54-66

C16b* Y a n k e l o v i c h , Daniel
Neue Kriterien der Marktsegmentierung
in: A9o6
Seite 2o9-225

## 2. Abschnitt: Titel mit ungeprüften Angaben

C17 A n d r e ß , Arno
Markterkundung für Fahrzeugteile und -zubehör als Grundlage der Werbung im Gesamtgebiet der Bundesrepublik Deutschland. Diss. Bonn 1952. 147 Seiten (Masch.-Schr.)

C18 B a u e r , Stefan
Konsum aus Langeweile. Diss. Salzburg 1972. 176 Seiten (Masch.-Schr.)

C19 B a u m a n n , Horst
Mathematisch-statistische Untersuchungen über die individuelle Konsumtion in der Deutschen Demokratischen Republik. Unter besonderer Berücksichtigung der Aufstellung eines optimalen Ernährungsmodells sowie eines Ersatz- und Erweiterungsbedarfsmodells für hochwertige Industriewaren. Diss. Leipzig 1966. 252 Seiten (Masch.-Schr.)

C2o B e d n a r , Rosemarie
Der Einfluß der Frau auf das Kaufverhalten des Mannes. Diss. Salzburg 1972. 182 Seiten (Masch.-Schr.)

C21 B e n a d , Günther
Das Verhalten des Verbrauchers. Veränderungen 1957/59-72. Düsseldorf 1975.

C22 B e r n a r d , Josef
Das persönliche Eigentum und der Stand der Versorgung der Arbeiter- und Angestelltenhaushalte mit langlebigen Konsumgütern. Diss. Halle 1966. 225 Seiten (Masch.-Schr.)

C23 B i t t n e r , Horst
Die Bedeutung der Marktforschung für den Absatz von Treibstoffen in Österreich. Diss. Wien 1961. 1oo Seiten (Masch.-Schr.)

C24 B r e t s c h n e i d e r , Günter
Die Ermittlung des perspektivischen Bedarfs an Werkzeugmaschinen zur Begründung des notwendigen Produktionsumfanges und des Wachstumstempos des Werkzeugmaschinenbaues der DDR. Diss. Berlin 1964. 2o5 Seiten (Masch.Schr.)

C25 B r ü n i n g , Karl
Die Methoden zur Ermittlung des Bedarfs an Konsumgütern und ihre Anwendungsmöglichkeiten für die Wirtschaftsplanung. Diss. Halle 195o. 271 Seiten (Masch.-Schr.)

C26 B r y n g e , Gunnar
Produktforschung für Auslandsmärkte
in: Internationaler Kongreß für Klein- und Mittelbetriebe. Wien 1961

C27 D e u t s c h , Emeric
Die Anwendung der Verfahren der klinischen Psychologie bei der Untersuchung der Verhaltensweisen des Verbrauchers
in: Internationaler Kongreß ESOMAR/WAPOR. Konstanz 1955

C28 D i e t l , Heinz
Räumliche Absatzprobleme der süddeutschen Baumwollindustrie. Eine wirtschaftsgeographische Marktanalyse. Diss. Nürnberg 1954. 172 Seiten (Masch.-Schr.)

C29 D l o u h y , Walter
Der Bedarf an Nahrungsmitteln in Einrichtungen der teilweisen Gemeinschaftsverpflegung in der Periode des umfassenden Aufbaus des Sozialismus in der DDR (Prognose bis 197o). Diss. Berlin 1964. 196 Seiten (Masch.-Schr.)

C3o E i s e n b e r g e r , Max
Entwicklung des Zigarrenkonsums. Diss. Nürnberg 1955. 3o5 Seiten (Masch.-Schr.)

C31 E n d e r s , Herbert
Änderungen der Verbrauchsstruktur der privaten Haushalte und ihre Auswirkungen auf die gewerbliche Produktion. Diss. Wien 1973. 327 Seiten (Masch.-Schr.)

C32 F i e g l , Harald
Der Einfluß der Marktforschung auf die Sortimentsbildung im textilen Einzelhandel. Diss. Wien 1963. 133 Seiten (Masch.-Schr.)

C33 F l o c k e n h a u s , K.
Entwicklungsstand der modernen Analyseverfahren und statistischen Auswertungstechniken.
in: BVM-Jahrestagung. Hamburg (Bundesverband betrieblicher Marktforscher) 197o

C34 F o u r n i s , Yves
Betriebliche Marktforschung
in: 4. Internationaler Kongreß für Vertrieb und Marketing. Berichte, Diskussionen. Berlin 1959 Seite 23-28

C35 F r i e d e b u r g , Ludwig von
Die Umfrage als Instrument der Sozialwissenschaften. Zur Methode und Verwendung der Umfrage unter besonderer Berücksichtigung der Umfrage in der Intimsphäre. Diss. Freiburg i. Br. 1952. 2o6 Seiten (Masch.-Schr.)

C36 G a l l u p , G. H.
Brevier der Meinungsforschung. Bonn (Verl. für Demoskopie) 196o. 135 Seiten
(Klassiker der Umfrage-Forschung. Band 3)

C37 G e r l a c h , Klaus
Die Problematik einer Analyse der Kaufmotive aus der Sicht der Marktforschung (unter besonderer Berücksichtigung der Verhältnisse in der Bundesrepublik Deutschland). Diss. Graz 1957. 119 Seiten (Masch.-Schr.)

C38 Gesellschaft für Marktforschung
Fachliteratur für betriebswirtschaftliche Markt- und Absatzforschung. Hamburg (Ges. f. Marktforschung) 1953. 15 Seiten

C39 G l a s s m a n n , F.
Marktuntersuchungen für Neuheiten und Erfindungen. Bern 1948

C4o G l ü k h e r , Max A.
Die Bedeutung der Marktforschung unter besonderer Berücksichtigung der Musikinstrumentenindustrie. Diss. Marburg 1947. 11o Seiten (Masch.-Schr.)

C41 G o n t a r d , Fides von
Arbeitsmarkt und Marktformen. Diss. Freiburg i. Br. 1946. 1o7 Seiten (Masch.-Schr.)

C42 G r o s s , Hermann
Der Versuchsmarkt als Methode der Marktforschung (unter besonderer Berücksichtigung der Verhältnisse in der Bundesrepublik Deutschland). Diss. Graz 1958. 135 Seiten (Masch.-Schr.)

C43 G r ü n w a l d , Angelika
Einsichten in die Verhaltensweise österreichischer Verbrauchergruppen auf Grund der Ergebnisse von Konsumentenerhebungen. Diss. Wien 1972. 134 Seiten (Masch.-Schr.)

C44 G r ü n w a l d , Rolf
Was ich Vershofen verdanke. Ein Beitrag für eine Erinnerungsschrift an den Ehrenpräsidenten des Instituts für Industrieforschung. Wien (Inst. f. Industrieforschung) 1963. 11 Seiten
(Beiträge zur Markt- und Verbrauchsforschung. 3)

C45 G r ü n w a l d , Rolf
Die Ermittlung von Bedarfsunterschieden in Österreich. Wien (Inst. f. Industrieforschung) 1965. 14 Seiten (Beiträge zur Markt- und Verbrauchsforschung. 4)

C46 G r ü n w a l d , Rolf
Bedarfsforschung in regionaler Sicht. Ergebnisse und Erfahrungen aus der österreichischen Institutspraxis. Wien (Inst. f. Industrieforschung) 1967. 16 Seiten (Beiträge zur Markt- und Verbrauchsforschung. 5)

C47 G r ü n w a l d , Rolf
Marktuntersuchungen als Grundlage erfolgreicher Unternehmungsführung. Erkenntnisse aus 2 Jahrzehnten Marktforschung in Österreich. Wien (Inst. f. Industrieforschung) 1968. 17 Seiten
(Beiträge zur Markt- und Verbrauchsforschung. 6)

C48 G r ü n w a l d , Rolf
Österreich als Absatzmarkt für Konsumfertigwaren. Wien (Inst. f. Industrieforschung) 1969. 2o Seiten
(Beiträge zur Markt- und Verbrauchsforschung. 7)

C49 H ä u s s l e r , Monika
Das Image der Banken unter besonderer Berücksichtigung der Verhältnisse in der Bundesrepublik Deutschland und in Österreich. Diss. Wien 1966. 258 Seiten (Masch.-Schr.)

C5o H a l l e r von Hallerstein, Dorothea Frfr.
Der Auslandsabsatz elektromedizinischer Erzeugnisse. Eine marktanalytische Studie unter besonderer Berücksichtigung der westeuropäischen und südamerikanischen Länder. Diss. Nürnberg 1955. 333 Seiten (Masch.-Schr.)

C51 H a n a u , Arthur
Aufgaben der Marktforschung. Braunschweig-Völkenrode (Inst. f. landwirtschaftl. Marktforschung) 1948.
8 Seiten

C52 H a n a u , Arthur
Langfristige Tendenzen der Nachfrage nach Nahrungsmitteln und die Problematik ihrer vorausschauenden Beurteilung. Hamburg (Bundesvereinigung d. deutschen Ernährungsindustrie) 1957

C53 H a s e l b e r g e r , Ignaz
Die betriebswirtschaftliche Marktbeobachtung. Diss. München 195o. 212 Seiten (Masch.-Schr.)

C54 H a u n ß , Peter
Strukturelemente des Marktverhaltens der Verbraucher und Unternehmer. Diss. Innsbruck 1971. 261 Seiten (Masch.-Schr.)

C55 H e r z l , Robert
Bedeutung und Möglichkeiten der Werbung und Marktforschung für den Gewerbebetrieb. Diss. Wien 1969. 197 Seiten (Masch.-Schr.)

C56 H i r s c h b e r g e r , Egon
Markt und Masse. Diss. München 1955. 281 Seiten (Masch.-Schr.)

C57 H ö g e r , Armin / M ü n s t e r , Ruth
Marketing Research. Versuch einer Exemplifizierung. Verlag Das Beste, Anzeigendirektion (Hrsg.). Düsseldorf 1968

C58 H o y e r , Paul
Das Marktverhalten der Konsumenten unter dem Einfluß der Mittel betrieblicher Absatzpolitik. Diss. Wien 1961. 19o Seiten (Masch.-Schr.)

C59 Institut für Demoskopie
Das Gesetz der großen Zahl. Grundlagen der Demoskopie. Allensbach (Inst. f. Demoskopie) 1951. 1o Seiten

C6o J a c o b s o h n , Heinz J.
Möglichkeiten der Marktforschung im Handel. Diss. Graz 1958. 17o Seiten (Masch.-Schr.)

C61 J ä h r i g , Klaus
Konsumentenerwartungen und Einkommensverwendung. Diss. Berlin 1951. 117 Seiten (Masch.-Schr.)

C62 K a l u s , Hellmuth
Absatzmarkt-Analyse und Werbung. Diss. Nürnberg 1949. 159 Seiten (Masch.-Schr.)

C63 K a p f e r e r , C.
Das Schrifttum zur Auslandsmarktforschung. Forschungsstelle für Allgemeine und Textile Marktwirtschaft (Hrsg Münster (o. Verl.) o. J.

C64 K a r s t e n , A.
Leitbilder - Kaufmotive - Konsumwünsche älterer Menschen. Arbeitsgemeinschaft Marketing und Werbung (Hrsg. Frankfurt 1969

C65 K e t z l e r , Erich
Die Lebensmittelverpackung als Gegenstand einer Marktuntersuchung im deutschen Einzelhandel mit Selbstbedienung. Diss. Wien 1968. 256 Seiten (Masch.-Schr.)

C66 K l e i n , Alfred Wilhelm
Markt- und Meinungsforschung in den USA. Bericht über die Studienmission TA 31/139 vom 29.3.-1o.5.1953. Österreichisches Produktivitätszentrum (Hrsg.). Wien 1954. 13o Seiten

C67 K n i p s e l , Günther E. P.
Grundlagen und Problematik der Tiefenbefragung und ihre Anwendungsmöglichkeiten bei der Erforschung der tatsächlichen Kaufmotive. Ein Beitrag zur qualitativen Verbrauchsforschung unter besonderer Berücksichtigung der amerikanischen Literatur. Diss. Berlin 1953. 113 Seiten (Masch.-Schr.)

C68 K o c h , Jörg
Schichtenspezifische Einstellungen als Determinanten des Käuferverhaltens. Diss. Linz 197o. 225 Seiten (Masch.-Schr.)

C69 K o c h , Manfred
Die Telefonumfrage als Methode der Meinungsforschung. München 1966

C7o K ö c h l , Benno O(tto)
Die Gestaltung werbender Verpackungen für Konsumgüter unter besonderer Berücksichtigung der Marktforschung. Diss. Innsbruck 197o. 23o Seiten (Masch.-Schr.)

C71 K r a p f , Kurt
Der touristische Konsum. Ein Beitrag zur Lehre von der Konsumation. Habilschr. Bern 1948. 86 Seiten (Masch. vervielf.)

C72 K r i p p e n d o r f , Jost
Wozu ist die Marktforschung gut?
in: Kongreß der Internationalen Tourismus-Börse. Berlin 1972
Seite 35-4o

C73 K u g l e r , Gernot
Neue Entwicklungen der betriebswirtschaftlichen Marktforschung und ihre Bedeutung für den betrieblichen Absatz >unter besonderer Berücksichtigung des Handels<. Diss. München 1956. 252 Seiten (Masch.-Schr.)

C74 L a r g e r , Narcis
Informationen über Auslandsmärkte
in: Internationaler Kongreß der Industrieverbände. Paris 1961
Seite 1-12

C75 L a u b , Nikolaus
Die Möglichkeiten zur systematischen Durchführung der betriebswirtschaftlichen Marktforschung im Handwerk. Diss. München 1953. 16o Seiten (Masch.-Schr.)

C76 L e o n h a r d , Hans-Georg
Marktforschung als Instrument der Absatzplanung in der Produktionsgüterindustrie. Diss. Graz 1965. 145 Seiten (Masch.-Schr.)

C77 L i s o w s k y , Arthur
Marktforschung und Risiko-Politik. Zürich (Ges. f. Marktforschung) 195o. 39 Seiten (Masch. vervielf.) (Nr. 81)

C78 Literatur über Bedarfs- und Marktforschung 1962-1964. Mantey, R. (Bearbeiter).
Berlin (Hochschule f. Ökonomie. Bibliothek) 1965.
16 Seiten (Masch. vervielf.)

C79 M a c k , Wolfgang
Amerikanische Erfahrungen bei der Anwendung moderner Marktforschungsmethoden im Bereich der Kunststoffindustrie. Diss. Innsbruck 1964. 86 Seiten (Masch.-Schr.)

C8o M ä h n e r , Hans Georg
Die Bedeutung der Meinungsumfragen in der Kirche. Grundsätzliche Untersuchung und konkrete Darstellung an Hand einer Primärerhebung. Diss. Salzburg 1972. 355 Seiten (Masch.-Schr.)

C81 Marktforschung unerläßliches Instrument für führende Köpfe der Wirtschaft. Hamburg (Ges. f. Marktforschung) 1948. 15 Seiten

C82 M a t t h i a s , Helmut
Die Presse als Marktfaktor. Eine Untersuchung der Wirkung und Wirkungsmöglichkeiten der Presse auf den Konsumgütermärkten. Diss. Münster 1951. 231 Seiten (Masch. Schr.)

C83 M a u s e r , F(erdinand)
Marktforschung in den Vereinigten Staaten und ihre sozialen Folgen. Diss. München 1951. 1o4 Seiten (Masch. Schr.)

C84 M e i s t e r , Guido
Vertriebsplanung, Marktforschung und Absatztechnik im Export. Thalwil-Zürich (E. Oesch Verl.) 1945.
43 Seiten

C85 M e r k e l , H.
Die Verpackung aus der Sicht der Verbraucher. Berlin 1963
(Verpackungswirtschaftliche Schriftenreihe. Band 15)

C86 M e r k e r , Joachim
Die langfristige Entwicklung des Bevölkerungsbedarfes nach Konsumgütern, die der Freizeitgestaltung dienen, und die Problematik ihrer quantitativen Bestimmung mittels rationeller Verbrauchsnormen. Diss. Leipzig 1964. 211 Seiten (Masch. vervielf.)

C87 M e y e r , Paul W.
Marktforschung als Grundlage der Marktformung
in: 1. Kongreß für Vertrieb und Marketing. Kongreßbericht. Düsseldorf (Holle) 1958
Seite 2o-32

C88 M i c h a l e t z , Hans
Marktforschung der parafiskalischen Gebilde (insbesondere der Sozialversicherung). Diss. Innsbruck 1965.
157 Seiten (Masch.-Schr.)

C89 N e f f e , L.
Konstruktion eines Marketingmodells auf der Basis von Verbrauchergewohnheiten und Einstellungen
in: ESOMAR Congress Paper 2. Brüssel 1966
Seite 1-12

C9o N i e k e , Waltraud
Hauptsächliche Entwicklungstendenzen des Bevölkerungsbedarfs nach Wohnraumtextilien und Probleme ihrer Erforschung. Diss. Berlin 1967. 248 Seiten (Masch. vervielf.)

C91 P r e u ß , Kurt Georg
Individuelle Bedürfnisse und kollektiver Bedarf. Die Bedürfnisbefriedigung im Haushalt. Diss. Bonn 1961.
121 Seiten (Masch. vervielf.)

C92 P r i e w a s s e r , Erich
Gedanken zu einem Marktforschungskonzept für Kreditinstitute
in: Das Kreditwesen in Österreich. Wien 1968
Seite 61-82

C93 R e m b e c k , Max
Marktkonforme Unternehmungsführung durch Marktforschung.
Stuttgart (Klein-Verl.) 1963
(Beiträge zur Markterkundung. Reihe A. Heft 1)

C94 R e n g e r , Joachim
Struktur und Entwicklung des Berliner Gemüsemarktes als Grundlage für Untersuchungen von Konsumgewohnheiten und Verbraucherveränderungen. Diss. Berlin 196o.
1o5 Seiten

C95 R i s c h , P.
Möglichkeiten der Marktforschung im Fremdenverkehr
in: Forschungsinstitut für Fremdenverkehr. Jahresbericht 1958. Bern 1958
Seite 22-36

C96 S a u e r m a n n , Gerlinde
Das Image als Verhaltensdeterminante. Die Anwendung der Imagetheorie zur Erklärung des Urlauberverhaltens.
Diss. Salzburg 1972. 127 Seiten (Masch.-Schr.)

C97 S a v a r y , Alain
Neue Produkte. Freudenstadt (Eurobuch-Verl.) 1966.
187 Seiten
(Eurobücher 22. Regional- und wirtschaftspolitische Studienreihe 1,11)

C98 S c h a u m a y e r , Maria
Moderne Marktforschung und Marktwerbung im Export.
Diss. Innsbruck 1954. 113 Seiten (Masch.-Schr.)

C99 S c h l ö m e r , Hans
Die Marktforschung in der Markenartikelindustrie, dargestellt am Beispiel der Putzmittelindustrie. Diss.
Graz 1958. 129 Seiten (Masch.-Schr.)

C1oo S c h l o z , Rudolf
Die Bedeutung der Marktforschung für den Export der westdeutschen Industrie. Diss. Tübingen 1956.
1o3 Seiten (Masch.-Schr.)

C1o1 S c h m u t z l e r , Olaf
Die Analyse der Auswirkungen von Einkommensveränderungen auf den Bedarf nach Nahrungs- und Genußmitteln in der DDR. Diss. Leipzig 1963. 189 Seiten (Masch. vervielf.)

C1o2 S c h ö f f m a n n , Rudolf
Sozialökonomische Verhaltensforschung und Konsumtheorie.
Diss. Wien 1973. 13o Seiten (Masch.-Schr.)

C1o3 S c h o l z , Horst
Die Beziehung zwischen Umfang und Struktur der Freizeit der Frauen und dem Verbrauch an Waren sowie Dienstleistungen. Diss. Berlin 1966. 182 Seiten (Masch. vervielf.)

C1o4 S c h r ö d e r , Dieter
Zum Problem der langfristigen Entwicklung der Nachfrage nach neuen Gütern. Diss. Kiel 1958. 165 Seiten
(Masch. vervielf.)

C1o5 S c h u l z , Wilhelm
Aufgaben und Methodik der Markt- und Bedarfsforschung für komplette Anlagen der Betriebsmeß-, Steuerungs- und Regelungstechnik (BMSR-Technik). Diss. Berlin 1965.
218 Seiten (Masch. vervielf.)

C1o6 S i k l , Karl Otto
Grundzüge der Mode und deren Erfassung durch die Marktforschung in der Textilwirtschaft. Diss. Wien 1971.
74 Seiten (Masch.-Schr.)

C1o7 S i m o n , Friedrich
Die Bedürfnisanalyse als Grundlage für Marktforschung und Reklame. Diss. Freiburg i. Br. 1949. 196 Seiten (Masch.-Schr.)

C1o8 S i t t e n f e l d , Hans
Die amerikanische Meinungsforschung. Diss. Kiel 1951. 2o2 Seiten (Masch.-Schr.)

C1o9 S l i w k a , Manfred
Die These vom Meinungsmonopol im Lichte markentechnischen Wirkvermögens. Diss. Nürnberg 1956. 158 Seiten

C11o S t a c k e l b e r g , Karl Georg von
Soziologische und absatzwirtschaftliche Aspekte asiatischer Märkte
in: Neue Märkte erkennen. Lausanne 1967
Seite 39-49

C111 S t e i b , Thomas
Mit welchen Hilfsmitteln und welchen organisatorischen Voraussetzungen ist eine gartenbauliche Marktanalytik aufzubauen? Diss. München 1955. 227 Seiten (Masch.-Schr.)

C112 S t r a d n e r , Sieglinde
Sozio-ökonomische Aspekte des Konsumverhaltens Jugendlicher. Sozioökonomisch-empirische Untersuchungen unter besonderer Berücksichtigung des Verhaltens von weiblichen Jugendlichen höherer kaufmännischer Lehranstalten in und um Wien in Bezug auf den Konsum von Oberbekleidung. Diss. Wien 1972. 419 Seiten (Masch.-Schr.)

C113 S t ü r z e r , Roland
Die Verbraucherbefragung als Mittel der Marktforschung unter besonderer Berücksichtigung der amerikanischen Untersuchungsergebnisse. Diss. Wien 1952. 159 Seiten (Masch.-Schr.)

C114 S u l z e r , K(laus)
Auslandsmarktforschung. Lausanne (Schweiz. Zentrale f. Handelsförderung) 1953. 24 Seiten
(Spezialbericht. Serie B. Nr. 43)

C115 T a p f e r , Teodorico
Der Beitrag der Marktforschung zur Produktionsgestaltung in der Elektrowarenindustrie. Mit besonderer Berücksichtigung der langlebigen Gebrauchsgüter im Haushalt. Diss. Wien 1965. 193 Seiten (Masch.-Schr.)

C116 T e n s c h e r t , Dietmar
Marktforschung als betriebs- und volkswirtschaftliches Problem. Diss. Graz 1958. 1o6 Seiten (Masch.-Schr.)

C117 T h a l m a n n , Ernst
Markenartikel und Verbrauchsgewohnheit. Zürich (Ges. f. Marktforschung) 1945

C118 V e n c o u r , Gerhard
Spezifische Probleme der Marktforschung in einem europäischen Großraummarkt. Diss. Wien 1969. 14o Seiten (Masch.-Schr.)

C119 V e r d o o r n , P.
Grundlagen und Technik der Marktanalyse. Leiden 195o

C12o W a s s e r m a n n , Helmut
Die Bedeutung der Information für die Verbraucherentscheidung. Diss. Wien 1972. 2o2 Seiten (Masch.-Schr.)

C121 W i e l e r , Gerda
Das Wesen des Konsums und der Inhalt der Theorie des Konsums. Diss. Bonn 1949. 117 Seiten (Masch.-Schr.)

C122 W i n k l e r , Othmar
Die Nachfragestruktur des Konsumgütermarktes in Abhängigkeit von der Struktur einer geschlossenen Bevölkerung. Diss. Wien 1948. 173 Seiten (Masch.-Schr.)

C123 W ö s s , Max
Kriterien der Wirtschaftlichkeit bei absatzwirtschaftlichen Marktuntersuchungen. Diss. Wien 1969. 214 Seiten (Masch.-Schr.)

C124 Z i e g l e r , Herbert A.
Erhebungs- und Auswertungstechnik in der Marktforschung. Diss. Wien 1952. 139 Seiten (Masch.-Schr.)

C125 Z i e s e , K. H. Rudolf
Über den Geltungsnutzen. Eine Auswertung im Querschnitt von Untersuchungsergebnissen der Gesellschaft für Konsumforschung. Diss. Nürnberg 1947. 6o Seiten (Masch.-Schr.)

# Teil 4
# Bibliographien und Zeitschriften

1. Abschnitt: Bibliographien

I. MARKTFORSCHUNGSBIBLIOGRAPHIEN

D1* B e r g l e r , Georg
Schrifttum über Verbrauchs- und Modeforschung.
Nürnberg (o. Verl.) 196o. 65 Seiten
(Marktwirtschaft und Verbrauch. Schriftenreihe der GfK-Gesellschaft für Konsumforschung. Band 13)

D2 Bibliographie zur Marktforschung. Ausgabe 1952.
Hamburgisches Welt-Wirtschafts-Archiv (Hrsg.).
67 Seiten (Masch. vervielf.)

D3 Ausgabe 1953. 92 Seiten mit Anh. (Masch. vervielf.)

D4* Ausgabe 1955. 1o8 Seiten (Masch. vervielf.)

D5* Bibliographie des seit 1955 erschienenen Schrifttums in deutscher Sprache auf dem Gebiet der Absatz- und Vertriebsforschung.
Deutsche Gruppe der Internationalen Handelskammer (Hrsg.).
Wiesbaden (Krausskopf Verl.) 1961. 53 Seiten
(Schriftenreihe Internationale Wirtschaft. Band I)

D6* D i s c h , Wolfgang K. A.
Bibliographie zur Marktforschung. 2.Auflage Hamburg (Hamburgisches Welt-Wirtschafts-Archiv) 1964.
437 Seiten (Masch. vervielf.)

D7 Literatur-Auswahl zur Orientierung über Methoden und Anwendungsgebiete der Umfrage-Forschung. Allensbach (Institut für Demoskopie) um 196o. 15 Seiten
(Masch.-Schr.)

D8 Markt- und Meinungsforschung. Eine Auswahl der seit 1945 erschienenen europäischen und amerikanischen Literatur. Konstanz (ESOMAR/WAPOR) 1955. 9 Seiten
(Masch. vervielf.)
(Internationaler Kongreß für Meinungs- und Marktforschung)

D9 Markt- und Meinungsforschung. Fachbibliographie.
Rossipaul, Lothar (Hrsg.).
Stammheim/Calw (Verl. Rossipaul) 1958. Loseblattsammlung

D1o Aus dem Schrifttum der GfK-Nürnberg. Publikationen der GfK-Nürnberg seit 1948. Publikationen von Mitarbeitern der GfK-Nürnberg seit 196o (Auswahl). Nürnberg (GfK-Gesellschaft für Konsumforschung) 1968. o. fortl. Pag. (Masch. vervielf.)

## II. BIBLIOGRAPHIEN MIT MARKTFORSCHUNGSLITERATUR

D11 B e r g l e r , Georg
Bibliographie der Mode und Textilwirtschaft.
Essen (Verl. W. Girardet) 1971. 125 Seiten
(Schriften der Nürnberger Akademie für Absatzwirtschaft)

D12* B e r g l e r , Georg
Schrifttum über Absatz und Werbung. Nürnberg (o. Verl.) 196o. 48 Seiten
(Marktwirtschaft und Verbrauch.Schriftenreihe der GfK-Gesellschaft für Konsumforschung. Band 14)

D13* B e r g l e r , Georg
Das Schrifttum über den Markenartikel. 4. Auflage
Nürnberg (o. Verl.) 196o. 332 Seiten
(Marktwirtschaft und Verbrauch. Schriftenreihe der GfK-Gesellschaft für Konsumforschung. Band 12)

D14* Forschungsarbeiten 1974 in den Sozialwissenschaften. Ergebnisse der Erhebung Oktober 1974 bis März 1975. Dokumentation.
Eggers, Renate/ Herfurth, Matthias/ Möller, Ties/ Nase, Annemarie/ Schock, Hermann (Bearbeiter).
Informationszentrum für sozialwissenschaftliche Forschung bei der Arbeitsgemeinschaft sozialwissenschaftlicher Institute (Hrsg.).
Stuttgart/Berlin/Köln/Mainz (Verl. W. Kohlhammer) 1975. 666 Seiten
(jährliche Erscheinungsweise seit 1969)

D15* Forschungsdokumentation zur Arbeitsmarkt- und Berufsforschung. Auflage 2/1975.
Peters, Gerd (Bearbeiter).
Nürnberg (Inst. f. Arbeitsmarkt- u. Berufsforschung d. Bundesanst. f. Arbeit)/ Bonn (Bundesmin. f. Arbeit u. Sozialordnung) 1975. o. Pag.
(FoDokAB 2/1975)
(erscheint dreimal jährlich)

D16* Forschungsdokumentation zur Arbeitsmarkt- und Berufsforschung. Sonderband: Abgeschlossene Forschungsvorhaben 1974-1975.
Peters, Gerd (Bearbeiter).
Nürnberg (Inst. f. Arbeitsmarkt- u. Berufsforschung d. Bundesanst. f. Arbeit)/ Bonn (Bundesmin. f. Arbeit u. Sozialordnung) 1975. o. Pag.
(FoDokAB S/1975)
(erscheint dreimal jährlich)

D17 Forschungsobjekt Buch. Untersuchungen zur Sozialpsychologie des Lesens. Eine Literaturzusammenstellung. Steinberg, Heinz (Hrsg.).
Berlin (Amerika-Gedenkbibliothek) 1969. 134 Seiten (Masch. vervielf.)

D18* K ä s t i n g , Friederike
unter Mitarbeit von Schiller, Rüdiger
Bibliographie der Werbeliteratur. Verzeichnis deutschsprachiger Werbeliteratur ab 1945, einschließlich ausgewählter Literatur über Markterkundung und Absatz.
Stuttgart (C. E. Poeschel Verl.) 1972. 266 Seiten
(Werbewissenschaftliches Referatenblatt. Sonderheft)

D19* K e l l e r e r , Hans
Bibliographie der seit 1928 in Buchform erschienenen deutschsprachigen Veröffentlichungen über theoretische Statistik und ihre Anwendungsgebiete. Wiesbaden (Deutsche Statistische Ges.) 1969. 143 Seiten
(Einzelschriften der Deutschen Statistischen Gesellschaft. Nr. 7a)

D2o* L e i t h e r e r , Eugen
Exportwirtschaftliche Literatur. Überblick und Bibliographie. Köln/Opladen (Westdeutscher Verl.) 1962. 38 Seiten
(Berichte des Instituts für Exportforschung)

D21* Literaturdokumentation zur Arbeitsmarkt- und Berufsforschung. Ausgabe 1975.
Zusammenstellung: Best, Nora u. a.
Nürnberg (Inst. f. Arbeitsmarkt- u. Berufsforschung d. Bundesanst. f. Arbeit) 1975. o. Pag.
(LitDokAB 1975)

D22* Literaturdokumentation zur Arbeitsmarkt- und Berufsforschung. Sonderheft 1: Landwirtschaft und Arbeitsmarkt.
Zusammenstellung: Cyprian, Rüdiger.
Nürnberg (Inst. f. Arbeitsmarkt- u. Berufsforschung d. Bundesanst. f. Arbeit) o. J. getr. Pag.
(LitDokAB S 1)

D23 Prognose in Wissenschaft, Wirtschaft und Gesellschaft. Registerbibliographie zu Methoden und Ergebnissen der wissenschaftlichen Vorausschau.
Zentralinstitut für Wirtschaftswissenschaften der Deutschen Akademie der Wissenschaften zu Berlin (Hrsg.).
Berlin (Akademie-Verl.) 1972. 75o Seiten

D24 Publikationen und Forschungsarbeiten des Instituts für Markt- und Verbrauchsforschung der Freien Universität Berlin. Berlin (Institut für Markt- und Verbrauchsforschung) 1967. 11o Seiten
(Hrsg. anläßlich des 15jährigen Bestehens des Instituts)

D25* S a n d e a u , Georges
Internationale Marketing-Bibliographie. München-Pullach/ Berlin (Verl. Dokumentation) 1971. 112 Seiten

D26* Aus dem Schrifttum über Werbung
Bearbeitet von Gesellschaft Werbeagenturen GWA
Frankfurt a. M. (Vorwort) o. Verl.
Heft 1: Oktober 1963. 112 Seiten
Heft 1 a: Dezember 1965. 84 Seiten
(Schriften der Fördergemeinschaft für Absatz- und Werbeforschung. Heft 1 und 1 a)
(Heft 1 a dem Heft 1 angebunden)

D27* Empirische Sozialforschung 1974. Eine Dokumentation von Thomas A. Herz/ Hagen Stegemann/ Sylvia Witte.
Zentralarchiv für empirische Sozialforschung der Universität zu Köln (Hrsg.).
München (Verl. Dokumentation) 1975. 482 Seiten
(Empirical Social Research 1974)
(jährliche Erscheinungsweise seit 1968)

D28 Veröffentlichungen auf dem Gebiet der landwirtschaftlichen Marktforschung in Westdeutschland. Stand 31. XII. 1957. Bericht von Hans-Jürgen Metzdorf.
Forschungsrat für Ernährung, Landwirtschaft und Forsten (Hrsg.).
Hiltrup bei Münster (Landwirtschaftsverl.) 1958. 258 Seiten
(Aus dem Institut für landwirtschaftliche Marktforschung Braunschweig-Völkenrode)

D29 Veröffentlichungen auf dem Gebiet der landwirtschaftlichen Marktforschung in Westdeutschland 1958 - 1961.
Zweiter Bericht: Stand 31. XII. 1961. Bericht von Hans-Jürgen Metzdorf.
Forschungsrat für Ernährung, Landwirtschaft und Forsten (Hrsg.).
Hiltrup bei Münster (Landwirtschaftsverl.) 1963. 214 Seiten
(Aus dem Institut für landwirtschaftliche Marktforschung Braunschweig-Völkenrode)

D3o* Z i e g l e r , M.
Spezialliteratur über Konjunkturumfragen.
CIRET-Informations- und Dokumentationszentrum am Ifo-Institut für Wirtschaftsforschung (Hrsg.).
München/Mannheim (CIRET) 1968. 152 Seiten (Masch. vervielf.)
(CIRET-Studien. Nr. 1o)

D31 Zukunftsforschung (Futurologie).
Kessel, Wolfgang (Bearbeiter) unter Mitarbeit von Dalades.
Bonn (Deutscher Bundestag. Wissenschaftliche Dienste) 1971. 1o1 Seiten (Masch. vervielf.)
(Bibliographien. Nr. 25)

D32* A b s a t z w i r t s c h a f t
Zeitschrift für Marketing
Hrsg.: Absatzwirtschaftliche Gesellschaft, Nürnberg
und Deutsche Marketing-Vereinigung Düsseldorf
Handelsblatt Verl., Düsseldorf
1976: 19. Jahrgang
um den 5. eines jeden Monats

D33 A g r a r w i r t s c h a f t
Zeitschrift für Betriebswirtschaft, Marktforschung
und Agrarpolitik
Hrsg.: Buchholz, H./ Heidhues, T./ Köhne, M./ Kötter, H./
Plate, R./ Schmitt, G./ Storck, H./ Strecker, O./
Weinschenck, G./ Zapf, R.
Alfred Strothe Verl., Hannover
1976: 25. Jahrgang
regelmäßig Mitte eines Monats

D34 E M N I D - I n f o r m a t i o n e n
Hrsg.: Emnid-Institut, Bielefeld
o. Verl.
1976: 28. Jahrgang
monatlich

D35 I F O - S c h n e l l d i e n s t
Hrsg.: Ifo-Institut für Wirtschaftsforschung, München
Verl. Duncker & Humblot, Berlin
1976: 29. Jahrgang
3 mal im Monat

D36 I n t e r v i e w u n d A n a l y s e
Mitteilungen des Bundesverbandes deutscher Marktforscher
Hrsg.: Bundesverband deutscher Marktforscher, Hamburg
Sample-Verl., Hamburg
1976: 3. Jahrgang
monatlich

D37* J a h r b u c h d e r A b s a t z - u n d V e r b r a u c h s f o r s c h u n g
Hrsg.: GfK-Nürnberg, Gesellschaft für Konsum-, Markt-
und Absatzforschung
Verl. Duncker & Humblot, Berlin
1976: 22. Jahrgang
vierteljährlich

D38 K ö l n e r Z e i t s c h r i f t f ü r S o - z i o l o g i e u n d S o z i a l p s y c h o - l o g i e
Hrsg.: König, René
Westdeutscher Verl., Opladen
1976: 28. Jahrgang
vierteljährlich

D39* M a r k e n a r t i k e l
Zeitschrift für die Markenartikelindustrie
Hrsg.: Gries, Gerhard
Markenartikel Verl., Wiesbaden
1976: 38. Jahrgang
monatlich

D4o* M a r k e t i n g J o u r n a l
Journal für Marketing + Verkauf + Kommunikation.
Vereinigt mit "werbung - Das Werbe-Kompendium von bleibender Aktualität" und "KRITERION - Internationale Werbe-, Marketing-, PR- und Management-Information"
Hrsg. und Vertrieb: Marketing Journal, Gesellschaft für angewandtes Marketing, Hamburg
1976: 9. Jahrgang
6mal jährlich: Februar, April, Juni, August, Oktober, Dezember
zur Mitte des Monats

D41 D e r M a r k t
Zeitschrift für Absatzwirtschaft und Marketing
Hrsg. und Verl.: Österreichische Gesellschaft für Absatzwirtschaft, Wien
ohne Jahrgangsangabe
ohne Angabe der Erscheinungsweise [zweimonatlich]

D42* M a r k t F o r s c h e r
vereint mit GFM-Mitteilungen zur Markt- und Absatzforschung. Unabhängige Zeitschrift für die Wissenschaft und Praxis der Markt- und Marketingforschung
Hrsg.: Rembeck, Max/ Eichholz, Günther P./ Schwenzner, Julius, E./ Sittenfeld, Hans/ Andersen, E.
E. Schmidt Verl., Berlin/Bielefeld/München
1976: 2o. Jahrgang
jährlich 6mal

D43 M a r k t f o r s c h u n g
Mitteilungen des Instituts für Marktforschung Leipzig
Hrsg. und Verl.: Institut für Marktforschung, Leipzig
1976: 15. Jahrgang
ohne Angabe der Erscheinungsweise

D44* M a r k t K o m m u n i k a t i o n
Forum der Industriewerbung
Hrsg.: Meynen, Helmut
Verl. für Technik und Wirtschaft Meynen, Wiesbaden
1976: 7. Jahrgang
monatlich

D45 M i t t e i l u n g e n a u s d e r A r b e i t s - m a r k t - u n d B e r u f s f o r s c h u n g
Hrsg.: Bolte, Karl Martin/ Büttner, Hans/ Ellinger, Theodor/ Gerfin, Harald/ Kettner, Hans/ Mertens, Dieter/ Schäffer, Karl-August/ Stingl, Josef
W. Kohlhammer Verl., Stuttgart/Berlin/Köln/Mainz
1976: 8. Jahrgang
4 x jährlich

D46* M i t t e i l u n g e n d e s I n s t i t u t s f ü r H a n d e l s f o r s c h u n g a n d e r U n i v e r s i t ä t z u K ö l n
Hrsg.: Sundhoff, Edmund
O. Schwartz Verl.
1976: 28. Jahrgang
ohne Angabe der Erscheinungsweise [monatlich]

D47 P s y c h o l o g i e u n d P r a x i s
Zeitschrift für die Anwendungsgebiete der Psychologie
Hrsg.: Arnold, W./ Rohracher, H./ Hofstätter, P. R.
Verl. für angewandte Psychologie, Stuttgart-Bad Cannstatt
1976: 2o. Jahrgang
vierteljährlich

D48 P s y c h o l o g i s c h e R u n d s c h a u
Überblick über die Fortschritte der Psychologie in Deutschland, Österreich und der Schweiz
Hrsg.: Herrmann, Theo
Verl. für Psychologie Hogrefe, Göttingen/Toronto/Zürich
1976: 27. Jahrgang
vierteljährlich

D49* P u b l i z i s t i k
Vierteljahreshefte für Kommunikationsforschung. Zeitschrift für die Wissenschaft von Presse, Rundfunk, Film, Rhetorik, Öffentlichkeitsarbeit, Werbung
Hrsg.: Haacke, Wilmont/ Langenbucher, Wolfgang R./ Ronneberger, Franz in Verbindung mit der Deutschen Gesellschaft für Publizistik- und Kommunikationswissenschaft
Druckerei und Verlagsanstalt Konstanz, Universitätsverl., Konstanz
1976: 21. Jahrgang
vierteljährlich

D5o* V i e r t e l - J a h r e s h e f t e f ü r M e d i a p l a n u n g
Media and Advertising Research International
Hrsg.: Braunschweig, Ernst, im Auftrag der Heinrich Bauer Stiftung, Hamburg
Verlagsgruppe Bauer, Hamburg. Die Hefte werden nicht im Buchhandel vertrieben.
ohne Jahrgangsangabe
ohne Angabe der Erscheinungsweise

D51* Z e i t s c h r i f t f ü r M a r k t - , M e i - n u n g s - u n d Z u k u n f t s f o r s c h u n g
Vierteljahresbeiträge zur Theorie und Praxis
Hrsg.: Wickert, Günter/ Wagenführ, Horst/ Institute für Markt- und Meinungsforschung Tübingen
Demokrit Verl. Tübingen
1976: 19. Jahrgang
vierteljährlich (Heft 1 im Januar)

D52 Z e i t s c h r i f t f ü r S o z i o l o g i e
Hrsg.: Universität Bielefeld, Fakultät für Soziologie/ Kaufmann, Franz-Xaver/ Pappi, Franz Urban/ Oevermann, Ulrich/ Schluchter, Wolfgang/ Schoene, Wolfgang
F. Enke Verl., Stuttgart
1976: 5. Jahrgang
Jährlich 1 Band zu 4 Heften (1mal vierteljährlich)

# Registerteil

## Vorbemerkungen

Der Registerteil der vorliegenden Bibliographie umfaßt das Verzeichnis der ausgewerteten Nachschlage- und Sammelwerke, das Personenregister, das Institutionenregister, das Sachregister und das Produkt- und Marktregister.

Einen Überblick über die aus einem Nachschlage- und Sammelwerk entnommenen Beiträge gibt das Verzeichnis der ausgewerteten Nachschlage- und Sammelwerke. In dieser Übersicht sind den Titelnummern, die auf die ausführliche Quellenangabe des jeweiligen Nachschlage- und Sammelwerkes verweisen, die Titelnummern der daraus entnommenen Beiträge zugeordnet.

Im Personenregister sind die Autoren, Herausgeber, Bearbeiter, Mitarbeiter, Redakteure usw. sowie die im Titel einer Publikation erwähnten Personen erfaßt, nicht aber die Übersetzer fremdsprachiger Literatur.

Im Institutionenregister sind alle Marktforschungsinstitute, Verbände und andere Institutionen bzw. Organisationen aufgenommen, die neben oder anstelle eines Verlages als Herausgeber einer Publikation auftreten oder auf die im Titel der Publikation Bezug genommen wird.

Das Sachregister soll den systematischen Teil der Bibliographie, in dem die Publikationen nach nur einem Sachaspekt geordnet sind, ergänzen sowie die nach Verfassern (bzw. Titeln) alphabetisch zusammengestellten Beiträge, ergänzenden Titel und Bibliographien inhaltlich erschließen. Die Sachgruppenüberschriften des systematischen Teiles sind im Sachregister durch Unterstreichung kenntlich gemacht.

Das Produkt- und Marktregister spezifiziert einzelne Produkte, Dienstleistungen und entsprechende Märkte, die im Sachregister unter Globalgruppen (z. B. Nahrungs- und Genußmittelmarkt) aufgeführt sind.

## Verzeichnis der ausgewerteten Nachschlage- und Sammelwerke

| Numerierung des Nach- schlage- und Sammelwerkes | Numerierung der aufgenommenen Beiträge |
|---|---|
| A1 | B9o, B134, B219, B29o, B326, B427, B642, B781, B1117 |
| A2 | B91, B135, B221, B291, B676, B688, B782, B1124 |
| A3 | B11o, B137, B222, B234, B294, B398, B452, B513, B678, B783, B811, B1o79, B1165 |
| A4 | B111, B138, B295, B411, B679, B7o5, B1o8o, B1119, B1132, B123o |
| A5 | B139, B296, B299, B327, B4o5, B669, B68o, B719, B785, B787, B1o81, B1o82, B1133, B1232, B1233 |
| A6 | B39, B235, B255, B371, B413, B468, B786, B884, B958, B1o83, B1o84, B1121, B1236 |
| A7 | B112, B236, B4o6, B415, B645, B646, B938, B1o85, B1o86 |
| A8 | B113, B114, B223, B224, B1134 |
| A9 | B115, B225, B641, B652 |
| A1o | B226, B352, B4o7 |
| A11 | B96, B116, B668 |
| A12 | B117, B229, B1135 |
| A18 | B192, B283, B771 |
| A28 | B21, B6o, B63, B7o, B88, B1o7, B297, B332, B343, B392, B418, B44o, B5o8, B538, B628, B661, B712, B742, B772, B773, B8o8, B858, B859, B934, B99o, B1oo7, B1o14, B1o27, B1o49, B1o59, B11o1, B1112, B1166, B1185, B1197, B12oo, B12o1, B12o2, B121o |
| A29 | B23, B41, B1oo, B154, B16o, B18o, B213, B3o5, B331, B334, B338, B364, B375, B459, B465, B482, B5o7, B63o, B777, B819, B825, B849, B913, B964, B1o2o, B1123, B1176, B1217, B1242, B1247 |
| A38 | B14, B92, B313, B381, B766, B873, B912, B962, B1122, B12o6 |
| A46 | B241, B689, B876 |
| A47 | B767, B1138 |
| A65 | B941, B1246 |
| A66 | B579, B711, B778, B779, B942 |
| A67 | B467, B829, B943, B952 |

| | |
|---|---|
| A68 | B791 |
| A69 | B422, B718, B872, B1131 |
| A77 | B1o2, B125, B261, B3o3, B3o4, B32o, B321, B431, B432, B433, B685, B686, B687, B842 |
| A89 | B32, B33, B174, B27o, B317, B361, B362, B369, B5o2, B567, B577, B662, B124o |
| A95 | B437, B713, B754, B928, B929, B1186 |
| A96 | B469, B47o, B471, B472, B529, B551, B552, B12o9 |
| A97 | B349, B35o, B473, B474, B475, B476, B477, B976 |
| A111 | B162, B163, B164, B359, B36o, B394, B5o3, B533, B578, B632, B696, B832, B914, B1o35, B1243 |
| A128 | B25o, B259, B88o, B1ooo |
| A129 | B23o, B251, B26o, B584, B592, B12o4 |
| A176 | B169, B429, B585, B1o98, B1128 |
| A248 | B34, B159, B166, B52o, B523, B65o |
| A249 | B155, B188, B372, B373, B4o4, B428, B449, B627, B728, B729, B73o, B8o9, B957, B996, B1oo9, B1o9o, B116o |
| A258 | B31, B184, B2o8, B262, B34o, B544, B697, B726, B833, B864, B1o29, B1o52, B11o2, B11o8 |
| A289 | B8, B1o, B98, B439, B56o, B81o, B1149 |
| A3o4 | B44, B333, B386, B434, B633, B667, B695, B753, B9o4, B994, B1o28, B1228 |
| A384 | B145, B238, B716, B85o, B999, B1o3o |
| A433 | B59o |
| A45o | B43, B46, B83, B84, B2o7, B4oo, B736, B745, B9o3, B997, B1151, B1162 |
| A451 | B86, B126, B382, B887, B1o36 |
| A457 | B189, B986 |
| A472 | B49, B5o, B521, B594, B595, B598, B9oo |
| A48o | B178, B198, B269, B532, B535, B596, B6o4, B631, B831, B1146, B1155 |
| A538 | B649 |
| A551 | B796 |
| A552 | B798 |
| A553 | B27, B71, B43o, B8o7 |
| A556 | B554, B643, B1o73 |

A562 B978, B979, B98o, B981, B1o4o, B1o41, B1o42, B1o43, B1188, B1189, B1191

A588 B94o

A622 B1oo3, B1143

A725 B2o1, B582, B599, B844, B881, B977, B995, B1175, B1183, B12o5, B1226

A8o2 B187, B493, B525, B634, B721, B84o, B1141

A8o5 B722, B727, B1o6o, B1o69

A8o6 B1o7o, B1o71, B11o3

A8o7 B1o72

A81o B62, B74o, B1o78, B1115

A811 B572, B924

A812 B322, B559, B113o, B1182

A814 B215, B287, B323, B351, B45o, B479, B515, B549, B672, B878, B954, B1o76

A815 B25, B141, B214, B216, B288, B324, B445, B516, B568, B639, B673, B814, B1158

A816 B133, B325, B366, B446, B517, B55o, B619, B64o, B675, B694, B867, B1o77, B1o88, B1o97, B1114, B1129

A817 B181, B252, B281, B1o67, B1o92, B1234

A818 B1, B1o9, B136, B182, B22o, B292, B453, B677, B759, B835, B883, B1o93, B1235

A819 B151, B293, B519, B542, B574, B784, B836, B851, B915, B1o89, B1118, B1153

A821 B38, B165, B412, B961

A822 B414, B644, B937

A823 B144, B15o, B336, B653, B751

A824 B31o, B969, B1o22, B1116

A825 B37, B237, B5o5, B53o, B62o, B739, B982, B1144, B1177

A828 B36, B167, B341, B346, B399, B4o8, B4o9, B464, B545, B647, B746, B747, B9o9, B973, B974, B1148, B1227

A829 B2, B81, B193, B339, B799

A83o B52, B5o4, B589, B1o99

A831 B55, B64, B218, B8oo, B1o23

A832 B4, B24, B53, B256, B268, B319, B451, B5o9, B524, B539, B626, B665, B789, B79o, B821, B871, B1o44, B1o61, B1o74, B1137, B119o, B1241

A834 B147, B318, B931, B1125

| | |
|---|---|
| A862 | B161, B355, B681, B834, B112o |
| A863 | B153, B157, B186, B2o3, B2o4, B2o5, B247, B273, B337, B461, B492, B654, B732, B953, B1o25, B1o46, B1o47, B1o5o, B1127, B1167, B1179, B12o7 |
| A883 | B738 |
| A884 | B51, B61, B74, B87, B123, B148, B149, B197, B199, B246, B276, B348, B37o, B376, B425, B436, B442, B443, B485, B491, B498, B5oo, B512, B522, B527, B528, B546, B597, B6o7, B6o8, B629, B698, B714, B715, B724, B734, B744, B839, B841, B857, B861, B875, B879, B9o1, B9o5, B92o, B1o37, B1o87, B11o6, B1111, B1161, B1218, B1219, B1221, B1222, B1223 |
| A89o | B277 |
| A9o2 | B4o, B67, B1o6, B211, B265, B345, B484, B511, B826, B86o, B868, B9o8, B1o18, B11oo, B1159, B1193 |
| A9o3 | B69, B72, B13o, B212, B232, B3o8, B314, B358, B42o, B438, B458, B486, B72o, B815, B927, B1o15, B1o66, B11o7, B1178, B122o |
| A9o4 | B279, B315, B393, B4o3, B444, B483, B487, B621, B972, B1224 |
| A9o5 | B1o94 |
| A9o6 | C1, C2, C6, C9, C12, C13, C16b |
| A9o7 | B671 |
| A9o9 | B635, B824 |
| A916 | B623, B1136 |

Bei den Sammel- und Nachschlagewerken, die nicht im ersten Teil der Bibliographie aufgeführt sind, ist die Quellenangabe bei dem erstgenannten Beitrag zu finden. Entsprechend ist die Numerierung der Quellenangabe und die Numerierung des erstgenannten Beitrags identisch.

| | |
|---|---|
| B3 | B3, B16, B462, B5o1, B548, B684, B1o55 |
| B5 | B5 |
| B6 | B6, B17o, B356, B48o, B496, B556, B576, B6o9, B61o, B611, B612, B613, B691, B7o7, B7o8, B7o9, B717, B793, B891, B892, B893, B894, B93o, B947, B948, B955, B956, B988 |
| B7 | B7, B497, B897, B898, B932 |
| B9 | B9 |
| B11 | B11, B8o2 |
| B12 | B12, B561, B769 |

| | |
|---|---|
| B13 | B13, B1o3 |
| B15 | B15 |
| B17 | B17, B693 |
| B18 | B18, B143, B183, B1o58 |
| B19 | B19, B172 |
| B2o | B2o |
| B22 | B22, B328, B916 |
| B26 | B26, B75 bis B78, B89, B152, B21o, B257, B284, B285, B316, B396, B397, B426, B5o6, B564, B571, B581, B588, B91o, B925, B11o4, B1213, B1214 |
| B28 | B28, B66, B419 |
| B29 | B29, B7o2 |
| B35 | B35, B117o |
| B45 | B45, B353, B385, B877, B933 |
| B48 | B48, B56, B95, B272, B312, B384, B387, B656, B741, B823, B852, B899, B935, B1o51, B1173 |
| B54 | B54, B3o9 |
| B57 | B57 |
| B58 | B58, B636 |
| B59 | B59 |
| B65 | B65, B8o5, B812, B1o19, B1o64, B1o65 |
| B68 | B68, B83o, B848, B1o38, B1157 |
| B73 | B73 |
| B79 | B79 |
| B8o | B8o |
| B82 | B82, B6oo, B752, B922, B936, B992, B1211 |
| B97 | B97, B395, B743 |
| B99 | B99, B118 |
| B1o1 | B1o1 |
| B1o4 | B1o4 |
| B119 | B119, B2o9, B699, B8o4, B828, B889, B917, B1192 |
| B121 | B121, B1o62, B115o |
| B122 | B122, B195, B266, B624 |
| B124 | B124, B196, B24o, B3o2, B344, B625, B659, B7oo, B1o16 |
| B128 | B128, B239, B658, B939 |

| | |
|---|---|
| B129 | B129 |
| B131 | B131 |
| B142 | B142 |
| B146 | B146, B54o, B583 |
| B156 | B156, B2oo, B1154 |
| B158 | B158 |
| B168 | B168, B173, B514, B731, B776, B1215 |
| B171 | B171, B357, B481, B557, B614, B615, B616, B692, B895, B896 |
| B175 | B175 |
| B179 | B179 |
| B185 | B185 |
| B19o | B19o |
| B191 | B191, B965 |
| B194 | B194, B228 |
| B2o2 | B2o2 |
| B2o6 | B2o6 |
| B217 | B217, B289, B674, B1113 |
| B227 | B227, B275, B278, B33o, B435, B547, B733, B1oo8, B1o12, B1o17 |
| B231 | B231, B114o |
| B233 | B233 |
| B242 | B242, B526 |
| B245 | B245 |
| B254 | B254, B775 |
| B258 | B258 |
| B264 | B264 |
| B267 | B267, B536, B663, B1o39 |
| B271 | B271, B534, B82o |
| B274 | B274 |
| B28o | B28o, B391, B569, B66o, B1oo5, B111o, B1199, B12o8 |
| B286 | B286 |
| B298 | B298, B1172 |
| B3oo | B3oo, B342, B593, B1o13 |
| B3o1 | B3o1, B846 |
| B3o6 | B3o6 |

| | |
|---|---|
| B3o7 | B3o7 |
| B311 | B311, B6o6, B951, B1212 |
| B329 | B329, B455, B1o96 |
| B335 | B335 |
| B354 | B354 |
| B363 | B363, B51o, B77o |
| B365 | B365 |
| B367 | B367, B1142 |
| B368 | B368 |
| B374 | B374, B591 |
| B378 | B378 |
| B379 | B379, B489, B6o1, B764, B854 |
| B383 | B383 |
| B388 | B388, B39o, B755, B1oo4, B11o9 |
| B389 | B389, B1147, B1225 |
| B4o1 | B4o1, B843 |
| B4o2 | B4o2 |
| B416 | B416, B657, B1o68 |
| B417 | B417 |
| B423 | B423, B478, B651, B655 |
| B424 | B424 |
| B441 | B441, B565, B862 |
| B447 | B447 |
| B448 | B448, B865 |
| B454 | B454 |
| B456 | B456, B1187 |
| B457 | B457, B8o3, B845 |
| B46o | B46o, B541 |
| B463 | B463 |
| B466 | B466 |
| B488 | B488 |
| B49o | B49o |
| B494 | B494 |
| B499 | B499, B1oo6 |
| B518 | B518, B1245 |
| B531 | B531, B75o, B774, B795, B1168, B1239 |

| | |
|---|---|
| B537 | B537 |
| B543 | B543 |
| B553 | B553 |
| B555 | B555 |
| B558 | B558, B617, B618, B71o, B949, B95o |
| B562 | B562 |
| B563 | B563 |
| B566 | B566, B1196 |
| B57o | B57o |
| B573 | B573 |
| B575 | B575, B989 |
| B58o | B58o, B638, B757, B838, B866, B1184 |
| B586 | B586, B587, B1231 |
| B6o2 | B6o2, B6o3 |
| B6o5 | B6o5 |
| B622 | B622, B1229 |
| B637 | B637 |
| B648 | B648, B9o2, B911 |
| B664 | B664 |
| B666 | B666 |
| B67o | B67o, B1194 |
| B69o | B69o |
| B7o1 | B7o1 |
| B7o4 | B7o4 |
| B723 | B723, B853, B1o57 |
| B725 | B725, B921, B1152 |
| B735 | B735 |
| B737 | B737 |
| B748 | B748 |
| B749 | B749, B993 |
| B756 | B756, B1o24, B1195 |
| B758 | B758 |
| B765 | B765 |
| B768 | B768 |
| B788 | B788 |

| | |
|---|---|
| B8o1 | B8o1 |
| B813 | B813 |
| B816 | B816, B1o34 |
| B817 | B817 |
| B818 | B818 |
| B822 | B822 |
| B827 | B827 |
| B837 | B837 |
| B847 | B847, B1244 |
| B863 | B863 |
| B869 | B869 |
| B87o | B87o, B1oo2 |
| B874 | B874, B1145 |
| B882 | B882 |
| B885 | B885 |
| B886 | B886 |
| B89o | B89o |
| B9o6 | B9o6 |
| B9o7 | B9o7 |
| B918 | B918, B919 |
| B923 | B923 |
| B926 | B926 |
| B944 | B944 |
| B945 | B945 |
| B946 | B946 |
| B959 | B959 |
| B963 | B963 |
| B966 | B966, B967 |
| B97o | B97o |
| B984 | B984 |
| B985 | B985 |
| B987 | B987 |
| B991 | B991 |
| B998 | B998 |
| B1oo1 | B1oo1 |
| B1o1o | B1o1o |

| | |
|---|---|
| B1o21 | B1o21 |
| B1o26 | B1o26, B1216 |
| B1o31 | B1o31 |
| B1o32 | B1o32 |
| B1o45 | B1o45 |
| B1o48 | B1o48 |
| B1o53 | B1o53 |
| B1o54 | B1o54 |
| B1o63 | B1o63 |
| B1o75 | B1o75 |
| B1o91 | B1o91 |
| B1o95 | B1o95 |
| B1126 | B1126 |
| B1139 | B1139 |
| B1164 | B1164 |
| B1171 | B1171 |
| B118o | B118o |
| B1181 | B1181 |
| B1198 | B1198 |
| B12o3 | B12o3 |
| B1237 | B1237 |
| B1238 | B1238 |
| C7 | C7 |
| C16a | C16a |

Personenregister

Abbott, Lawrence A84o
Abdelazim, L. B1
Abrams, M. B2
Adam, A. A262
Adler, Max K. A13, A767, B3
Adorno, Theodor W. B4
Adrian, Werner B329
Aereboe, Friedrich B4o2
Afheldt, Heik A215
Albach, Horst B5
Albert, Hans A416, B6, B7
Albrecht, Annelies A756
Albrecht, Bruno A864
Albrecht, Günter B8
Albrecht, Hartmut B9
Albrecht, Karl B555
Aleman, Heine von B1o
Alewell, Karl B11
Allerbeck, Klaus A263
Alt, A. B12
Amstad, Peter A264
Andersen, E. A63o, A631, D42
Andersen, Ed. B13
Andersen, Eduard B1o5o
Anderson, Oskar A146, B14
Andresen, Boy-Jürgen A614
Andreß, Arno C17
Angehrn, Otto A14, A755, A865, B15, B16
Angelini, Terenzio A216, B17
Anger, Hans B18, B19
Angermann, Dieter B2o
Ante, Bruno B21
Antonoff, Roman A577
Arndt, Helmut A841
Arndt, Klaus Dieter B22
Arnold, Paul B23
Arnold, W. B816, D47
Arnold, Wilhelm B65, B168 B264
Arpi, Bo A866
Aschpurwis, Liselotte B24, B25
Asimus, H.D. B441
Aßmann, Georg B26
Aßmann, Ulrich A586
Atteslander, Peter A57
Augstein, Rudolf B27
Aule, Olgred B28
Aulinger, Roland A587
Baade, Fritz B29, B985
Bachmann, Verena A29o
Bächtold, Rolf Viktor A147, A183 bis A186, B3o
Bänsch, Axel A867
Bahm, John F. Jr. B31
Bain, Robert K. B32
Bales, Robert F. B33
Balser, Maxheinz B34
Bamberg, Günter A8o9
Bankmann, Jörg A638
Barkeley, R. B1171
Barton, Samuel George B35
Batzer, Erich A187, A868
Bauche, Horst A615

Bauer, Adam B36
Bauer, Adolf A835
Bauer, Stefan C18
Bauer, Walter B37, B38, B39
Bauerschmidt, Herbert A188
Baum, Joachim B393
Baum, Joachim G. B4o
Baumann, Horst C19
Baumberger, Jörg A522
Baumer, Jean-Max A667
Baumgartner, Heinz B456
Baumgartner, Klaus A57
Bechtel, Wilfried A217
Beck, Paul B41, B42
Beck, Waldemar B43
Beckel, August A267
Beckel, Lothar B456
Becker, Egon A567
Becker, Erika A523
Becker, Gary B44
Becker, Gerhard A696
Becker, Heinz A33o
Becker, Johannes A152
Becker, Karl Otwin A385
Becker, Michel A218, A723
Becker, Wilfried A88
Beckerath, Erwin von B82, B129, B146, B374, B46o, B494, B7o1, B963, B1o32, B1o95
Beckmann, Martin J. B45
Beck-Rahmel, Rosemarie B46
Bednar, Rosemarie C2o
Beenker, Jan W. A6o5
Beer, Karl B48
Beer, Ulrich A399
Behrends, Christian A842
Behrendt, Günter A7oo
Behrendt, Richard F. B768
Behrens, Gerold A9o8, B49 B5o, B51
Behrens, Hans B52
Behrens, Karl Christian A15, A28, A53 bis A61, B28o, B388, B499
Behrens, K. H. A81o, B62
Beidermühle, Adalbert A623
Beier, Udo A291, A292
Beike, Peter A16, B63
Belger, Cornelis B64
Bellebaum, Alfred B65
Bellemann, Walter B66
Bellinger, Bernhard A668, B19o
Benad, Günther B67 bis B7o, C21
Benda, Ernst B71
Bender, Ulrich B72
Benesch, Hellmuth A442
Bennemann, Josef A332
Berekoven, Ludwig A98, B73 B74
Berelson, Bernard A459, A46o
Berendt, Günter A7oo
Berg, Hans-Jürgen A669
Berger, Gerhard A843
Berger, Hartwig A58
Berger, Horst B75 bis B78
Bergler, Georg A17, A19, A792, A823, A826, A869, B48, B79, B8o, B81, B379, B38o, D1, D11, D12, D13
Bergler, Reinhold A443, A45o, A451, B13, B82 bis B88

Bernard, Josef C22
Bernauer, Walter A386
Berner, Giorgio A219
Bernet, Hugo A265
Bernsdorf, Wilhelm B6, B7, B171, B558
Bernstein, Peter B89
Bertelmann, Werner A417
Berth, Rolf A2o, A444, B9o, B91, B92
Besmer, H. J. B94
Best, Nora D21
Beyeler, Lukas A87o
Bickel, Otto B95
Bidlingmaier, Johannes A871, B28o, B388
Bieniek, Georg A22o
Bierbaum, Gunter B96
Bierfelder, Wilhelm A333
Bierfelder, Wilhelm H. B97
Biervert, B. A334
Biervert, Bernd B45, B98
Billeter, Ernst P. A135, A148
Bindella, Rudi B17
Bindella, Rudolf B17
Bischof, Norbert B99 B1oo
Bischoff, Werner B1o1
Bisky, Lothar B1o2
Bittner, Horst C23
Bittorf, Wilhelm B1o3, B1o4
Blankenship, Albert B. A266
Bliesch, Uwe B1o5, B1o6
Blind, Adolf B723
Blohm, Hans B1o7, B648
Blücher, Franz B1o8
Blücher, Viggo Graf A4oo, A4o1, A41o, B1o9 bis B117
Blümle, Ernst-Bernd B99, B118, B1164
Blum, J. W. B119
Bock, Cornel J. A621
Bock, Gunter A645
Bock, Josef B12o, B121
Bodenstein, Gerhard A524
Bodzenta, Erich A8o
Böckenhoff, Ewald A624
Böcker, Franz B122, B123, B124
Böhm, Franz B286, B735, B984, B987
Boehme, Heiner A461
Bönisch, Siegfried B125
Bössmann, Eva A293
Boettcher, Erik A47o
Böttcher, Hans A4o2
Bohlen, Joe M. B126
Bohn, Peter A462
Bolte, Karl-Martin B127, B128, D45
Bombach, Gottfried B129
Bongard, Willi A463
Bonhoeffer, F. O. A99
Bonomo, Mario A714
Bonus, Holger A525, A526
Boos, Rudolf A215
Boos, Rudolf W. B13o
Bootz, Peter A783
Bopp, E. B131
Borchardt, Knut A813

Borck, Hans-Günther B132
Borkmann, H. Ch. B133
Bornemann, Ernst A4o2
Borschberg, Edwin A21
Bossle, Rudolf A418, A872
Boustedt, Olaf A784
Boyd, jr. Harper W. A9o6, C1
Brachfeld, Oliver B134 bis B139
Brandt, Franz A486
Brankamp, Klaus A589
Braun, Otto B14o
Braunschweig B141
Braunschweig, Ernst A281, B566, D5o
Brechtbühl, Peter B142
Bredenkamp, Jürgen B143
Breitenacher, Michael A823, B144
Breitenstein, Rolf A836
Brekenfeld, Henning A1oo
Brendel A651
Brennecke, Helga A616, B145
Bretschneider, Georg B179
Bretschneider, Günter C24
Brink, R. E. M. van den A656
Brinkmann, Carl B146
Brinkmann, Dieter M. A419
Brinkmann, Gerhard B147, B991
Britt, Steuart Henderson A9o6
Brockhoff, Klaus B148, B149
Broder, M. B15o
Bröcker, Richard A221
Brödner, E. B151
Bronizkaja, Waltraud B152
Brook, Caspar B153
Bruckert, Emil B154
Bruckmann, Gerhart B155
Brügge, J. zur B156
Brüning, Karl C25
Brylinski, Michel B157
Brynge, Gunnar C26
Bucher, Rolf A215
Buchholz, H. D33
Buchholz, Hans-Günter B158, B191
Bühler, Artur A493
Bürger-Prinz, H. A531
Büschges, Günter A136
Büti, Gyula B159
Büttner, Hans D45
Büttner, Hans-Joachim B16o
Bulach, Karl B161
Bungard, Walter A59
Buquet, Léon B1171
Burgemeister, Bernd B165
Burger, Lutz B1o2
Buscher, Harald B166
Bussche, Helga von dem B167
Butcher, H. John B168
Buttler, Günter B169
Campbell, Donald T. A85
Cantril, Hadley B914
Cartwright, Dorwin A477, B17o, B171
Cattell, Raimond B. B172
Cattell, Raymond B. B173
Chapin, F. Stuart B174
Christl, Artur B175

Christmann, Gerhard A16, A189
Cicourel, Aaron V. A6o
Claessens, Dieter A464
Clauß, Günter A149
Clerici, Enrico A1o1
Cole, Edward N. B177
Coleman, J. S. B178
Coleman, Richard P. C2
Collins, B. J. K. B831
Cook, Stuart W. A82, A83, B5o2, B5o3
Coordt, Helga A387
Cordts, Jürgen B179
Cornil, Pierre-Francois B18o
Costa, Eric da B181, B182
Coughenour, C. Milton B126
Cranach, Mario von B183
Crisp, Richard D. A22, B184
Curtius, Mechthild A42o
Cyprian, Rüdiger D22
Czerniejewicz, Wilfried A734
Daeves, Karl A222, A267
Dahlke, Gerhard B185
Dahrendorf, Gustav A335
Dalades D31
Dalenius, Tore A137
Dalichow, Karl-Heinz C15
Danckwerts, Rud.-Ferdinand B186
Degelmann, Alfred B959
Degenhardt, Wilhelm B187
Dehne, Knut A691
Deistler, Manfred B188
Demand, Klaus A735
Dempf, Alois B189
Denney, Reuel A435
Deppe, Hermann A67o
Descher, Rudolf B158, B191
Deutsch, Emeric C27
Deutsch, Morton A82, A83, B5o2, B5o3
Deutsch, Paul B19o
Dezelak, Bogomir A751
Dichter, Ernest A532, A533, B192 bis B197
Dichtl, Erwin A873, A915, B198, B199, B2oo, B3o7
Dietl, Heinz C28
Dietrich, Hans A15o, A756
Dietze, Constantin von B2o1
Disch, Wolfgang K. A. A238, A6oo, A796, A863, B2o2 bis B2o6, B1o48, D6
Distler, Georg B2o7
Ditgen, Peter A617
Dlouhy, Walter A757, C29
Dlugos, Günter C7
Dobrow, G. M. A223
Dodge, James D. B2o8
Doebeli, H. P. B2o9
Döbler, Martin A324
Dohnalová, Markéta A759
Dohnke, Dieter B21o
Dolinski, Urs A736
Dorn, Dietmar B211, B212, B213
Dourdin, J. B214
Dreier, Joachim A421
Drescher, Siegfried H. B215 bis B229, B1o88

Drewe, Paul B23o
Droege, Heinz A336
Droste, Hermann A625
Drucker, Peter F. A874
Dubberke, Hans-Achim A388
Dürrmeier, Hans B231
Dunckelmann, Henning A4o3
Dunst, Klaus H. B232
Duttweiler, Gottlieb B1171
Dworak, Karl A9o
Eberlein, Gerald B233, C7
Eberlein, Klaus D. B234, B235, B236
Ebert, Konrad B237
Ebner, Heinz A149
Eckardstein, Dudo von B463
Eckardt, Heinz A1o2
Eggers, Renate D14
Egner, Erich A384, A389, A39o, B238
Ehrhardt, Klaus B239, B24o
Ehrlich, Herbert A77o
Eichholz, G. P. A512
Eichholz, Günther P. A38, A46, A47, A754, A799, B241, B242, D42
Eichhorn, Wolfgang B26
Eichmann, Herbert A371
Eisenberger, Max C3o
Eitel, Karl A337
Ekman, Gösta B244
Ellinger, Theodor A59o, B245, B246, D45
Elmenhorst, Henry A697
Enders, Herbert C31
Engel, James F. B247
Engeleiter, Hans-Joachim B58
Enrick, Norbert Lloyd A224
Erbslöh, Eberhard A1o3, A1o4, A128, B25o, B251
Erhard, Ludwig B252, B253 B254
Ernst, Otmar B255
Ernst, Wolfgang B256
Esche, Harald B257
Eser, Wolfgang B258
Esser, Ernst-August A465
Esser, Hartmut A128, B259, B26o
Esser, Helmut A1o5
Esser, Ulrich B261
Esters, Ernst-August A465
Estes, B. E. B262
Etienne, Udo A527
Eyferth, Klaus B264
Eysenck, Hans Jürgen B65, B168, B264
Fabiunke, Hannelore A11o
Fahrnschon, Helmut C16a
Falk, Bernd R. A5oo, B265, B266
Faltz, Ernst A225
Famintzin, R. B267
Feddersen, Berend B1o91
Fegebank, Barbara C4
Feger, Friedrich Peter A671
Fegiz, Pierpaolo Luzzatto B268
Festinger, Leon B269, B27o, B271
Fettel, Johannes B73, B272
Fickel, Franz W. B273 bis B277
Fiedler, Jürgen B278, B279

Fiegl, Harald C32
Fischer, Alois A785
Fischer, Bernd A226
Fischer, Bodo A66o
Fischer, Guido A876, B28o
Fischer, H. B281
Fischer, Hans A877, B282, B283, B456
Fischer, Herbert A1o6, A1o7, A11o
Fischer, Klaus B284, B285
Fischer, Marianne A681
Fischer, Wolfgang A391, B286
Fladung, Dieter A738
Flaskämper, Paul B723
Fleck, Florian H. B99
Flockenhaus, K. C33
Flockenhaus, K. F. B1o88
Flockenhaus, Karl Friedrich B287 bis B297, B688
Flögel, Herbert B298 bis B3o2
Floss, Eberhard B194
Förster, Peter B3o3, B3o4
Förster, Wolfgang B563
Fournis, Yves C34
Frank, Robert B3o5
Franke, Dieter A798, B3o6
Franke, Herbert W. A445
Franke, Joachim B3o7
Franzen, Gerwin B3o8
Fratz, Emil B3o9 bis B313
Freidank, Michael A739
Freitag, Diethard B315
Freitag, Diethard E. B314
Freitag, Joachim B316
French, John R. P. B317
Frenz, Hans-Georg B183
Frerkes, Josef A6o5
Freter, Hermann B72o
Frey, H. B131
Fricke, Dieter A466, B318
Friedeburg, Ludwig von A1o8, B319, C35
Friedrich, Walter A62, A77, B32o, B321
Friedrichs, Ernst M. B322
Friedrichs, Jürgen A63, A91
Fröhlich, Werner D. A152
Fröhner, Rolf B22, B254, B323 bis B331
Fuchs, Reimar A151, B332
Fuchs, Werner A294
Führling, Heinrich Karl A591
Fürst, Gerhard B333
Fürst, Hildegard A392
Fürstenberg, Friedrich A82, A83
Fuest, Reinhold B334
Funke, G. B335
Gabsa, G. B336
Gadomski, Reinhard C5
Gaedike, Anne-Katrin A73
Gaertner, Wulf A295
Gallhuber, Peter A393
Gallup, G. H. C36
Galm, Ulla A296
Gansera, Horst B337
Gaôn, Rachel B338
Garrett, Th. M. B339
Gates, Donald E. B34o
Gay, Otto A771

Gayer, Kurt A546
Gazon, Manfred A74o
Geck, L. H. Ad. B869
Geertman, Johannes Antonius A878
Gehmacher, Ernst A227
Gehrig, Gerhard A297
Geiger, Herbert B341
Geiger, Siegfried A23, A64, B342, B343, B344
Geisser, Heribert O. A672
Geissler, Árpád B345
Geißler, Jürgen B346
Geist, Manfred B918
Gerfin, Harald A228, A229, A23o, D45
Gerlach, Klaus C37
Gerloff, Otfried B347
Gerth, Ernst A24, A338, B348
Geske, Gunther B349, B35o
Geyer, Erich A6o5
Geyer, Thomas A673
Ghaussy, Ghanie A. A298
Giersch, Herbert A813
Gilow, Peter B351
Girard, A. B12o3
Girardi, Maria-Rita A646
Glaesser, Wolfgang B352
Glaser, Josef A339
Glassmann, F. C39
Glastetter, Werner B353
Glazer, Nathan A435
Gloor, Max B354
Glükher, Max A. C4o
Gmür, Urs A522
Goebel, Michael A698
Görsdorf, Kurt B885
Goldack, Günter B248, B355
Goldschmidt, Walter B356, B357
Gollnick, Heinz A153
Gollnow, Christian B358
Gontard, Fides von C41
Goode, William J. B359 bis B362
Gorny, Dietrich B363, B364
Gosebruch, R. B365
Graf, Heinz A231
Gramse, G. B366
Graumann, C. F. B18
Graumann, Carl Friedrich A534, B367, B368
Greenwood, Ernest B369
Greipl, Erich A868, B37o
Grenfell, Newell B371
Gries, Gerhard D39
Griese, Joachim B372, B373
Griesmeier, Josef B374
Grimm, Rolf B375
Grochla, Erwin B389, B416, B58o
Groh, Gisbert B376
Gross, Eberhard A4o4
Gross, Günter F. B377
Gross, Herbert A772, A879, B378
Gross, Hermann C42
Gross, Martin L. A547
Gruber, Alois A372
Grümer, Karl-Wilhelm A92
Grünmandl, Otto A838
Grünwald, Angelika A34o, C43
Grünwald, Helmut A88o

Grünwald, Rolf A25, A26, B379, B38o, B381, C44 bis C48

Grützner, Sabine A794

Günter, Albrecht A621

Güttner, Gisela B382

Gutenberg, Erich A861, A881, B424

Guth, Ernst B383, B384

Gutjahr, Gert A268, A446, A447

Gutjahr, Walter A269

Haacke, Wilmont D49

Haag, Franz A57

Haarland, H. P. A334, B385

Haase, Wolfgang A232

Haavelmo, Trygve B386

Haberland, Fritz A233

Habisreitinger, Horst H. B387

Haeberle, Karl Erich A844

Haedrich, Günther A1o9, B388

Härtle, Traudl A27

Haese, Helmut A422

Häuser, Karl B389

Häussler, Monika C49

Hafermalz, Otto B39o, B391, B392

Hafner, Siegbert A773

Hafter, Lilian B393

Haggenmüller, Max A758

Hagood, Margaret Jarman B394

Hahn, Dietger B395

Hahn, Erich B26

Hahn, Toni B396, B397

Hake, Bruno A592, A674

Haller von Hallerstein, Dorothea Freifrau B398, C5o

Hallermann, Doris A741

Hallwachs, Henning A93, B399

Hambitzer, Manfred B4oo

Hammann, Peter B97

Hammel, Werner A882

Hanau, A. A724

Hanau, Arthur A725, B4o1, B4o2, C51, C52

Hanrieder, Manfred B4o3

Hans, Karlfried A593

Hansen, Hans R. A885

Hansen, Hans Robert B156

Hansen, Klaus B4o4

Hansen, Ursula A594, A595

Harder, Theodor A7o, A71, A154, A234, B4o5, B4o6, B4o7

Hartmann, Hans-Joachim A423

Hartmann, Heinz A72

Hartmann, Klaus Dieter B4o8, B4o9

Harz A651

Haselberger, Ignaz C53

Haseloff, Otto Walter A155, B19, B41o bis B418

Hasenack, Wilhelm B58

Hatt, Paul K. B359 bis B362

Hauff, Manfred G. B419

Haunß, Peter A467, C54

Haupt, Klaus B42o

Haustein, Heinz-Dieter A233, A235, A236

Hawley, Amos H. B422

Hax, Karl A59o, B245, B543, B1o63

Heckhausen, H. B423

Heeckt, Hugo A675

Heege, Franz A774
Hegelheimer, Armin A715
Hehl, Klaus B498
Heidemann, Heinz A578
Heidenreich, Kurt B2o
Heidepeter, Lothar A5o1
Heidhues, T. D33
Heidtmann, Frank A645, A652, A653
Hein, Werner A742
Heine, Christian A596
Heinen, Edmund B424, B425
Heinemann, Michael A5o2
Heinig, Joachim A4o5
Heinrich, Peter B426
Heinrichs, Hanna B427
Heinrichs, Wolfgang A341
Heintz, Peter R. A89
Helberg, Heinrich A237
Helfen, Peter A66o
Heller, Kurt A73
Helm, Meinhard B428
Helten, Elmar B429
Henkel, Konrad B43o
Henn, R. A299
Henneke, B. A212
Hennig, Werner A62, B431, B432, B433
Hennis, Wilhelm A548
Henry, Harry A535, B434
Henrysson, Sten A155
Hensmann, J. B435
Hensmann, Jan B436
Henzel, Friedrich A3o
Henzel, Fritz A19o
Herfurth, Matthias D14
Herkner, Werner B437
Herms, Brunhilde A536
Herppich, Hans Günter B438
Herrmann, Theo D48
Herrnberger, Klaus A654
Herz, Thomas A. B439, D27
Herzl, Robert C55
Hess, E. M. B441
Hess, Eva-Maria A27o, B44o
Hesse, Jürgen B442, B443, B444
Hesse, Klaus A3oo
Hessenmüller, Bruno A862
Heubeck, Georg B1o91
Heuer, Gerd F. A914, B445, B446, B447
Heuss, Ernst A845
Heyden, Günter B26
Heymann, H. W. B448
Heyn, Wolfgang A23, A64, A138, A156, B342, B343, B344
Hilber, Günter B449
Hild, S. B45o, B1o88
Hildebrandt, Werner B451
Hilker, Rudolf A626
Hill, Wilhelm A886, A887
Hillen, Karl Bernhard A373
Hillmann, Günther A753
Hillmann, Karl-Heinz A424, A425
Hilpert, Friedrich B452, B453
Hilton, Peter A597
Hinze, Franz A649, A655, B329, B454, B455
Hirschberg, Walter B456
Hirschberger, Egon C56

Hitschmann, Peter A374
Hobart, Donald M. A45
Hochreiter, Rolf A468
Höckner, Friedrich A3o1
Höfner, Klaus A271
Höger, Armin B457, B458, B459, C57
Höhn, Elfriede B46o
Höhr, Gerd Dieter A7o7
Hoellige, Wilfried A. B461, B462
Hoepfner, Friedrich Georg A448
Hörning, Karl H. A426, A427
Hörschgen, Hans A915 B463
Höting, Karl-Heinz A342
Hoffmann, H. J. A155
Hoffmann, Herbert B464
Hoffmann, Klaus A598
Hoffmann, Michel A884
Hofmann, Hellmut W. B465
Hofstätter, Peter R. A537, B466, B467, D47
Hohmann, Ludwig B468
Hollstein, Horst A846, A888
Holm, Kurt A76, A96, A97, B469 bis B477
Homann, Hans A627
Hoppe, F. B478
Horst, Paul A272
Hosang, H. B479
Hoyer, Paul C58
Huckenbeck, Herbert B48o, B481
Hübner, Peter A76
Hümmelchen, Rolf A273
Hünerberg, Reinhard A889
Hüttel, Klaus B482
Hüttenrauch, Roland B483
Hüttner, Manfred A31, A157, B484 bis B487
Huhle, Fritz B488
Hummel, Hans Peter A469
Hund, Wolf D. A42o
Hundert, J. B1o88
Hundhausen, Carl B489, B49o, B491
Hunziker, Peter A428
Hunziker, Walter B725
Huppert, Walter B492, B493
Hurni, Josef A19o
Huwyler, Martin A5o3
Ihle, Hermann-Adolf A763
Illy, Leo A3o2
Imobersteg, Markus A429
Imperatori, Aldo A676
Irle, Martin B496, B497
Irniger, Jacques A274
Jackel, Bernhard B498
Jacob, H. A875, A9o7, B2o6, B3o1, B818
Jacobi, Helmut B388, B499
Jacobs, Alfred A158, A191, A192
Jacobs, Margret A158
Jacobsohn, Heinz J. C6o
Jaeck, Horst-Joachim A786, B5oo
Jäger, Joachim A11o
Jäggi, Gregor B5o1
Jährig, Klaus C61
Jahn, Walter A159, B316
Jahn-Schnelle, Hildegard A498

Jahoda, Marie A82, A83, B5o2, B5o3
Jakobi, Walter A7o8
Jani, Paul B5o4, B5o5
Jansen, Bernd A847
Jauch, Hans-Joachim B5o6
Jephcott, Jonathan St. G. B5o7
Jerke, Adolf B5o8
Jetter, Ulrich B5o9, B51o
Jetzschmann, Horst A61
Jönsson, Bo B12o3
Johannsen, Uwe A579, B511, B512
John, Erich A795
Jones, Emily Lewis B513
Jones, H. Gwynne B514
Jonge, W. J. de B515, B516, B517
Jonzeck, Bruno B518
Joswig, Rosemarie A325
Jungjohann, H. D. B519
Just, Volker B52o
Kaas, Klaus P. A528, A9o8, B521, B522
Kade, Gerhard B523
Käser, Hanspeter A522
Kästing, Friederike D18
Kätsch, Siegfried A378
Kahmann, Jochen A891
Kallabis, Heinz A61
Kaltenbach, Horst G. A599
Kalus, Hellmuth C62
Kalussis, Demetre A892
Kamer, Fritz A7o2
Kaminsky, Walter B575
Kantowsky, Detlef A4o1
Kapferer, C. B1o5o, C63
Kapferer, Clodwig A193, A238, A275, A524, A6oo, A796, B524 bis B528
Kaplitza, Gabriele B529, B551, B552
Karsten, A. C64
Karsten, Werner B53o
Kasper, Egon F. A239
Kastin, Dieter A449
Kater, Wolfgang A692
Katona, George A43o, A47o, A471, B531, B532
Katz, Daniel B533
Katz, E. B178
Katz, Elihu B534, B535
Kaufmann, Franz-Xaver D52
Kaufmann, Peter B536, B537
Kaup, Heinz Hubert A379, A38o
Kaupen, Wolfgang A527
Kauz, Dieter A215
Kawan, Alfred A764
Keck, Alfred A344
Keil, Horst A394
Kelch, Kai B538
Kellerer, Hans A139, A16o, B539 bis B543, D19
Kempf, Herbert A236
Kempski, Jürgen von B869
Kendall, William D. B544
Kenessey, Valentin A775
Kentler, Helmut B545
Kessel, Wolfgang D31
Kettner, Hans D45
Ketzler, Erich C65
Khademadam, Nasser A628
Kick, Erwin A431
Kicker, Hildburg A32
Kiefer, Klaus A529

Kieser, Alfred B546
Kiesow, Horst B547
Kilgus, Ernst A33, A14o
Killias, Lorenz B548
Kimmig, Walter A664
Kind, Werner B549, B55o
Kirner, Wolfgang A23o
Kirschhofer-Bozenhardt, Andreas von B551, B552
Kjaer-Hansen, Max A893
Klatt, Sigurd B553
Klebs, Friedrich B554
Klein, Alfred Wilhelm C66
Klein, Fritz A826
Klein, Heinrich J. B555
Klein, Wolfgang A24o
Kleining, Gerhard B556, B557, B558
Klement, Hans-Werner B559
Klemp, Horst A743
Klenger, Franz A5o4 bis A5o7
Klezl-Norberg, Felix A161
Klingemann, Hans D. B56o, B561, B562
Klinkmüller, Erich B563
Klinzing, Klaus B564
Klopsch, W. B565
Klosterfelde, Helmuth B566
Kloten, Norbert B963
Kluckhohn, Florence B567
Kluge, W. B568
Kluy, Hans A621
Knapp, Hans G. B569
Knecht, Albin A699
Knipsel, Günther E. P. C67
Knorr, Karin D. B81o
Knorring, Ekkehard von A3o3
Knüvener, Heinz-Bernd A677
Knuth, Günther B924
Kob, Janpeter A66o, B57o
Koberstein, Herbert A276
Koch, Gisela B571
Koch, Helmut B424
Koch, Jörg C68
Koch, Manfred B572, C69
Koch, Waldemar A894, A895
Köchl, Benno Otto C7o
Koehn, G. B573
Köhne, M. D33
König, René A65 bis A69, A89, A111, A432, B574 bis B58o, D38
Köppert, Willi A1o7, A11o, B581
Koeppler, Karlfritz A281
Kötter, H. D33
Kötter, Herbert B582
Kohler, Eduard A345
Kolms, Heinz B583
Koolwijk, Jürgen van A95, A129, A176, A289, B584, B585
Kopp, Michael A74
Koppelmann, Udo A588, A6o1, A896
Korp, Andreas A347
Kortzfleisch, H. von B586, B587
Kotler, Philip A897, C6
Krämer, Helga B983
Krapf, Kurt C71
Krasemann, Ilse B588

Kraus, Otakar A759

Krauss, Heinrich B7o4

Krautter, Jochen A5o5, A5o6, A5o7

Kreck, Johs. B589

Kreikebaum, Hartmut A433, B59o

Krelle, Wilhelm A473, B591, B963

Kremp, Heinz A348

Kreutz, Henrik A112, B592

Kricke, Manfred B593

Krieger, Henning C15

Krippendorf, Jost A665, C72

Kroeber-Riel, Werner A472, A474, A48o, B97, B594 bis B598, C7

Krohn, Hans-Broder B599

Kromphardt, Wilhelm B6oo

Krone, Werner B553, B945

Kropff, Hanns F. J. A538, B6o1, B6o2, B6o3

Kühl, O. B565

Kühl, Siegfried A2o2

Kuehn, A. A. B6o4

Kühn, Markus B6o5

Küng, Emil B6o6

Kugler, Gernot C73

Kuhlmann, Eberhard A475, B6o7, B6o8

Kuhn, Manfred A554

Kunis, Eva-Maria A162

Kunz, Gerhard B6o9 bis B618

Kurrle, Dieter A5o8

Kurth, Wilhelm A64o

Labat, E. B619

Labudde, Hans-Jürgen B62o

Ladner, Max F. A34

Lakaschus, Carmen B621

Lamprecht, Helmut A4o8

Landgrebe, Klaus Peter A281

Lang, Kurt A35, B622

Lange, Bertram J. B623

Lange, Heinz A241

Lange, Manfred B624, B625

Langelütke, Hans B626

Langen, Heinz B627

Langenbucher, Wolfgang R. D49

Lankes, Wilfried A7o3

Lantermann, Friedrich W. B628

Larger, Narcis C74

Lattmann, Ernst A36

Laub, Klaus A765

Laub, Nikolaus C75

Lauenstein, Helmut B629

Lauer, Hermann B63o

Laumer, Helmut A187, A868

Lauterbach, Albert A476

Lavington, M. R. B631

Lazarsfeld, Paul A555

Lazarsfeld, Paul F. B535, B632

Lehbert, Berndt A693

Lehmann, Marianne A3o5

Lehmann, Willy A7o4

Leibenstein, Harvey B633

Leichum, Hans B634

Leihner, Emil B874

Leißler, Joachim A163, B635

Leitherer, Eugen A595, A848, A899, B636, B637, B638, D2o

Leitner, Dietrich B639, B64o
Lempfuhl, Rolf-S. B641
Lenz, Dietrich B642
Lenz, Friedrich A556, B643 bis B646
Leonhard, Hans-Georg C76
Lessing, Hellmut B647
Leue, G. B648
Lev, Joseph A18o
Leverkus-Brüning, Iris A113
Levy, Sidney J. B649, C1
Lewandowski, Rudolf A242, B65o
Lewin, K. B651
Lewin, Kurt A477
Lichtenstein-Rother, Ilse A4o6
Lienert, Gustav A. A277
Lilienstern, Rühle von B652
Lindemann, F. B653
Lindemann, Fritz B654
Lindemann, Klaus A. A557
Lindenstruth, Ernst-Ludwig A849
Linder, Peter A678
Lindworsky, J. B655
Linhardt, Hanns B73, B656, B657
Link, Franz B658, B659
Linker, Wolfgang B66o, B661
Linnert, Peter A9oo, A9o1
Lionberger, Herbert F. B126
Lippe, Peter Michael A164
Lippitt, Ronald B662
Lisowsky, A. B663
Lisowsky, Arthur B664, B665, B666, C77
Lisowsky, Peter Uwe A326
Little, I. M. D. B667
Lodahl, Maria A36o
Löber, Werner A85o
Löchner, Heinz A562, B1191
Löffler, Erhard B668
Loesch, Hans Joachim von B669
Lösch, Hans-Peter B67o
Lössl, Eberhard A37
Loh, Dieter B671
Lohmeier, F. B1o88
Lohmeier, Fritz A618, B672 bis B681
Lopinski, Hans B682 bis B682c
Lorenz, Charlotte A165, A166, A167
Lorenz, Detlef B563
Lorenz, Hans-Joachim A349
Lorenz, Karl Joachim B447
Lucae, Gustav B683
Lucas, Susanne B1174
Luck, David B684
Luckenbach, Helga A3o6
Ludwig, Herta A56o
Ludwig, Rolf B685, B686, B687
Lück, Helmut E. A59
Lücking, Jürgen A4o9
Lücking, Ursula A4o9
Lüdtke, Hartmut A91
Lüttichau, Hannibal Graf B688

Lütz, Margot B689
Luhmann, Niklas B69o
Lukasczyk, Kurt B691, B692
Lupfer, Klaus B693
Lutz, Burkart A716
Lutz, Friedrich A. B286, B735, B984, B987
Luzatto-Fegiz, Pierpaolo B694
Lydall, Harold B695
Maccoby, Eleanor E. B696
Maccoby, Nathan B696
MacGowan, Thomas G. B697
Machinek, Peter A478
Machlup, Fritz A851
Machowski, Heinrich A36o
Mack, Wolfgang C79
Mähl, Jürgen B698
Mähner, Hans Georg C8o
Märtens, Manfred A679
Magnusson, David A278
Magyar, Kasimir M. B699, B7oo
Mahnke, Karl Georg B7o1, B7o2, B7o3
Mahnkopf, Diethard A434
Mahr, Werner B7o4
Maiser, Peter B7o5
Makridakis, Spyros B7o6
Malewski, Andrzej A479
Malke, Edelgard A195
Malwitz-Schütte, Magdalene A81
Mangold, Werner A75, A279, B7o7 bis B712
Mantey, R. C78
Manz, Günter A331
Manz, Wolfgang A28o, B713
Marbach, Fritz B768
Marhold, Wolfgang A558
Marr, Rainer B714, B715
Marschall, Gudela B716
Martineau, Pierre A539, C9
Martus, Dieter C1o
Matt, Günther B373
Matterne, Esther A2o1, A756
Matthes, Detlef A5o9
Matthias, Helmut C82
Maus, Heinz A82, A83, B717
Mauser, Ferdinand C83
Mayer, Ferdinand B456
Mayer, Kurt B718
Mayer, Sigrid-Esther A35o
Mayntz, Renate A76
Mazancová, Ladislava A759
Mazanec, Josef A6o2
Mechler, Heinrich A91o
Meerkamp, Fritz B719
Meffert, Heribert A9o5, B72o
Meier A651
Meili, Richard B65, B168, B264
Meimberg, Paul B721
Meiners, Dieter A619, A911
Meissner, Alfred B722
Meissner, H. G. A776
Meister, Guido C84
Menges, Günter B723, B724
Menges, Günther B725
Menzel, H. B178
Meredith, James B. B726
Merk, Gerhard A41
Merkel, H. C85

Merker, Joachim A39, C86
Mertens, Annelis B727
Mertens, Dieter A717, D45
Mertens, Peter A249, B728, B729, B73o, B946
Merz, Ferdinand B731
Merz, Klaus Philipp A6o3
Meseberg, Dietrich B732, B733
Metz, Evelyn A351
Metzdorf, Hans-Jürgen D28, D29
Metzger, Karl A68o
Meuter, Hanna B869
Mey, Harald A78
Meyer, Carl W. A42, A912, A913, B8o, B97, B734
Meyer, Ernst B368
Meyer, Fritz W. B286, B735, B984, B987
Meyer, Gudrun B736
Meyer, Hans A243
Meyer, P. W. A81o
Meyer, Paul W. A43, A497, B48, B38o, B737 bis B744, C87
Meyer, Willi A681
Meyer, Wolfgang B745, B746, B747
Meyer-Dohm, Peter A647, A657, B329, B748, B749, B75o
Meyerhöfer, W. B751
Meynen, Adelheid A787
Meynen, Helmut D44
Michaletz, Hans A7o9, C88
Miehlke, Günter A744
Mises, Ludwig von B752
Mishan, E. J. B753
Mochmann, Ekkehard B56o, B754, B946
Model, Horst A352
Moe, Edward O. B126
Möbius, Georg A115, B755
Möckel, Wolfgang A497
Moede, Walther A452
Möller, Erich Peter A852
Möller, Hans B756, B757
Möller, Ties D14
Molinari, Gianfranco F. A116
Molitor, Bruno B553, B57o, B945
Molt, Peter B7o4
Molt, Walter A455
Mommsen, Ernst Wolf B758
Montandon-La-Longe, Camille A244
Moore, Harriett Bruce B649
Morgan, R. B759
Morgenstern, Oskar A168
Moser, Hans A353, B48, B38o
Mosolff, Hans A629, A63o, A631
Most, Otto B1o31
Moxter, Adolf B245
Mucchielli, Roger A117
Mühlefeldt, Annemarie A641
Müller, Andreas A. A51o
Müller, Erwin A642
Müller, Gernot A58o
Müller, Heinz B963
Mueller, Herbert F. B764
Müller, J. Heinz B765
Müller, Johann Baptist A327
Müller, Jürgen B766, B767

Müller, Siegfried A453
Müller, Udo A62o
Müller, Walter B768
Müller-Grote, P. B769
Müller-Heumann, Günther B77o, B771
Müller-Hillebrand, Veit A788
Münch, Richard A481
Münch, Werner A79
Münster, Hans A. A44
Münster, Ruth A411, C57
Münzner, Hans B772, B773
Mugglin, Gustav B774
Munte, Herbert B254, B775
Murray, Henry A. B776
Mussler, Dieter A853
Muth, Ludwig A658
Muthesius, Peter B194
Nase, Annemarie D14
Nase, Henning A716
Naumann, Hans Peter A632
Nauta, Fred A. B777
Neff, Alfred B518
Neffe, L. C89
Neffe, Lothar Karl A646
Nehnevajsa, Jiri B778, B779
Nemschak, Franz B78o
Neske, Fritz A914
Netzer, Hans-Joachim B1o4
Neubauer, Karl Wilhelm A645
Neubeck, G. B453
Neubeck, Günter B781 bis B787, B1124
Neuhauser, Gertrud B788
Neuloh, Otto B6o5
Neumann, Erich Peter A549 bis A553, A561, B789
Neumann, Uwe E. C11
Neumark, Fritz B749, B963
Neundörfer, Ludwig B79o
Neurath, Paul A169, B791
Newman, J. W. C12
Newman, Joseph W. A54o
Nicolas, Marcel B792, B793
Nieke, Waltraud C9o
Nielsen, Arthur C. B794
Nieschlag, Robert A915, B463
Niessen, H.-J. A334, B385
Nisselson, Harold A141
Nöcker, Joseph B795
Noelle, Elisabeth A118, A119, A549 bis A553, A56o, A561, B796, B797, B798
Noelle-Neumann, Elisabeth A12o, A511, B799 bis B8o8
Nolte, Eberhard A659
Nowack, Arthur B8o9
Nowotny, Helga B81o
Nüser, Wilhelm B811
Nuttin, Joseph R. B812
Nydegger, Alfred B813
Oberhauser, Alois A643
Ockelmann, E. B814
Oelke, Hans B815
Oerter, Rolf B816
Oesterle, Beat A2o3
Oetterli, Jörg A57
Oevermann, Ulrich D52
Ohm, Hans B788
Olesch, Theodor B817
Ollmann, Peter A245
Opfer, Gunda A281
Opitz, Lieselotte A246

Opitz, O. A299
Opitz, Otto A8o9
Ortlieb, Heinz-Dietrich B553, B57o, B818, B926, B945
Ortlieb, Peter B1o
Osborne, Donald W. B819
Osgood, Charles E. B82o
Osmer, Diedrich B821
Ott, Alfred E. A854
Ott, Werner A29, B48, B38o, B822 bis B828
Otto, Carl A17o, A171
Otto, Michael A247
Overbeck, Johann-Friedrich A718
Paass, Wolfgang M. A6o4
Packard, Vance B378
Pagès, Robert B829
Pahl, Hans Gerd A354
Pampe, Klaus Dirk B83o
Pappi, Franz Urban B561, B562, D52
Parfitt, J. H. D831
Parlin, Charles Coolidge B794
Parten, Mildred B832
Parthey, Heinrich A13o
Paschke, Werner A482
Patey, Richard L. B833
Pattis, Peter A644
Patton, Arch C13
Patzig, Hans Günther B834
Paul, H. B835, B836
Peise, Günter A855
Pentzlin, Kurt B1o63
Peres, Karl Heinz A683
Péron, Joseph B291
Perrez, Meinrad A117
Peter, Rudi A486
Petermann, Günter A355
Peters, Gerd D15, D16
Pfänder, Alexander B837
Pfanzagl, Johann A172
Pfeiffer, Werner B838, B839
Pflüger, W. B84o
Phillips, Bernard S. A8o
Picot, Arnold B841
Pies, Peter A684
Pinther, Arnold B842
Pistorius, Wolfgang A356
Plassmann, Christa A745
Plate, R. D33
Plate, Roderich B4o1, B843, B844
Pleitner, Hans Jobst A746
Pohl, Gregor B845
Pohlhausen, Henn B846
Pokorny, P. B12
Politz, Alfred B12o3
Pompl, Josef B847
Porep, Irmgard B848, B849
Porger, Viktor A7o5
Porstmann, Reiner A3o7
Portugall, Volker A376
Poser und Groß-Naedlitz, Ingeborg von B85o
Possmann, Martin A633
Prechelt, Klaus A71o
Pretzell, Martin Richard Friedrich A726
Preuß, Kurt Georg C91
Price, Daniel O. B394
Priewasser, Erich C92
Prinzing, A. B851

Pritzl, Heinz B852
Proebsting, Helmut A563, B853
Pröschel, Klaus A711
Proesler, Hans B854
Pümpin, Cuno Beat A917
Puin, Frank B857
Puschmann, Manfred B26
Quante, Peter A173
Quitt, Helmut B858
Raab, Erich B859
Radke, Magnus B86o
Raffée, Hans A3o8, A395, B861
Ragnitz, K. B862
Raidt, Hariolf A512
Ralis, Max B863
Randel, Robert E. B864
Ranz, Herbert A784
Rasche, Hans O. A918
Rasmussen, A. B865
Rau, Rainer A2o5, A3o9
Reber, Gerhard B866
Recker, Helga B128
Reeb, Hansruedi A31o
Rees, J. van B867
Reh, Hans-Joachim A6o6
Rehm, Otmar B868
Rehorn, Jörg A282
Reichenau, Charlotte von B869, B87o
Reichert, Josef A727
Reigrotzki, Erich B871
Reilingh, H. D. de Vries B872
Reitzenstein, Ernst Freiherr von A826
Rembeck, M. A512
Rembeck, Max A38, A46, A47, A754, A799, B873 bis B876, C93, D42
Rempp, J. M. B877
Remy, Ewald W. B158, B191
Renger, Joachim C94
Rennau, H. B878
Rentsch, Frank B879
Reschka, Willibald A128, B88o
Reuscher, Gerhard A358
Revers, Wilhelm J. A117
Reynaud, Pierre Louis A454
Richter, Eberhard A513
Richter, Hans-Jürgen A121
Riebel, Paul B637
Riecke, Hans-Joachim B881
Rieger, Horst Rolf Walt. C14
Rieger, Wilhelm B73
Rieker, Karlheinrich A2o6
Riesman, David A435, B882
Riffault, Hélène B883, B884
Ring, Erp B885
Ringel, Karlrobert A777, B886
Rinsche, Günter A433, A436
Rippel, Kurt A719, A778
Risch, P. C95
Risse, Roland B1168
Ritter, Joachim B335, B1oo1
Robertson, Thomas S. B887
Rode, Gerhard B185, B817, B822, B886
Roede, Hans A122
Röhm, Rolf A514
Röhrer, Klaus A712, B888
Röhricht, Kurt A25o
Rößle, Karl Friedrich B118o
Rößler, Hans A359

Rogers, Everett M. B126
Rogge, Hans-Jürgen A251
Rogge, Peter G. B889
Roghmann, Klaus B89o bis B898, B947 bis B95o
Rohracher, H. D47
Rohrbeck B1o91
Rolfes, Max B4o2
Rolle, Jürgen B899
Roloff, Sighard B9oo, B9o1
Romacker, B. B9o2
Romegialli, Enrico Harald A564
Ronneberger, Franz D49
Rosemann, Bernhard A73
Rosenbaum, Heinz A381
Rosenberg, M. B632
Rosenstiel, Lutz von A455
Rossipaul, Lothar D9
Roth, Erwin B9o3
Rothenberg, Jerome B9o4
Rothhaar, Peter B9o5
Rothschild, Kurt W. A252
Rotsch, Lothar A48
Rottmann, Hansjörg B9o6
Roxborough, Howard B882
Ruban, Maria Elisabeth A36o
Ruberg, Carl B57, B9o7
Ruczinski, Erich M. B9o8
Rudinger, G. B9o9, B974
Rückmann, Kurt A565, B91o
Rühl, G. B911
Rühle, H. A752
Rühle von Lilienstern, Hans B242, B912
Rümelin, Heinz A123
Rüngeler, Peter A789
Rüschemeyer, Dietrich A111, B951
Rüttinger, Bruno A455
Rüttler, Norbert Helmut B913
Rugg, Donald B914
Ruppel, Peter A581
Saadé, Habib J. B915
Sabel, Hermann A6o7
Sackmann, Franz B22, B916
Sader, Manfred A283
Sahm, August B917
Salcher, Ernst F. A49
Sandeau, Georges D25
Sandig, Curt B918, B919, B92o
Satter, Heinrich A566
Sauberschwarz, Werner A8oo
Sauer, Toni A7o5
Sauermann, Gerlinde C96
Sauermann, Heinz B921
Sauermann, Peter M. A515
Sauter, Bernhard A3o8
Saval, Günter A. A919
Savary, Alain C97
Sawusch, Gotlinde A456
Schad, Hans A5o
Schade, Heinz C. A92o
Schäfer, Erich A51, A52, A921, B922, B923
Schaefer, Heinz A311
Schaefer, Manfred B924
Schäfer, Wilhelm A224
Schäffer, Karl-August D45
Schaffartzik, Karl-Heinz B45

Schafgan, Heinz A779
Schaich, Eberhard A312
Scharmann, Dorothea-Luise A413
Schatte, Karl-Heinz B925
Schaumayer, Maria C98
Scheele, Walter A142
Scheeler, Hans-Erdmann A2o7
Scheidl, Leopold G. B456
Schelsky, Helmut B926
Schelzel, Manfred A685
Schenk, Hans Otto B927
Scheper, Wilhelm A728
Scherer, Klaus R. B928, B929
Scherhorn, G. A485
Scherhorn, Gerhard A328, A483, A484, B93o bis B934
Scherke, Felix A361, B935
Schettler, Joachim A2o8
Scheubrein, Harald A856
Scheuch, Erwin K. A89, A111, A143, B936 bis B952
Scheuermann, Walter P. H. B953
Scheuing, Eberhard Eugen A922
Scheunemann, F. B954
Schiefer, J. A72o
Schilcher, Rudolf B955, B956
Schiller, Rüdiger D18
Schimizek, Bernd-Dieter A757
Schimmelbusch, Heinz A313
Schimmelpfeng A18
Schimmöller, Heinrich A747
Schläger, Werner B957
Schlange, E. S. A724
Schleip, Karl-Georg B958
Schliephake, Burchard W. A634
Schlömer, Hans C99
Schloz, Rudolf C1oo
Schluchter, Wolfgang D52
Schmahl, Hans-Jürgen B818
Schmid, Otto A253
Schmid-Rissi, Jacob B959
Schmidhauser, Hanspeter A666
Schmidt, Brigitte B21
Schmidt, Erich A314
Schmidt, Gustav A. B96o, B961
Schmidt, Klaus-Dieter B962
Schmidt, Kurt B963
Schmidt, Peter Heinrich A78o
Schmidt, Regina A567
Schmidt, Rudolf W. B964
Schmidt, Werner A174, B965
Schmidt-Bräkling, Ralf A284
Schmidtchen, G. A485
Schmidtchen, Gerhard A511, A56o, A568, B966 bis B972
Schmidt-Kessen, Wilhelm B973
Schmidt-Scherzer, R. B9o9, B974
Schmidt-Üllner, Heinz B975
Schmierer, Christian B976
Schmitt, G. D33
Schmitt, Günther A725, B977
Schmitt, Liselotte A781

Schmitt, Peter H. B978 bis B981
Schmitt-Grohé, Jochen A6o8
Schmitt-Rink, Gerhard A315
Schmitz, Eugen B982, B983
Schmölders, Günter A457, A485, A569, B45, B984 bis B991
Schmucker, Helga B992 bis B995
Schmutzler, Olaf A15o, C15 C1o1
Schnaufer, Erich A862, B185, B817, B822, B886
Schneeberger, Hans B996
Schneewind, Klaus A. B997
Schneider, Dieter B245
Schneider, Franz B575
Schneider, Gernot A6o9
Schneider, Hans K. B998
Schneider, Lothar B999
Schneider, Johann A124
Schnelle, Hildegard A373
Schneller, Hans A56o
Schnutenhaus, Otto R. A923, B8o, B97
Schoch, Gisela A645
Schoch, Rolf A516
Schock, Hermann D14
Schöffmann, Rudolf C1o2
Schön, W. A285
Schöne, Dino A128, B1ooo
Schoene, Wolfgang D52
Schönpflug, U. B1oo1
Schöttle, Klaus M. A89o, B227
Schöttle-Bourbon, Helene B1oo2
Scholten, Sigrid B1oo3
Scholz, Horst C1o3
Schrader, Achim A81, A437
Schrader, Karl A329, B1oo5
Schrader, Karl Wolfgang B1oo4
Schramm, Carl A12o
Schramm, Wilbur B271
Schreiber, Klaus A53, A517, A518, B1oo6, B1oo7
Schreiber, Rolf B1oo8
Schröder, Dieter C1o4
Schröder, Michael B1oo9
Schroeder, Roland B1o1o
Schückler, Georg B1o11
Schütz, Waldemar A254, A255
Schütze, Manhard A647, A648
Schug, Walter C16a
Schuhmann, Karl B1o12 bis B1o16
Schulz, Robert A61, B26
Schulz, Roland A316, A317, B1o17, B1o18
Schulz, Wilhelm C1o5
Schulz, Winfried A131
Schulz-Borck, Hermann A396
Schumer, Florence B1o19
Schuster, Leo B365, B1237
Schutow, I. N. A362
Schwäble, Martin B1o2o
Schwantag, Karl B11, B756, B9o7
Schwartz, Richard D. A85
Schwarzfischer, Josef B99
Schweiger, Karl A125
Schweinitz, Hildur von A2o9
Schweitzer, Eckhardt A21o
Schweitzer, Rosemarie von B995

Schwenzner, J. E. A63o, A631
Schwenzner, Julius Erik B1o21 bis B1o27, D42
Scitovsky, Tibor B1o28
Scott, Alfred C. B1o29
Sechrest, Lee A85
Seckinger, Jacques A686
Seeberg, Stella B1o3o
Seidel, Alfred A857
Seidenfus, Hellmuth Stefan B1o31, B1o32
Seifert, Walter A8o1
Seischab, Hans B11, B756, B9o7
Seiser, Kurt B1o33
Seitz, Willi B1o34
Sell, Jürgen A81
Sellien, H. B59
Sellien, R. B59
Selltiz, Claire A82, A83
Sendtner, Ernst A363
Sengenberg, Werner A716
Seraphim, Hans-Jürgen B788
Serke, Günter A687
Sheatsley, Paul B. B1o35
Sheth, Jagdish N. B1o36
Siebel, Wigand A132
Sieber, Hugo B768
Sieberts, Hermann B1o37
Siebke, Jürgen A318, A694
Siehndel, Karl-Heinz A364
Sigl, Hans B1o38
Sigmund, Rolf A695
Sikl, Karl Otto C1o6
Silberer, Günter A3o8
Silberer, P. B1o39
Silbermann, Alphons B1238
Simmons, Harry A924
Simon, Friedrich C1o7
Sittenfeld, Hans A286, B1o4o bis B1o5o, C1o8, D42
Sittig, Carl A. A782
Skowronnek, Karl B1o51
Sliwka, Manfred C1o9
Slonim, Morris James A144
Smith, George H. A541
Smith, R. Blair B1o52
Smolensky, Peter B1o53, B1o54, B1o55
Sobotschinski, Arnim B1o56, B1o57
Sodeur, Wolfgang A287
Soldner, Helmut A79o
Solle, Reinhold A1o58
Solms, Max Graf zu B863
Sommer, Günter A685
Sommer, Werner B1o59
Somogyi, Andreas A61o
Sonderegger, Hans-Ulrich A635
Sonneborn, W. Chr. A212
Sonneborn, W. Christian A791
Sopp, Helmut B1o6o, B1o61
Spätlich, Hellmut M. A688
Specht, Günter B1o63
Specht, Karl Gustav A98, B121, B1o62
Speer, Wilhelm E. A487
Spiegel, Bernt A458, B1o64, B1o65, B1o66
Spiegelberg, Herbert B837
Spielberger, Karlheinz A126
Spilker B1o67
Spinner, H. F. B1o68

Sprenger, Walter A748
Stackelberg, Friedr. v. A858
Stackelberg, Karl von B1o69 bis B1o74
Stackelberg, K. G. von A81o, A839
Stackelberg, Karl Georg von A57o, A925, B1o72, B1o75, B1o76, B1o77, B1o79 bis B1o82, B1o88, B1o89, C11o
Stackelberg, Karl Georg Baron von B1o78
Stackelberg, Karl Georg Freiherr von B1o83 bis B1o86
Stackelberg, Karl Georg Graf von B1o87
Stäglin, Rainer B1o9o
Stagat, Hannelore A649
Stahlberg, Max B1o91
Stamer, Hans A729, A73o
Stapel, J. B1o92, B1o93
Starkloff, Bernd A859
Staudt, Erich B838, B839
Steden, Werner A721
Steffenhagen, Hartwig B1o94
Stegemann, Hagen D27
Steib, Thomas C111
Steigerwald, Heinrich J. A611
Stein, Otto B1o95
Steinberg, Heinz B1o96, D17
Steinbring, W. B185, B822, B886
Steinbuch, Karl B648
Steiner, Dietrich Wolfgang A175
Steiner, Gary A. A459, A46o
Steiner, Herbert A646
Steiner, Jost J. A256
Steiner, Rudolf A57
Steinmann, Horst C7
Steller, Werner H. J. A636
Steltzer, W. B1o97
Stelzl, Ingeborg B1o98
Stephan, Erhard A288, A542
Stern, Horst B1o99
Stern, Horst W. E. B11oo, B11o1
Stern, Mark E. A926
Stewart, William B. B11o2
Stingl, Josef D45
Störk, G. B11o3
Storck, H. D33
Stoljarow, Vitali B11o4
Stradner, Sieglinde C112
Stratoudakis, Panagiotis B5
Strauß, Wolfgang B329, B11o5
Strecker, Helmut A365
Strecker, Ivo A. A94
Strecker, O. D33
Streissler, Erich A3o4, B11o6
Streissler, Monika A3o4, A397
Strigel, W. H. A99
Stritzky, Otto von B11o7
Strolz, Walter B233
Strong, Lydia B11o8
Stroschein, Fritz-Reinhard A127, B11o9 bis B1112

Strothmann, K. H. A81o

Strothmann, Karl Heinz B1113, B1114, B1115

Strothmann, Karl-Heinz B1116 bis B1124

Strümpel, Burkhard A43o, A488, B1125

Stüber, Peter Rolf A319

Stürzer, Roland C113

Stüsser, Rolf B765

Stüsser, Rolf P. B1126

Stumm, Rudi B1127

Stumpf, Herbert A257

Sturm, Manfred B1128

Sulzer, Klaus C114

Sundhoff, Edmund A927, D46

Suthoff, K. B1129

Suthoff, Karl B113o

Swoboda, Friedrich B847

Szczepanski, Jan B1131

Tacke, Walter B1132 bis B1135

Tapfer, Teodorico C115

Taubert, Horst A61, B26

Teferra, Assrat A731

Teitelman, Samuel B1136

Tennstädt, Friedrich B1137

Tenschert, Dietmar C116

Teufel-Ottersbach, Annegrete B1138

Thabor, Alexandre A885

Thalheim, Karl C. B563, B1139

Thalmann, Ernst C117

Thielens, W. B632

Thienes, Otmar B231, B114o

Thilo, U. B1141

Thomae, Hans B367, B423, B1142

Thomas, Erwin B1143

Thümen, Karl-Heinrich von B1144

Tiburtius, Joachim B1139

Tiedtke, Horst A689, A77o

Tietz, Bruno A84, A884, A928, A929, B1145, B1146

Tietz, Reinhard B1147

Tillmann, Karl Georg B1148

Timaeus, Ernst B1149

Timm, Walter B115o

Timner, Detlev B1151

Titscher, Stefan B592

Todt, Horst B1152

Toman, Walter A543

Topf, W. B1153

Topritzhofer, E. B1154, B1155

Topritzhofer, Edgar A32o

Träger, Wolfgang B1156

Trauth, Peter J. B68, B1157

Trautmann B1158

Trautmann, W. P. A752, B1159

Triebenstein, Olaf B1139

Trommsdorf, Volker A582, B598

Troost, Hubert A2o2

Trux, Walter B116o

Treitschke, Carl-Heinrich A826

Tschammer-Osten, Berndt A398, B1161

Tschirner, Andreas A749

Tschopp, Hubertus G. A177
Uebel, Friedrich B1162
Überla, Karl A178
Uenk, Renate B1163
Uherek, Edgar W. B388
Uhlig, Christian B329
Uhlig, Friedrich B454
Ulmer, Eugen A621
Ulrich, Werner B118, B1164
Umbreit, Werner B1165
Ungern-Sternberg, Alexander von A597
Urbschat, Rudolf B1166
Utecht, Annerose A114, A248, A559
Utecht, Eberhard A713
Vahle, Hans A159
Vájna, Thomas B1128
Vater, Hans-Georg A321
Veblen, Thorstein A438
Vencour, Gerhard C118
Verdoorn, R. C119
Vershofen, Wilhelm A54, A353, B48, B248, B379, B38o, B381, B117o bis B1173, C44
Vieli, Georg Anton A55
Viertel, Oswald B1174
Vieten, G. B131
Vlach, Pavel A759
Vogel, Bernhard B7o4
Vogel, Gisbert B1175
Vogelsang, Ingo A489
Vogelsang, R. A. B159
Voget, Erdmuthe A414
Vogg, Erich B1176
Voigt, Bert A439
Voltmer, Dieter B1177
Vortmann, Heinz A36o
Voss, Gerd A259
Vyskovsky, Peter A49o
Wachholz, Friedbert B1178
Wack, Peter A521
Wagenführ, Horst A732, D51
Wagenführ, Rolf A213
Wagner, Alfred P. A612
Wagner, Hans-Ulrich B1179
Wagner, Karl-Heinz A367
Wahl, Dietrich A13o
Waitz, Hans Hermann B1181
Wakenhut, Roland A575
Wales, Hugh G. B247
Walker, Helen M. A179, A18o
Wallraff, Hermann J. B765
Walterspiel, Georg B118o
Walthelm, Veit A98
Waltuch, K. K. A368
Walz, Werner B1181
Wangenheim, Jobst von B1182
Wanner, Eckhardt A93o
Waschkau, Hans A322
Wassermann, Helmut C12o
Webb, Eugene J. A85
Weber, Adolf B1183
Weber, Helmut Kurt A86o
Weber, Karl B1184
Weber, Max B768
Weber, Pierre A181, B1185
Wehowski, Dieter P. A182
Weich, Götz A7o6
Weidmann, Angelika B1186
Weigt, Ernst B1187

Weihrauch, Josef-Dieter A583
Weinberg, Peter A9o8
Weinhold, Heinz A662
Weinhold-Stünzi, Heinz A931, A932
Weinschenck, G. D33
Weinthaler, Fritz B627
Weiskam, Jürgen A26o
Weisker, Jürgen A562, B1188 bis B1191
Weiss, Albin A761, B1192
Weiß, Hartmut A133
Weiss, Ulrich A766
Weissbarth, Reinhold B1193
Weißhuhn, Gernot A715
Wellenreuther, Helmut B1194
Weller, Thorismund B1195
Wellmann, Hans A576
Weltz, Friedrich A716, A722
Wendt, Friedrich B1o5o, B1196, B1197
Werth, Manfred A486
Wesemann, Hans Otto B1198
Wessels, Theodor A826, B543
Wettschureck, Gert B1199 bis B12o2
Wheelwright, Steven C. B7o6
Wickert, Günter A86, A87, A8o3, A8o4, B12o3, D51
Wieken, Klaus A498, B12o4
Wieken-Mayser, Maria A95, A129, A176, A289
Wieler, Gerda C121
Wiendieck, Gerd B251
Wiese, Leopold von B869, B87o
Wilbrandt, Hans B4o2, B12o5
Wildenmann, Rudolf B562
Wilhelm, Herbert A753, B12o6
Wilhelms, Christian B12o7
Wilitzki, Günter B12o8
Wilk, Liselotte B12o9
Wilkens, Otto A75o
Wilk-Ketels, Gudrun B121o
Willeke, Rainer J. B1211, B1212
William-Olsson, W. A214
Wilsdorf, Manfred B488
Wilsdorf, Steffen H. B1213, B1214
Wilson, Glenn D. B1215
Wimmer, Frank A98, A369
Winkler, Andreas B1216, B1217
Winkler, Gerhard A383
Winkler, Othmar C122
Wirichs, Ernst A69o
Wirz, Adolf A56
Wiswede, Günter A44o, A544, A545, B1218 bis B1224
Witte, Eberhard B1225
Witte, Sylvia D27
Witthaus, Bernd A261
Wittmann, Waldemar B245, B389, B58o
Wöhlken, Egon B629, B1226
Wölker, Herbert A491
Woermann, Emil B4o2
Wöss, Max C123

Wohlmann, Rainer B1227
Wold, Herman B1228
Wolf, Edgar B1229
Wolff, Janet L. A415
Wolffram, Rudolf A729
Worpitz, Hans B1231
Worpitz, Hans Georg B123o
Wrangell, Peter Frh. von B1232
Wülker, G. B1o89
Wülker, Gabriele B1233 bis B1236
Wüstendörfer, Werner A53o
Wuffli, Heinz R. B1237
Wulf, Jürgen A23o
Wurms, J. B156
Yankelovich, Daniel C16b
Zabratzky, George A613
Zahn, Ernest A43o, A441, B1238, B1239
Zander, Alvin B124o
Zankl, Hans Ludwig A584, B258
Zapf, R. D33
Zarn, Gerhard B1241
Zarth, Hans Rudolf B1242
Zehnpfennig, Helmut B952
Zeisel, Hans B1243
Zeller, Wilhelm B1244
Zerrahn, Kurt B1245
Zetterberg, Hans L. B1246
Ziegler, Herbert A. C124
Ziegler, M. D3o
Ziese, K. H. Rudolf C125
Ziesing, Hans-Joachim A736
Zimmermann, Daniel A755
Zimmermann, Ekkart A134
Zimmermann, Klaus A585
Zoll, Ralf A492
Zschocke, Jochen A37o
Zubin, Joseph B1o19
Züger, Rolf A733
Zurek, Ernst A637
Zur Nieden, Walter A762, B1247
Zweifel, Peter A323
Zwittkovits, Franz B456

## Institutionenregister

Absatzwirtschaftliche Gesellschaft D32

Akademie für Raumforschung und Landesplanung B274, B737

Amerika-Gedenkbibliothek D17

Arbeitsgemeinschaft Planungsrechnung AGPLAN B49o

Arbeitsgemeinschaft Marketing und Werbung C64

Arbeitsgemeinschaft der Verbraucherverbände AGV A498, B12o, B132

Arbeitsgemeinschaft der Wirtschaft für Produktdesign und Produktplanung Stuttgart A6o5

Arbeitskreis für betriebswirtschaftliche Markt- und Absatzforschung A824

Arbeitskreis Deutscher Marktforschungsinstitute ADM A831

Bayerisches Statistisches Landesamt A137, A146

Beamten-Einkauf Koblenz B499

Betriebswirtschaftliche Beratungsstelle für den Einzelhandel BBE A512, B874

Bremer Ausschuß für Wirtschaftsforschung A191, A192

Bund Deutscher Werbeberater B3o6

Bund Deutscher Werbeberater und Werbeleiter BDW B12o, B466

Bund für Lebensmittelrecht und Lebensmittelkunde B1198

Bundesarbeitsgemeinschaft der Mittel- und Großbetriebe des Einzelhandels A76o

Bundesminister für Arbeit und Sozialordnung A486, D15, D16

Bundesminister für Ernährung, Landwirtschaft und Forsten A373

Bundesministerium für Wirtschaft A343

Bundesstelle für Außenhandelsinformation A768, A769

Bundesverband der Deutschen Industrie BDI B35

Bundesverband deutscher Marktforscher BVM A114, A248, A559, A798, B22, B85, B127, B177, B231, B254, B347, B41o, B7o6, B8o6, B966, B968, B971, B1163, C33, D36

Bundesverband Industrieller Einkauf BIE A754

Bundesvereinigung der deutschen Ernährungsindustrie C52

Bureau of Applied Social Research, Columbia University B162, B163, B164

Centrale Marketinggesellschaft der Deutschen Agrarwirtschaft CMA, Marketing Ausland B263

Cornelius Stüssgen B463

Delta Marketingforschung A64, A156, A767, C3

Deutsche Gesellschaft für Betriebswirtschaft B54, B79, B383, B758, B1o1o, B1o54, B1o75

Deutsche Gesellschaft für Operations Research DGOR A8o9

Deutsche Gesellschaft für Publizistik- und Kommunikationswissenschaft D49

Deutsche Gruppe der Internationalen Handelskammer B975, D5

Deutsche Marketing Vereinigung D32

Deutsche Shell A7o6, B249, B76o bis B763, B855, B856, B1169

Deutsche Statistische Gesellschaft München A139, A141, A146

Deutsche Statistische Gesellschaft Wiesbaden B682, B682a, B682b, B682c, B683, B7o3, D19

Deutscher Bibliotheksverband. Arbeitsstelle für das Bibliothekswesen A66o

Deutscher Bundestag. Wissenschaftliche Dienste D31

Deutscher Industrie- und Handelstag DIHT A622, B1o53

Deutsches Industrieinstitut Köln B191

Deutsches Institut für Wirtschaftsforschung A715, A736, B29, B792

Deutsches Wirtschaftswissenschaftliches Institut für Fremdenverkehr an der Universität München B175

DIVO-INMAR A199, A2oo

DIVO-Institut A196, A197, A198, A562, A571, A572, A573, A646, A663

EMNID A1 bis A12, A4o7, A41o, A556, A8o5 bis A8o8, A814 bis A822, B215, B781, B811, B288, B1o78, B1o86, B1118, D34

Energiewirtschaftliches Institut an der Universität Köln A737

European Society for Opinion and Marketing Research E.S.O.M.A.R. B12, B363, B441, B457, B1o26, C27, C89, D8

Export Bureau Stockholm A214

Forschungsgesellschaft für Agrarpolitik und Agrarsoziologie A624, A637

Forschungsrat für Ernährung, Landwirtschaft und Forsten D28, D29

Forschungsstelle für Allgemeine und Textile Marktwirtschaft an der Universität Münster A212, A414, A791, B67o, C63

Forschungsstelle für empirische Sozialökonomik A334

Gallup-Gruppe B22o

Gesellschaft für Betriebsberatung des Handels B1o1

Gesellschaft der Freunde und Förderer des Hamburgischen Welt-Wirtschafts-Archivs B2o2

Gesellschaft für Führungstechnik B377

Gesellschaft für Licht, Farbe, Form und Material - Farbenzentrum B885

Gesellschaft für Marktforschung A377, A537, A793, B96o, C77, C117

Gesellschaft Werbeagenturen GWA D26

Gesellschaft für Wohnungs- und Siedlungswesen B1o56

GfK Gesellschaft für Konsum-, Markt- und Absatzforschung A288, A333, A494, A497, A792, A794, A826, A856, B248, B823, C125, D1, D1o, D12, D13, D37

GfM - Gesellschaft für Marktforschung B421, C38, C81

Görres-Gesellschaft B311, B765, B97o, B1126

gzm - Gesellschaft für Zeitungsmarketing und Media Markt Analysen B243

Hamburgisches Welt-Wirtschafts-Archiv HWWA D2, D3, D4, D6

Hauptgemeinschaft des Deutschen Einzelhandels HdE A512, B874

Heinrich Bauer Stiftung A281, D5o

Heinrich Pesch Haus Mannheim B7o4

Hochschule für Internationale Pädagogische Forschung A179

Hochschule für Ökonomie, Bibliothek C78

Ifo - Institut für Wirtschaftsforschung A7o1, A823, D3o, D35

IHA - Institut für Marktanalysen B42

Industrie- und Handelskammer zu Koblenz C8

Informationszentrum für sozialwissenschaftliche Forschung bei der Arbeitsgemeinschaft sozialwissenschaftlicher Institute D14

INFRATEST A797, B1o5

Institut für Absatz- und Verbrauchsforschung Nürnberg Zweigstelle Tiefenbach B248

Institut für Absatz- und Verbrauchsforschung an der Hochschule für Wirtschafts- und Sozialwissenschaften in Nürnberg A494, A497

Institut für Agrarpolitik und Marktforschung der Universität Bonn A637

Institut für angewandte Verbraucherforschung A346, A373, A498

Institut für Arbeitsmarkt- und Berufsforschung der Bundesanstalt für Arbeit D15, D16, D21, D22

Institut für Datenverarbeitung Dresden B2o

Institut für Demoskopie Allensbach A511, A549 bis A553, A56o, A574, C59, D7

Institut für Empirische Sozialforschung IFES A393

Institut zur Förderung öffentlicher Angelegenheiten A211, A832

Institut für Handelsforschung an der Universität zu Köln D46

Institut für Industrieforschung A194, B38o, C44 bis C48

Institut für Industriemarktforschung A8o1

Institut für Konsum- und Verhaltensforschung an der Universität des Saarlandes A472

Institut für landwirtschaftliche Beratung der landwirtschaftlichen Hochschule Hohenheim B9

Institut für landwirtschaftliche Marktforschung C51

Institut für landwirtschaftliche Marktlehre der landwirtschaftlichen Hochschule Hohenheim A624

Institut für Marktforschung Leipzig A757, D43

Institut für Markt- und Verbrauchsforschung der Freien Universität Berlin D24

Institut für Siedlungs- und Wohnungswesen der Westfälischen Wilhelms-Universität Münster B28, B998

Institut für Sozialforschung A279, B494

Institut für Sozialpsychologie der Universität zu Köln A18o

Institut für Sozialwissenschaftliche Forschung A722

Institut für Textilmarktforschung ITexM A639, B634

Institut für Wirtschaftsforschung ETH, Sektion Marktforschung A755

Intermarket, Gesellschaft für internationale Markt- und Meinungsforschung A343

Internationale Handelskammer IHK B176

IRES-Marketing B495

Kammer für Außenhandel in der Deutschen Demokratischen Republik A22o

Karl-Rößle-Vereinigung B118o

Konso, Institut für Konsumenten- und Sozialanalysen B94

Landesgewerbeamt Baden-Württemberg Stuttgart A494

Landwirtschaftliche Fakultät der Christian-Albrechts-Universität Kiel B4o1

Landwirtschaftlicher Auswertungs- und Informationsdienst A724

Marketing Journal, Gesellschaft für angewandtes Marketing D4o

Marktforschungsgemeinschaft beim Betriebswirtschaftlichen Institut der Technischen Hochschule Stuttgart A38

Marktforschungsstelle Zucker A629, A63o, A631

Media-Micro-Census B566

Nederlands Centrum voor Marketing Analyses A65o, A661

NEFF-Werke B518

Nestlê Unternehmungen Deutschland B1156

Nielsen Company Marketing Service B794

Österreichische Gesellschaft für Absatzwirtschaft D41

Österreichische Werbewissenschaftliche Gesellschaft B142

Österreichisches Institut für Wirtschaftsforschung B78o

Österreichisches Produktivitätszentrum C66

Österreichisches Statistisches Zentralamt A366

Philips-Marktforschung A4o

Rationalisierungs-Gemeinschaft des Handels beim RKW A5o1, A75o

Rationalisierungs-Gemeinschaft Industrieller Vertrieb und Einkauf im RKW A682, A795, A8o2

Rationalisierungs-Kuratorium der Deutschen Wirtschaft RKW A32, A275, A716, A722, A754, A827, B35, B586

Rheinisch-Westfälisches Institut für Wirtschaftsforschung B983

Schimmelpfeng A18, B282

Schweizer Reisekasse B725

Schweizerische Gesellschaft für Statistik und Volkswirtschaft B537

Schweizerische Stiftung für Angewandte Psychologie B15

Schweizerische Zentrale für Handelsförderung C114

Schweizerischer Fremdenverkehrsverband B725

Seminar für Industriebetriebslehre der Universität Köln A6o5

Seminar für Versicherungsbetriebslehre an der Universität München B888

Spiegel-Verlag Rudolf Augstein A412

Statistisches Bundesamt A145, A2o4

Stichting Speurwerk betreffende het Boek A648, A65o, A661

Stiftung "Im Grüene" A829

Studiengruppe für Sozialforschung A382

Studienkreis für Tourismus A93, A828
Südwestdeutscher Einzelhandelsverband A494, A495, A496
Syndict National des Éditeurs A647
Thompson, J. W. B298
Unifranck B944
Universität Bielefeld, Fakultät für Soziologie D52
Universitätsbibliothek der Technischen Universität Berlin A653
Verband Deutscher Diplom-Kaufleute B79, B1o54, B1o75
Verband der Verleger und Buchhändler in Baden-Württemberg B11o5
Verein Deutscher Ingenieure VDI B217
Verein Deutscher Maschinenbau-Anstalten VDMA B1o21
Vereinigung Betrieblicher Marktforscher Deutschlands VBM A811, A812, A825, A83o, B22
Vereinigung der Deutschen Marketing- und Verkaufsleiter-Clubs B354
Verlag DAS BESTE, Anzeigenredaktion A375, C57
Wickert-Institute für Markt- und Meinungsforschung D51
Wirtschaftliche Vereinigung Zucker B721
Zentralarchiv für empirische Sozialforschung der Universität zu Köln D27
Zentralinstitut für Wirtschaftswissenschaften der Deutschen Akademie der Wissenschaften zu Berlin D23
Zentralverband der Elektrotechnischen Industrie B493
Zentral-Verein für deutsche Binnenschiffahrt B1o31

## Sachregister

Absatzforschung A17, A22, A24, A25, A26, A74, A9o, A116, A133, A282, A687, A688, A758, B48, B53, B288, B383, B39o, B453, B642, B734, B751, B767, B846, B112o, B1216, C57, D5

Absatzplanung A42, A194, A674, A755, A861, A919, B3o9, B49o, B53o, B817, B851, B1o1o, B1o89, B1121, C76, C84

Absatzpolitik A524, A54o, A613, A654, A7o4, A764, A846, A849, A873, A888, A891, A892, A913, A92o, A922, A923, A925, B49, B1155, B1231, C58; s. auch Absatzwirtschaft/ Marketing

Absatzprognose A217, A219, A22o, A225, A231, A238, A239, A241, A244, A247, A257, A258, A259, A261, A274, A667, A713, B166, B184, B2o8, B521, B559, B565, B714, B728, B868, B9oo, B11o8, B1136, B1156, B1182, C11

Absatztheorie B594, B598

Absatzwirtschaft A861 bis A932, B186, B218, B221, B443, B522, B528, D12, D18

Ältere Menschen s. Marktsubjekte

Ärzte s. Marktsubjekte

Agrarmarkt s. Märkte

Aktionsforschung B133, B222, B1o88

Altersklasse B1168

Amtliche Statistik A145, A158, A193, B21, B117, B528, B1o67

Anspruchsniveau B423, B478

Anzeigenbeobachtung B24

Arbeitsmarkt s. Märkte

Ausbreitung s. Diffusionsforschung

Auslandsmarktforschung A767 bis A782, A799, A8o3, A8o4, A827, B2o6, B263, B345, B683, B813, B886, B913, B1o83, B1176, B1179, B1187, B12o8, B1242, C16a, C26, C74, C84, C98, C1oo, C114, D2o; s. auch Märkte, ausländische

Auswahlverfahren A135 bis A145, B484, B5o9, B585, B685, B891, B895, B943, B1o42; s. auch Gebietsauswahl/ Quoten-Verfahren/ Random-Verfahren/ Stichprobe

Auswertung A111, A133, A174, A19o, A2o1, A262, A665, A718, B162, B477, B5o3, B533, B668, B682, B682a, B682b, B682c, B686, B941, B1o43, B1213, C124; s. auch Tabellenanalyse

Automobilmarkt s. Märkte

Banken s. Betriebliche Marktforschung, Kreditinstitut

Baumarkt s. Märkte

Bedarf und Konsum A3o1, A328, A33o bis A37o, A6o9, A641, A7o7, A746, A748, A843, B287, B38o, B389, B515, B575, B583, B689, B749, B765, B8o9, B841, B92o, B93o, B932, B955, B991, B1o57, B1o72, B1o8o, B1o95, B1126, B1139, B1224, C91

Bedarfsänderungen und -schwankungen A339

Bedarfsforschung A171, A195, A2o1, A341, A345, A365, A638, A659, A673, A712, A746, B17, B1o1, B147, B918, B92o, C15, C25, C45, C46, C1o5

Bedarfsprognose A215, A756, A757, A759, A783, B998, B1193, C24, C29; s. auch Nachfrageprognose

Bedeutungsanalyse B557, B82o

Bedürfnis A324 bis A329, A368, B318, B389, B571, B651, B765, B774, B776, B933, B955, B963, B991, B1oo1, B1oo5, B1o95, B1139, C91, C1o7

Befragtenverhalten A1o5, A122, B135, B26o

Befragung A2o, A58, A96 bis A129, A143, A237, A542, B5, B18, B56, B65, B7o, B75, B138, B163, B185, B257, B259, B29o, B291, B293, B294, B32o, B36o, B391, B441, B442, B469, B472, B511, B554, B584, B612, B617, B643, B663, B696, B722, B746, B769, B792, B826, B859, B88o, B914, B942, B981, B1oo7, B1o35, B1o42, B1o49, B1o61, B1o71, B1o74, B11o3, B1174, B119o, B121o, C67, C113; s. auch Fragebogen/ Gruppeninterview/ Konsumentenbefragung/ Mitarbeiterbefragung/ Panel/ Tiefeninterview/ Umfragen/ Unternehmerbefragung

Befragung, mündliche A98, A123

Befragung, schriftliche A1o2, A121, A123, B359, B392, B766, B12o4, B12o9

Befragung, standardisierte A115, A126

Befragung, telefonische B1166, C69

Bekleidungsmarkt s. Märkte

Benutzerforschung s. Leserschaftsforschung

Beobachtung A88 bis A95, A133, A5oo, B33, B63, B76, B183, B265, B399, B5o2, B577, B579, B6o9, B614, B7o2, B713, B741, B842, B928

Beobachtung, teilnehmende A91, A93, B567, B647

Beschaffung A3o, A395, B23, B93, B119, B919

Beschaffungsmarktforschung A752, A754, B179, B959, B1159

Besitz A437, A526

Betriebliche Marktforschung A14, A21, A27, A35, A36, A39, A42, A49, A5o, A51, A55, A56, A14o, A251, A719, A795, A826, B13, B38, B39, B52, B58, B66, B73, B8o, B14o, B185, B262, B281, B333, B337, B351, B355, B395, B412, B452, B459, B462, B479, B5o4, B5o5, B555, B573, B589, B628, B63o, B689, B719, B766, B817, B873, B9o6, B912, B958, B961, B1o22, B1o47, B111o, B114o, B1153, B1165, C34, C47, C53, C55, C77, C93

- Dienstleistungsbetrieb B266

- Handel A247, A5oo, A5o1, A5o3, A51o, A512, A756 bis A762, B118, B18o, B675, B679, B874, B1o53, B1178, B1247, C32, C6o, C65, C73

- Handelsauskunftei A241

- Handwerk A527, A763, A765, C75

- Industrie A219, A225, A231, A244, A257, A259, A669, A67o, A673, A686, A687, A751 bis A755, A771, A779, B214, B5o1, B639, B878, B1o26, B1o33, B1119, B1122, C4o, C76, C79, C99, C115

- Investmentgesellschaft A764, B365

- Klein- und Mittelbetrieb A46, A47, A753, B34o, B348

- Kreditinstitut A766, B225, B228, B1237, C49, C92

- Öffentlicher Betrieb A215

- Sozialversicherung C88

- Verlag B375

- Versicherung A7o9 bis A712

- Sonstige Betriebe A763 bis A766

Betriebsforschung A36

Betriebsstatistik A175

Bevölkerungsstatistik A157, A166, A173, A183, A184, A185, A19o, A2o2, A2o6

Bibliographien C38, C63, C78, D1 bis D31

Bildung A215, A43o

Blickregistrierung A268

Buchmarkt s. Märkte

Chi-Quadrat-Test A156

Clusteranalyse B199, B1164

Datenaufbereitung s. Datenverarbeitung

Datenbeschaffung A79, A92, A1o3, A711

Datenverarbeitung A97, A262, A711, B89, B284, B35o, B465, B544, B62o, B626, B7o1, B7o3, B754, B772, B858, B978, B1o2o, B1o22, B1112, B1243

Datenverarbeitung, elektronische A219, A263, A5o7, B473, B474, B668

Demoskopie s. Meinungsforschung

Diffusionsforschung A522 bis A53o, B9, B97, B126, B178, B41o, B522, B534, B1o18, B1o94; s. auch Produkte, neue

Eigenschaften A269

Einkaufsstättenwahl A5o2

Einkommen und Verbrauch A3oo, A3o1, A378 bis A383, A643, B962, C61, C1o1

Einstellungen A58, A182, A284, A564, A575, A66o, B19, B36, B194, B531, B597, B691, B692, B1215

Einzelfallstudie B1o, B32, B361

Einzelhandels-Panel s. Panel

Empirische Sozialforschung A38, A57, A58, A62, A63, A65 bis A73, A75, A77, A8o bis A83, A89, A91, A95, A98, A112, A113, A129, A136, A176, A263, A289, A462, A832, B4, B1o9, B111, B21o, B321, B323, B443, B494, B539, B545, B574, B578, B582, B644, B645, B717, B718, B779, B79o, B872, B939, B946, B97o, B972, B1o81, B1234, D14, D27

Empirische Soziologie A6o, A61, A76, A555, B89o

Empirische Sprachforschung B929

Empirische Wirtschaftsforschung A38, A54, A784, A379, B743, B1225

Entwicklungsländer s. Märkte, ausländische

Erhebung A9o, A95, A129, B18, B154, B285, B374, B66o, B781, B783, B1114, B1119, B1134, C124; s. auch Befragung/ Beobachtung/ Repräsentativerhebung

Erstverwender B43

Erwartungen A453, A478, A586, A66o, B974

Experiment A89, A9o, A13o bis A134, B143, B174, B233, B269, B27o, B369, B553, B577, B61o, B615, B661, B731, B829, B9o8, B1o68, B1o98, B11o4, B1147, B1149; s. auch Gruppenexperiment/ Feldexperiment

Exportmarktforschung s. Auslandsmarktforschung

Faktorenanalyse A159, A178, B173, B316, B467, B9o3, B1118, B1164

Familie B324, B575

Fehler B343, B66o

Feldexperiment B143, B317, B968

Feldforschung A78, A91, A94, B77, B356, B357, B81o, B1186

Feldtheorie A477, A786, B127, B17o, B171, B1o58

Firmenimage A443, A578, A579, B699, B7oo

Firmentreue A5o2

Forschungstechniken und -methoden A131, A459, A5o4 bis A5o8, B432, B611, B616, B73o, B123o; s. auch Hypothesen/Modelle

Fragebogen A96, B67, B152, B168, B36o, B431, B433, B551, B592, B8o8, B98o, B1o34, B1111, B1233

Frauen s. Marktsubjekte

Freizeit A4oo, A4o2, A75o, B49, B113, B116, B117, B3o3, B747, C86, C1o3

Fremdenverkehr s. Märkte, Touristikmarkt

Funktionsanalyse B91

Gebietsauswahl A136

Gemeinsamer Markt s. Markt, gemeinsamer

Genuß A439

Gerontologie s. Marktsubjekte, Ältere Menschen

Gesamtwirtschaftliche Aspekte der Marktforschung B22, B226, B231, B252, B3o9, B328, B51o, B574, B666, B825, B843, B916, B99o, B993, B1125, C116

Geschmackswandlungen A354

Gewohnheiten B335, B448, B48o, B481, B514, B1135; s. auch Konsumgewohnheiten

Gleichförmigkeit B57

Graphisch-statistische Methoden A276, A285, B62o, B7o3

Grenznutzen A29o, A3o2, A319

Großzahlmethode A267

Gruppendiagnostik B3o4, B124o

Gruppendiskussion A279, B78, B7o7, B71o, B711, B712, B782

Gruppenexperiment B821

Gruppeninterview A117

Häufigkeit B295

Handel s. Betriebliche Marktforschung

Handelsstatistik A187

Handwerk s. Betriebliche Marktforschung

Haushalt, Haushaltstheorie s. Privater Haushalt

Haushalt, landwirtschaftlicher s. Landwirtschaftlicher Haushalt

Haushaltsanalyse A342

Haushaltspanel s. Panel

Haushaltsrechnungen s. Wirtschaftsrechnungen

Hautreaktion, galvanische A264

Hypothesen A74

Imageforschung A577 bis A585, B223, B283, B3oo, B464, B512, B556, B558, B564, B1o63, B1o64, B1o85, B1145, B1181, B1216, C49, C96; s. auch Firmenimage/ Markenimage/ Produktimage

Indexzahlen A188, B334

Industrie s. Betriebliche Marktforschung

Informationsbedarf B733

Informationsverhalten A486, B1122, C4; s. auch Konsumenteninformation

Infrastruktur A215, A749

Inhaltsanalyse B437, B491, B947, B949, B1o59

Innovation s. Produkte, neue

Instituts-Marktforschung A143, B28, B681

Interaktionsanalyse A1o4, A479, B33

Internationaler Markt s. Markt, internationaler

Internationaler Vergleich A191, A192, A656, A747, B98, B118, B273

Interregionaler Vergleich A721

Interview s. Befragung

Intervieweinfluß A1o9, A124

Interviewereinsatz B7o, B1o5, B1o6, B291, B292, B431, B519, B552, B722, B811, B1o35, B1124, B1188 bis B1191

Interviewerverhalten A1o4, A122, B25o, B251

Investitions- und Produktionsgütermarkt s. Märkte

Jugendliche s. Marktsubjekte

Kaufkraft, Kaufkraftkennziffern A191, A194, A2o3, A2o7, A214, A825, B129, B186, B2o3, B241, B248, B273, B274, B276, B53o, B531, B563, B62o, B739, B1o13, B1o15, B1o16

Kaufmotive A361, A414, A533, A539, A541, B197, C37, C67

Kaufprozeß A5o4, A5o6, A516

Kaufverhalten A74, A291, A292, A3o8, A316, A317, A32o, A412, A414, A415, A493 bis A521, A586, A654, A727, B47, B15o, B243, B385, B521, B535, B568, B6o4, B72o, B1o36, B1o51, B11o5, B1154, B1155, B1162, C6, C8, C2o, C68; s. auch Aktionsforschung

Kennzahlen A189, A212, B37o, B86o, B1o12, B1o14, B1o37; s. auch Indexzahlen/ Kaufkraft, Kaufkraftkennziffern/ Marktkennzahlen

Kirche s. Nichtwirtschaftliche Anwendungsgebiete

Klassifikation A287, B441

Kognitive Dissonanz A3o8, B269, B271

Kommunikation A1oo; s. auch Marktkommunikation

Konjunktur A1o1, A334, A336, B29, B626, B7o5, B792, D3o

Konkurrenzanalyse A36, B232, B3o2, B377, B463, B1138

Konsum s. Bedarf und Konsum; s. auch Konsumtheorie/ Massenkonsum, Privater Verbrauch

Konsumänderungen A322, A332, A347, B81, B12o, B7o4, B716, B852, B993, B999, B115o, C21, C31, C94

Konsument A335, A928, B95, B121, B272, B466, B623, B93o, B932, B1o63, B1157, B1171, B1217, B1222, B1232, C12

Konsumentenbeeinflussung A444, A448

Konsumentenbefragung A99, A1o6, A1o7, A11o, A115

Konsumentenerziehung A3o5

Konsumenteninformation A395, A475, A484, A49o, A617, B145, B224, B6o7, C12o

Konsumentensouveränität A367, B424, B9o4, B1o28

Konsumententypologie A34o, B48, B85, B86, B347, B862

Konsumentenverhalten A232, A296, A313, A321, A343, A346, A349, A353, A355, A367, A369, A382, A394, A413, A417, A419, A424, A425, A426, A43o, A434, A44o, A448, A462, A467 bis A47o, A472, A474, A489, A5o8, A513, A528, A536, A545, A578, A581, A727, A743, A836, B2, B5o, B51, B57, B68, B9o, B136, B198, B382, B4oo, B424, B532, B568, B575, B595, B667, B745, B748, B75o, B753, B768, B848, B861, B882, B1125, C7, C21, C27, C43, C54, C58, C61, C112

Konsumerismus B77o, B771

Konsumforschung A17, A19, A54, A125, A334, A342, A749, A792, A8o5 bis A8o8, A814 bis A822, B11, B48, B79, B8o, B144, B242, B351, B463, B554, B675, B727, B764, B994, B1o54, B1o62, B1o69, B1223, B1238, B1244, C1, D1, D24

Konsumfunktion A293, A298, A3o3

Konsumgewohnheiten A371 bis A377, B275, B277, B747, B1168, C18, C89, C94, C117

Konsumneigung A31o, B788

Konsumpsychologie B835, B1232, C9, C14

Konsumsoziologie A374, A378, A416 bis A441, A492, B869, A87o, B926, B935, B944, B945, B1218

Konsumtheorie A162, A29o bis A323, A468, B386, B595, B667, B725, B921, B11o6, C1o2, C121

Konsumwandel s. Konsumänderungen

Konsumzwang A399, B353

Kontrollkäufe B267
Kooperative Marktforschung A769, B634
Korrelationsrechnung A195, B54o, B593
Kritik an der Marktforschung A548, A565, A835, B753, B77o, B966, B1o11
Kundenforschung A5oo, A512, A514, A763, B177, B282, B283, B358
Laboratoriumsexperiment B27o, B1149
Ladenöffnungszeiten A498
Landwirte s. Marktsubjekte
Landwirtschaft s. Märkte, Agrarmarkt
Landwirtschaftliche Marktforschung s. Märkte, Agrarmarkt
Landwirtschaftlicher Haushalt A386, A394, A396, B995
Laufkunde s. Kundenforschung
Lebenshaltung A188, A192, A35o, A523, B334, B768, B793
Lebensstandard A331, A36o, A377, A742, B26, B146, B793
Lebenszyklus s. Produktlebenszyklus
Lebenszyklus der Familie A387
Lernprozeß B5o, B51, B6o4
Leserschaftsforschung A27o, A273, A645 bis A648, A65o, A652, A653, A656, A658, A66o, B326, B451, B566, B924
Luxus A431, A433, A436, B899, B956
Männliche Marktsubjekte s. Marktsubjekte
Märkte; s. auch Produkt- und Marktregister
- Agrarmarkt A147, A218, A221, A529, A723 bis A733, B29, B126, B2o1, B263, B4o1, B4o2, B582, B599, B642, B843, B844, B881, B977, B995, B1175, B12o5, B1226, C16a, C111, D28, D29
- Arbeitsmarkt A23o, A452, A714 bis A722, B11o, B147, B28o, B384, C41, D15, D16, D21, D22
- Automobilmarkt A216, A257, A691 bis A695, A825, B249, B52o, B57o, B76o bis B763, B855, B856, B982, B983, B1144, B1169, B1177, C17
- Baumarkt A261, A696 bis A699, A714, A773, A781, B17, B28, B113, B131, B419, B693, B998, B1o56
- Bekleidungsmarkt A195, A212, A219, A372, A379, A38o, A414, A432, A519, A638 bis A644, A791, B67o, C112
- Buchmarkt A1o2, A4o6, A496, A645 bis A662, B326, B329, B375, B454, B455, B566, B1o96, B11o5, D17

Märkte (Fortsetzung)

- Investitions- und Produktionsgütermarkt A2o8, A22o, A225, A237, A254, A493, A516, A6o3, A667 bis A69o, A774, A8o1, B14o, B157, B161, B187, B3o8, B313, B398, B453, B548, B59o, B783, B784, B878, B954, B96o, B1113, B1114, B1117, B1123, B1124, B1192, C24, C76, C1o5
- Nahrungs- und Genußmittelmarkt A88, A153, A162, A21o, A244, A314, A373, A383, A495, A583, A623 bis A637, A823, B47, B144, B15o, B336, B653, B751, B795, B845, B852, B1151, C29, C3o, C52, C65, C94, C1o1
- Touristikmarkt A93, A414, A663 bis A666, A828, B36, B1o1, B167, B175, B341, B346, B399, B4o8, B4o9, B461, B545, B725, B746, B747, B9o9, B921, B973, B974, B1148, B1152, B118o, B1227, C71, C95, C96
- Verkehrsmarkt A215, A245, A7oo bis A7o6, A858, B464, B911, B1o31, B1148
- Versicherungsmarkt A7o7 bis A713, B142, B327, B33o, B331, B888, B1o91, C88
- Sonstige Märkte A734 bis A75o; s. auch Produkt- und Marktregister

Märkte, ausländische

- Ägypten A768
- Äthiopien A769
- Afrika B883
- Amerika A99, A435, A583, A748, C79, C1o8
- Asien B1233, C11o
- Australien A769, B759
- Belgien B517
- CSSR B12
- Entwicklungsländer A22o, A774, B688, B1187, B1234, B1236
- Europa A245, A275, A4o6, A64o, A72o, A731, A767, A799, A8o3, A8o4, B3, B2o3, B2o4, B555, B599, B1o8o, B1o89, B12o3, C118; s. auch Marktforschung, europäische
- Frankreich A192, A499, A647, B214, B619, B652, B877
- Griechenland A769
- Großbritannien A245
- Indien B181, B182
- Iran A769
- Italien B694
- Japan A768
- Korea A769
- Libanon B915

Märkte, ausländische (Forstsetzung)
- Malaysia B371
- Marokko A769
- Niederlande A648, A649, A65o, A661, B517
- Nigeria A22o
- Nordamerika B684
- Österreich A194, A34o, A366, A393, B38o, B847, C45 bis C49
- Osteuropa A36o
- Schweiz A56, A147, A177, A183 bis A186, A244, A253, A323, A342, A377, A633, A642, A665, A672, A676, A714, A733, A755, B15, B16, B17, B94
- Skandinavien A245
- Sowjetunion A356
- Sudan A768
- Südamerika C5o
- Südostasien B513, B787, B1235
- Syrien A768
- Übersee A772, A799, B1o89
- USA A266, A288, A354, A462, A634, A782, B489, B623, C66, C83
- Vereinigte Arabische Republik B1
- Westeuropa A7o8, C5o
- Zentralafrika B884

Markenartikel A511, A56o, A574, A58o, A593, A657, B639, B112o, C99, C117, D13

Markenimage A443, A579, B699, B7oo

Markenkenntnis B678

Markentreue A5o9, B521, B596

Markenwahl A32o, A5o8

Marketing A23, A84, A3o8, A316, A329, A448, A472, A48o, A5o2, A58o, A582, A588, A782, A8o9, A864 bis A868, A87o, A871, A872, A874, A875, A877, A879, A88o, A882, A885 bis A89o, A896, A897, A9oo bis A911, A914 bis A918, A92o, A924, A926, A929, A93o, A931, B49, B84, B176, B225, B228, B278, B329, B33o, B331, B336, B435, B462, B569, B631, B65o, B671, B684, B771, B836, B1o63, C89, D25; s. auch Absatzpolitik/ Absatzwirtschaft

Markt, gemeinsamer A214, A731, B1115, B1116

Markt, internationaler A629, A675, A7oo, A736, A747, A768, A769, A788, A891, B336, B436; s. auch Marktforschung, internationale

Marktanteil A151, B332, B831

Markteinführung s. Produkte, neue

Marktentnahme A54, A333

Marktfaktoren B664

Marktformen A849, A853, A854, A86o

Marktforscher A8o4, B32, B381, B111o, C44

Marktforschung, allgemein A1 bis A56, B35, B53, B54, B59, B6o, B99, B19o, B217, B311, B536, B537, B581, B6o2, B638, B665, B738, B824, B827, B922, B1o24, B117o, C51, C116, C119

Marktforschung, Einzelfragen A835 bis A839, B62, B92, B254, B3o6, B312, B387, B4o6, B456, B5o8, B549, B55o, B619, B656, B74o, B758, B775, B794, B822, B87o, B876, B923, B1oo2, B1o39, B1o75, B1o76, B1o77, B1o82, B1115, B1116, B1158, C72, C81, C87

Marktforschung, europäische A275, A655, A827, B8o1, B961

Marktforschung, internationale B2o2, B22o, B5o1, B515, B64o, B785, B786, B867, B1o79, B1o81, B1o92, B12o8

Marktforschungsinstitute A792 bis A795, A797, A799, A8oo, A8o3, A831, B64, B158, B191, B215, B22o, B227, B229, B299, B446, B452, B468, B8oo, B815, B823, B875, B1o25, B1o78, B1o86, B1o99, B1132, B1133; s. auch Instituts-Marktforschung

Marktforschungstätigkeit A792 bis A8o4, A83o, A831, B52, B55, B64, B141, B151, B524, B525, B526, B636, B8o3, B8o6, B975, B1o23, B1o87, B1132, B1133, B1167, C123

Marktinformationen A489, B69

Marktkennzahlen, Marktstatistik A183 bis A214, B94, B527

Marktkommunikation A469, A599, A85o

Marktmodelle A458, A716, A846, A859, A888, B744

Marktperiode B246

Marktpsychologie A442 bis A458, A471, B15, B81, B87, B88, B137, B2o7, B3o1, B3o7, B338, B347, B42o, B499, B594, B736, B835, B986, B1oo5, B1o65, B1o66

Marktsättigung A739, A852, A857, B148, B52o

Marktsegmentierung A284, A337, A376, B621, B83o, B862, B9oo, C16b

Marktsoziologie A416, A511, B121, B134, B242, B57o, B594, B633, B934, B971, B1246, C3, C56, C68, C1o9

Marktstellung A151

Marktstruktur A27, A624, A627, A637, A657, A661, A68o, A7oo, A747, A842, B1152, B1183, B1245

Marktsubjekte A399 bis A415
- Ältere Menschen B114, B795, C64
- Ärzte B178
- Frauen A4o3, A414, A415, B427, C2o, C1o3, C112
- Jugendliche A399 bis A4o2, A4o4 bis A411, A413, A536, B112, B4oo, B774, C112
- Landwirte A493
- Männer A412, C2o

Markttest A271, A274, A286, A858, B239, B24o, B4o3, B457, B1o17, C42

Markttheorie A487, A491, A696, A7o3, A73o, A84o bis A86o, B44, B148, B211, B212, B38o, B425, B499, B591, B631, B657, B744, B752, B756, B757, B879, B963, B99o, B1oo6, B1152, B12o6, B1211, B1212, C41, C1o9

Markttransparenz A27, A484, A616, B43o, B6o8, B927

Marktvolumen s. Marktanteil

Massenerscheinungen A139

Massenkonsum A371, A423, A471

Mathematisch-statistische Methoden A146 bis A182, A2o1, A24o, A291, A3o3, A3o9, A311, A322, A364, A563, A575, A625, A684, A693, A694, A735, A785, B14, B3o, B45, B122, B123, B124, B155, B156, B169, B188, B289, B332, B349, B373, B374, B385, B394, B4o4, B428, B429, B475, B476, B484, B487, B543, B547, B593, B622, B635, B668, B682, B682a, B682b, B682c, B687, B7o8, B7o9, B723, B773, B791, B814, B853, B957, B964, B965, B982, B983, B994, B996, B1oo8, B1oo9, B1o57, B1o69, B1o7o, B11o2, B116o, B1185, B12o7, C15, C19, C33, D19; s. auch Auswahlverfahren/ Großzahlmethode/ Korrelationsrechnung/ Multivariate Verfahren

Medienforschung B224, B255, B256, B669, B777, B997, C82

Meinungen A182, A458, B167, B346, B4o8, B4o9

Meinungsbildung A445

Meinungsforschung A48, A86, A87, A119, A125, A154, A546 bis A576, A658, A8o3, A8o4, A828, A832, A835, A838, A839, B27, B71, B1o8, B111, B191, B216, B234, B325, B352, B489, B495, B6o2, B6o3, B646, B787, B789, B792, B799, B8o4, B8o5, B854, B884, B91o, B936, B948, B95o, B951, B1o11, B1o4o, B1o41, B1o6o, B1o73, B1o78, B1o97, B1148, B1163, B1233, C36, C59, C66, C8o, C1o8, D8, D9; s. auch Öffentliche Meinung

Meinungsführer, -bildner B535, B1o38, B1o93

Meinungslose A113

Meßverfahren A6o, A269, A272, B515, B516, B597, B64o

Meßverfahren, nicht-reaktive A59, A85, B8

Methoden und Techniken, allgemein A16, A37, A57 bis A87, A681, A682, A689, A7o7, B2o, B28, B61, B189, B6o5, B89o, B1o5o, B1o55; s. auch Empirische Sozialforschung

Methoden und Techniken, sonstige A262 bis A289, B8, B16o, B23o, B321, B362, B4o5, B413, B417, B44o, B47o, B6o1, B979, B1o48, B1o49, B11o3, B1131, B1241, C27

Mitarbeiterbefragung A114

Mittelständischer Betrieb s. Betriebliche Marktforschung, Klein- und Mittelbetrieb

Mode A418, A42o, A421, A432, A639, B72, B576, B58o, B6o6, B1219, C1o6, D1, D11

Modelle, Modellverfahren A7o, A154, A232, A253, A295, A316, A32o, A322, A356, B1o7, B471, B1o68; s. auch Marktmodelle

Motivforschung A361, A455, A531 bis A545, A811, A828, A829, A835, B82, B1o3, B157, B172, B193, B195, B196, B2o9, B247, B298, B339, B367, B378, B396, B397, B411, B416, B418, B423, B434, B45o, B568, B572, B613, B618, B649, B655, B799, B812, B816, B837, B866, B917, B967, B974, B1o88, B1142, B122o, B1221; s. auch Kaufmotive

Multivariate Verfahren B122, B123, B124, B2oo, B314, B9o9, B1164; s. auch Clusteranalyse/ Faktorenanalyse/ Skalierung

Nachahmung A417

Nachfrage A212, A469, A628, A693, A694, A7o1, A7o2, A713, A728, A729, A731, A734, A735, A745, A844, A859, A893, B13o, B211, B212, B6oo, B653, B67o, B9o5, C52, C122

Nachfrageanalyse A147, A153, A158, A177, A2o9, A21o, A691, B629, B992, B994, B1228

Nachfragefunktion A295, A312

Nachfrageprognose A218, A226, A237, A243, A245, A25o, A254, A256, A314, A691, A694, A7o1, B67o, B1146, C52, C1o4; s. auch Bedarfsprognose

Nachfragetheorie A3o1, A3o4, A3o7, A311, A312, A314, A318, A319, A729, B633; s. auch Konsumtheorie

Nahrungs- und Genußmittelmarkt s. Märkte

Nichtwirtschaftliche Anwendungsgebiete

- Kirche A558, C8o
- Politik A548, A559, A561, A567 bis A57o
- Rechtspraxis A12o, A8oo, B363, B364, B641; s. auch Meinungsforschung
- Sozial-humanitäre Einrichtungen A215

Nutzen A338, B389, C125

Obsoleszens s. Produktveralterung

Öffentliche Meinung A549 bis A553, A556, A561, B142, B426, B69o, B797, B798, B863, B1237

Ökonometrie s. Mathematisch-statistische Methoden

Panel A265, A282, B4o, B41, B42, B1oo, B2o4, B337, B421, B485, B498, B538, B632, B654, B658, B659, B732, B742, B769, B777, B778, B831, B1o26, B1o27, B1o46, B11oo, B11o1, B1127, B1214

Polaritätsprofil B235

Politik s. Nichtwirtschaftliche Anwendungsgebiete

Preisanalyse A162, A689, A738, B624, B625, B677

Preispolitik B1oo4

Prestige A433, A436, A464, B59o, C125

Privater Haushalt A29o, A3o6, A342, A378, A381, A384 bis A398, A485, A519, A52o, A625, A737, A766, B15o, B238, B286, B735, B749, B85o, B9o7, B989, B993, B999, B1o57, B1161, B1174, C4, C22, C31, C91; s. auch Landwirtschaftlicher Haushalt

Privater Verbrauch A2o5, A3o9, A315, A33o, A366, B575, B698, B78o, B877

Produkte, neue A274, A587, A589, A591, A592, A593, A597, A6o8, A6o9, A611, A612, A613, A674, B31, B45, B97, B165, B342, B344, B521, B546, B586, B587, B819, B838, B846, B887, C5, C39, C97, C1o4; s. auch Diffusionsforschung

Produktforschung, allgemein A36, A586 bis A613, B219, B482, B676, B94o, C14, C26; s. auch Verpackung

Produktgestaltung A595, A634, B94o, B11o9

Produktimage A578, A582, A583, B699, B7oo, C9

Produktinnovation s. Produkte, neue

Produktlebenszyklus A239, A598, B149, B11o7, C1o, C13

Produktpolitik B9o2

Produkttest B393, B624, B625; s. auch Warentest

Produktveralterung A596, B1173

Prognose A183, A185, A453, A513, A635, A64o, A644, A649, A661, A7o6, A715, A726, A736, A737, A812, A823, A824, A825, B6, B7, B31, B34, B37, B73, B192, B237, B249, B34o, B354, B395, B4o7, B414, B415, B439, B444, B448, B518, B569, B597, B623, B648, B65o, B697, B715, B723, B76o bis B763, B8o7, B8o9, B818, B839, B855, B856, B865, B889, B911, B926, B969, B1o52, B11o8, B113o, B1169, B1184, B1226, B1229, D23, D31; s. auch Absatzprognose/ Bedarfsprognose/ Erwartungen/ Nachfrageprognose

Prognosemethoden A215 bis A261, A5o8, A8o9, A813, B118, B155, B159, B188, B279, B3o5, B31o, B322, B372, B373, B4o4, B428, B435, B449, B523, B627, B649, B7o6, B726, B729, B73o, B831, B833, B864, B957, B1oo9, B1o1o, B1o19, B1o29, B1o8o, B1o9o, B11o2, B1119, B116o, B1184, D23, D31

Punktgruppenanalyse B1o44

Psychologie A47o, B83, B84, B384, B433, B835, B986, B997, B1o6o, B1o61, C27; s. auch Marktpsychologie/ Werbepsychologie/ Wirtschaftspsychologie/ Sozialpsychologie

Qualität A325, A369, A84o

Querschnitt-Test B132

Quoten-Verfahren A142, B319, B542

Random-Verfahren B292, B542, B1128

Rechtliche Grundlagen der Marktforschung A557, B71, B132, B176, B216; s. auch Warentest

Rechtspraxis s. Nichtwirtschaftliche Anwendungsgebiete

Regionalmarktforschung A142, A189, A194, A2o3, A212, A783 bis A791, B96, B366, B5oo, B675, B737, C28, C46, C94; s. auch Märkte, ausländische/ Märkte, Touristikmarkt

Regionalstatistik A2o4

Reisen s. Märkte, Touristikmarkt

Repräsentativerhebung A143, B29o, B296, B792, B119o

Sample, Sampling s. Stichprobe

Schichtung, soziale s. Soziale Schichtung

Segmentierung s. Marktsegmentierung

Sekundäranalyse B21, B56o, B628, B893, B897, B964, B1oo8, B1179

Skalierung A182, A575, B261, B264, B315, B588, B894, B898, B9o1, B952, B1164

Sortiment A5o3

Soziale Schichtung A164, A378, B23o, B236, B1224, B1227, B1239, C2

Sozialforschung s. Empirische Sozialforschung

Sozial-humanitäre Einrichtungen s. Nichtwirtschaftliche Anwendungsgebiete

Sozialistische Marktforschung A39, A62, A77, A1o6, A1o7, A11o, A13o, A15o, A159, A17o, A22o, A223, A233, A235, A236, A324, A331, A341, A344, A352, A356 bis A359, A362, A364, A365, A368, A383, A6o9, A641, A651, A685, A744, A756, A757, A77o, B12, B2o, B125, B1139, C19, C24, C29, C86, C1o1, C1o5

Sozialökologie B422

Sozialpsychologie A124, A465, A47o, A56o, B48, B139, B662, B924, D17

Soziologie s. Empirische Soziologie/ Konsumsoziologie/ Marktsoziologie

Sparen A298, A461, A462, A466, A482, A486, B318, B385, B488, B695

Sprachforschung s. Empirische Sprachforschung

Standort s. Regionalmarktforschung

Statistik s. Mathematisch-statistische Methoden; s. auch Amtliche Statistik/ Bevölkerungsstatistik/ Betriebsstatistik/ Handelsstatistik/ Marktkennzahlen, Marktstatistik/ Regionalstatistik

Statussymbole B128

Stereotyp A28o, B46

Stichprobe A96, A135, A137, A138, A139, A141, A144, A145, A146, A711, B164, B297, B313, B391, B5o6, B5o7, B529, B539, B541, B724, B832, B1137; s. auch Quoten-Verfahren, Random-Verfahren

Strohabstimmung A288

Substitution A697

Tabellenanalyse A97, B976

Tagungsberichte A8o5 bis A834

Techniken s. Methoden und Techniken, allgemein

Test A148, A272, A277, A278, A283, B169, B244, B25o, B282, B292, B349, B46o, B496, B497, B678, B68o, B836, B925; s. auch Markttest/ Produkttest/ Querschnitt-Test

Testmarkt s. Markttest

Tiefeninterview A116, B138

Touristikmarkt s. Märkte

Typologien A281; s. auch Konsumententypologie

Umfragen A1o8, A118, A119, A12o, A28o, A343, A548, A554, A571, A572, A573, A576, A63o, A631, A755, A795, B228, B235, B291, B319, B363, B495, B561, B562, B796, B8o2, B871, B885, B937, B938, B1ooo, B1137, B1244, C35, C8o, D7, D3o

Unternehmerbefragung A99, A1o1

Unternehmerverhalten A467, A47o, A853, A857, C54

Verbandsmarktforschung A8o2, B187, B2o5, B492, B493, B721, B834, B84o, B953, B1o25, B1141

Verbrauch s. Bedarf und Konsum

Verbrauch, privater s. Privater Verbrauch

Verbraucher s. Konsument

Verbraucherbefragung s. Konsumentenbefragung

Verbraucherverhalten s. Konsumentenverhalten

Verbrauchsänderungen s. Konsumänderungen

Verbrauchsforschung s. Konsumforschung

Verbrauchsgewohnheiten s. Konsumgewohnheiten

Vergleich, internationaler s. Internationaler Vergleich

Verhaltensforschung, allgemein A328, A329, A455, A459 bis A492, A722, A768, A769, A776, A828, A834, B44, B46, B2oo, B368, B572, B695, B857, B911, B928, B931, B984, B985, B987, B988, B989, B1o32, B122o, C6, C1o2; s. auch Kaufverhalten/ Konsumentenverhalten/ Unternehmerverhalten

Verkehrsmarkt s. Märkte

Verpackung A599, A6o1, A6o6, A61o, B1151, C65, C7o, C85

Versicherungsbetrieb s. Betriebliche Marktforschung

Versicherungsmarkt s. Märkte

Versuchsleiter A124

Versuchspersonen A124

Vertrieb s. Absatzwirtschaft

Voraussage s. Prognose

Wandlungen s. Bedarfsänderungen/ Konsumänderungen

Warentest A614 bis A622, B74, B153, B483, B672, B673, B1oo3, B1143

Weibliche Marktsubjekte s. Marktsubjekte

Weltmarkt s. Markt, internationaler

Werbepsychologie A446, A447, A456

Werbung A36, A48, A87, A2o7, A264, A376, A445, A447, A5o5, A515, A539, A541, A564, A6o2, A634, A678, A71o, A723, A732, A764, A8o6, A8o7, A8o8, A814 bis A822, A825, A914, B13, B25, B83, B175, B258, B299, B388, B413, B417, B445, B446, B447, B468, B573, B755, B849, B968, B1o21, B1o45, B1o53, B1o84, B1o99, B1117, B1118, B1122, B1129, B1172, B123o, C55, C62, C7o, C98, C1o7, D12, D18, D26

Wettbewerb s. Markttheorie

Wirkungsforschung B1o2

Wirtschaftsforschung s. Empirische Wirtschaftsforschung

Wirtschaftspsychologie A442, A449, A452, A453, A454, A457, A476

Wirtschaftsrechnungen A153, A2o1, A3o2

Wohlstand A424, A428, A429, A43o, A433, A436, A441, B1o4, B137, B194, B353

Zählung A141

## Produkt- und Marktregister

Ackerschlepper A254
Agrarprodukte A729, B844
Arzneimittel A744, B1oo
Aufzüge A781
Azetylen A74o
Baumwolle C28
Baustoffe A697
Beherbergung B1o1, B1152, B118o
Bier B15o, B852
Brot A373, A636
Buntmetallhalbzeug A686
Computer B648
Dienstleistungen A2o1, A215, A533, B97, B266, B438, C1o3
Düngemittel A726
Eier A221, A637, A731
Einzelhandelswaren B1146
Eisenwaren A68o
Elektro-Haushaltsgeräte B1o8o
Elektromedzinische Erzeugnisse C5o
Elektrowaren C115
Energieversorgung A215, A736, A737, A825, B37, B223, B237, B764
Erdgas A734
Fahrzeugteile C17
Fahrzeugzubehör C17
Fernsehgeräte A525, B113o
Fertigwaren A339
Finanzmarkt A741, A747, B365
Fisch A637
Flaschenkellereimaschinen A69o
Fleisch A314, A373, A624, A637
Fotoartikel A496
Freizeitmarkt A37o, B115
Gasversorgung A738

Gebrauchsgüter A684, B732, B1162, C115
Geld A4o4, A476, A486, B194
Gemüse A635, A637, C94
Genußmittel A495
Getränke A633, A823, B144, B15o, B336, B653, B751
Getreide A728, A637
Grundstoffe B1121, B1182
Güterverkehr A245, A7o3
Haushalt-Großgeräte B518, B1245
Haushaltsgüter A739, B93, B1o3o, B1o8o, C115
Haushaltskühlschränke A735
Heizgeräte B84o
Heizungstechnische Materialien A261
Hochbau A698, A714
Holz A218, A723, A732
Holzprodukte A742
Holzwerkstoffe A259, A742
Industriewaren A177, A2o1, A597, C19
Kabel A2o8
Käse A626
Kaffee B845
Kartoffel A637, A727
Kernobst A21o
Kochgeräte B84o
Kohle A738
Kollektive Güter A215, A749
Konsumgüter A1o6, A231, A256, A271, A3o8, A318, A337, A359, A365, A412, A5o4, A524, A526, A587, A591, A594, A6o9, A735, A745, A748, A751, A783, A852, A882, B34, B45, B355, B458, B5o1, B596, B631, B639, B674, B681, B828, B96o, C22, C25, C7o, C86, C122
Kosmetika A495
Kraftstoffe A515, C23
Kraftverkehrsversicherung A711
Kunststoffe A699, C79
Lacke A771
Landmaschinen A237, A254, A493, A6o3
Lastwagen A667

Lebensmittel A373, B47, C65
Lebensversicherung A7o9, A713
Lieferwagen A667
Luftverkehr A215, A7oo, A7o2, A7o4, A7o5
Mähdrescher A237, A6o3
Margarine A627
Mehl A634
Meß- und Prüfeinrichtungen A689
Milch A373, A632, A637
Mineralöl A738, B37, B53o
Möbel A682, A742, A746
Mühlenprodukte A634
Musikinstrumente C4o
Nachrichtenverkehr A215
Nähmaschinen A779
Nahrungsfette A373, A637
Nahrungsmittel A162, A383, A495, A583, A625, A628, A635, C29, C52
Nicht-Lebensmittel A52o
Nutzfahrzeuge A667
Oberbekleidung A195, A641, A642, A643, C112
Obst A637
Omnibusse A667
Papier A742
Personenkraftwagen A216, A692, A693, A694, A695, B52o, B76o, B762, B763, B856, B1169, B1177
Personenverkehr A7o1
Putzmittel A495, C99
Radiogeräte A743
Rechtsschutz B641
Registrierkassen A516
Reinigungsmittel A495
Rohrleitungsverkehr A215
Rohstoffe B1113
Schienenverkehr A215
Schiffahrt A215
Schiffbau A675, A685

Schlachtgeflügel A221
Schlachtvieh A624, A637
Schnittholz A742
Schokolade A244
Schuhe A638
Schweinefleisch A147
Sekt B15o
Seeversicherung A7o8
Sozialversicherung C88
Spezialmaschinen A683
Spirituosen A623, B15o
Stahl A669, A67o, A671, A676
Stahlbau B1141
Steuerberatung B1134
Stromversorgung A226, A25o, A738
Tabakwaren A496
Taschenbücher B455
Textilgewebe A219
Textilien A212, A38o, A519, A639, A64o, A644, A791, B67o, C1o6, D11
Tiefbau A714
Transformationszwischenprodukte A688
Verbrauchsgüter A314, A414, B354, B565, B1127
Verkehrsmittel B464, B1148
Warenverkehr B911
Wascheinrichtungen B1174
Waschmittel A495
Wasserversorgung A215
Wein A637
Werkstoffe A533
Werkzeugmaschinen C24
Wirk- und Strickwaren A372
Wohnraumtextilien C9o
Wohnungsbau A696, A699, B17, B113, B419, B693, B998, B1o56
Zeitschriften A1o2
Zigaretten B1151
Zigarren C3o
Zucker A629, A63o, A631, A731

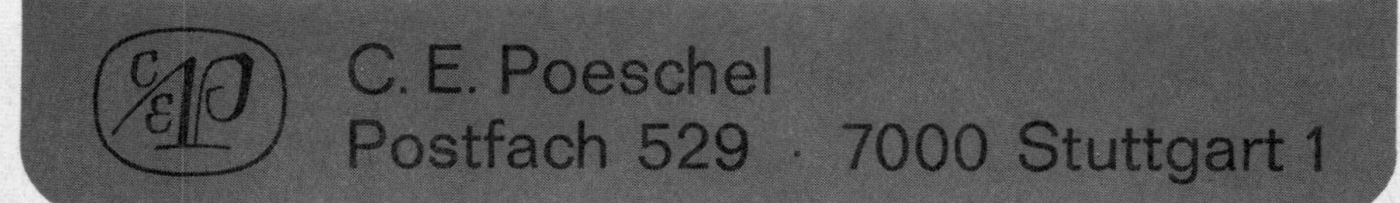
C. E. Poeschel
Postfach 529 · 7000 Stuttgart 1

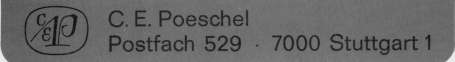